献礼百年友邦

保险如何创富？

从职场菜鸟到职场达人的营销秘籍

夏笛◎著

SPM
南方出版传媒
广东经济出版社
·广州·

图书在版编目（CIP）数据

保险如何创富？——从职场菜鸟到职场达人的营销秘籍／夏笛著. —广州：广东经济出版社，2019. 4

ISBN 978－7－5454－6607－2

Ⅰ. ①保…　Ⅱ. ①夏…　Ⅲ. ①保险业务－营销
Ⅳ. ①F840. 41

中国版本图书馆CIP数据核字（2018）第298662号

《保险如何创富？——从职场菜鸟到职场达人的营销秘籍》

Baoxian Ruhe Chuangfu? ——Cong Zhichang Cainiao Dao Zhichang Daren De Yingxiao Miji

出版人：李　鹏　责任编辑：韩文君　谢慧文　宋昱莹　陈　晔　责任技编：许伟斌

出版发行	广东经济出版社（广州市环市东路水荫路11号11～12楼）
经销	全国新华书店
印刷	广东鹏腾宇文化创新有限公司 （广东省珠海市高新区科技九路88号七号厂房）
开本	787毫米×1092毫米　1/16
印张	22. 5
字数	323 000字
版次	2019年4月第1版
印次	2019年4月第1次
书号	ISBN 978－7－5454－6607－2
定价	58. 00元

如发现印装质量问题，影响阅读，请与承印厂联系调换。

发行部地址：广州市环市东路水荫路11号11楼

电话：（020）38306055　37601950　邮政编码：510075

邮购地址：广州市环市东路水荫路11号11楼

电话：（020）37601980　营销网址：**http://www.gebook.com**

广东经济出版社新浪官方微博：**http://e.weibo.com/gebook**

广东经济出版社常年法律顾问：胡志海律师

名人推荐

RECOMMEND

祖国内地保险业蓬勃发展，方兴未艾，越来越多高素质的人才加入保险行业，夏笛的作品理性、客观，涉及面较广，实战性较强，具有可复制性，适合保险主管们作为培训新人的“教材”。

——**容永祺**　友邦保险（香港）区域执行总监，太平绅士，亚太策划联会联席主席（1996-1997）

在本书第五章中，夏笛以通俗的语言阐述了家庭理财与资产配置的理论精华，值得每一位从事理财规划工作的人士研读。

——**刘彦斌**　《理财规划师国家职业标准》创始人，著名理财专家

20年丰富的从业经历，让夏笛亲身见证了中国保险行业的崛起，也赋予他对保险特别是保险外勤工作合理解读的能力！相信本书可以为读者提供理解保险的一个独特视角。

——**申曙光**　中山大学教授，金融保险专业博导，中国社会保障学会副会长，南方保险研究院院长

与其盲目四处出击，不如静心按图索骥。夏笛的这本书可以成为保险新人追求成功的路线图。

——**王辰**　清华才子，保险培训名家

用文字记录成长的历程，用理想撑起未来的风帆，追随保险创富的榜样，丰盈的不只是财富，还有人生。

——**林海川**　中国保险精英圆桌大会CMF执行秘书长

作为夏笛近20年的保险客户，我一直欣赏他为人处事的方式，他的这本书跟他的人一样，不仅对保险从业人员有帮助，对非保险行业人士一样会有启发。

——**黄启团**　应用心理学推广人，NLP学院网创办人

能够从事保险工作，是上辈子修来的福分。讲好话、存善念、交好友，利人利己利众生！祝福夏笛将“善知识”推广，让华人保险营销员受益。

——**陈亦纯**　人称台湾保险“布道家”，从事保险行业44年，多本保险畅销书作者

夏笛首创的AF人脉系统中的客户分类法，逻辑性很强，按照约访客户的进度分类，非常有参照价值！

——**郑荣禄**　香港金融管理学院院长，TOP课程创始人，曾任多家大型保险公司高管

友邦中国致力于卓越营销员渠道建设，为客户带去健康长久好生活。夏笛作为友邦分之一，正是其中的优秀代表，希望他的分享能为更多有志于保险事业的人带来帮助。

——**张晓宇**　友邦中国首席执行官

真诚与笃定

从业人寿保险营销20年，夏笛要出版一本带有一点自传体的书，这种分享的精神源于这20年来他对行业的认同，对职业的自信，对公司的感恩，对行业的回馈，还有他人生历练后的那份成熟与思考。

通过夏笛提前准备的书稿，我有幸阅读了他发自内心的文字，一下子就被深深吸引住了。文如其人，夏笛如老友一般娓娓道来，关于他的出身、家庭、青少年时期的求学、初入社会的青春躁动……

夏笛是真诚的。他讲述了自己的身世，没有回避童年时期生活于农村的贫困，没有掩饰家庭境遇的差距，恰恰是“父母每天起早贪黑，披星戴月，扯秧割稻，砍柴担粪”成为了他“跳农门”的强烈动力，正所谓“千金难买少年穷”。

夏笛是有追求的。他在童年时期就在心底深处燃起了“搬到繁华的大城市，彻底摆脱农村的贫困生活”的梦想。少年时期，“农村的孩子要靠读书翻身，这决定了你是穿草鞋还是穿皮鞋”。爷爷的一句话，更是激励着他奋发向上，“挥汗苦读”。

夏笛是有孝心的。虽贵为“天之骄子”，但是他在上大学时摆过地摊，做过小买卖，“同时做过三份家教”，依靠勤工俭学，尽量自己赚取生活费。工作后第一个月的工资他就寄给了父母。

夏笛的青春是躁动的。他曾经是湖北省学联驻会执行主席、全国优秀学生干部，第一份工作就入职上市的港资公司，但是一年后，为了验证所谓“销售改变人生”的理念，在此后的三年间，他“尝试创业，有始无终”，销售工作“浅尝辄止，频繁跳槽”，考研未果……这是一段年轻人的探索之路，这是一段走向成熟的历练之路。

夏笛是具有自省意识的。特别在他工作的前几年，“回顾过往，诸事不顺”，从高高的云端跌落到谷底，他开始反省，根本的原因是自己“太自负”！活在所谓“辉煌的过去”中，“根本没有沉下心来干活，这山望着那山高”。于是他开始一次又一次地正视自己的缺点，突破自我的局限，敢问“路在何方”。

夏笛是逐渐走向成熟的。他的事业和爱情、梦想和平凡，始于1998年5月。这一年，26岁的他和友邦保险“一见钟情”，并与之相伴，至今已20年。他认为，“我与友邦之间不是雇佣关系，而是合作关系、伙伴关系、代理关系”，因此他“把最宝贵的青春奉献给了友邦，仿佛一段坚不可破的事业婚姻”。

夏笛是大爱的。他把自己的宝贵从业经验毫无保留地分享给行内的新人，知无不言，言无不尽。他自称文笔不太好，但甘之若饴，为了让书稿内容更加完善，他足足花了一年的时间，反复修改，从客户开发及服务技巧、家庭理财观念，到保险销售、职业规划、从业心态、团队管理等方面都有涉及，堪称保险新人与职场菜鸟的经典教科书。

通过夏笛的描述，仿佛看到了我自己——我和夏笛是同一年代的人，有着极其相似的经历，因此，我非常荣幸并乐于借助他的处女作首页，表达对他的敬意，以及对寿险营销的一些看法。

我们不妨回顾一下保险代理人的历史来源，以及保险与广州的渊源。

1537年，也就是明朝万历三十年，英国伦敦产生了大约30名的保险代理人。1805年，英国东印度公司鸦片部经理达·卫森在广州设立了一家保险公司，标志着现代意义的保险业在中国诞生。鸦片战争之前，保险业的中心在广州；鸦片战争之后，保险业的发展重心转移至上海。

保险的功能自不必言，代理人的作用同样毋庸置疑。民国期间，保险代理人开始活跃起来，逐渐被社会所了解。遗憾的是，中华人民共和国成立后，人们对人寿保险的接触逐渐淡化，遇到风险时也想不到利用保险来规避。

改革开放后，保险业复业经营。为了“让保险之花盛开南粤大地（广东省政协前主席吴南生语）”，1988年广东省举办保险事业发展战略研讨会，1992年友邦保险将寿险营销代理制度带回上海，这对整个保险行业产生了巨大的影响。

这一制度对当时用工的计酬和支付方式而言是革命性的。因为这一制度让营销员既要承担“零收入”的风险，又可能创造月收入数万乃至更多的奇迹。

这一制度，恰恰是夏笛苦苦寻求的“梦想”——对自由的渴望、对个人奋斗的向往。1995年年底，友邦保险在广州设立分公司，两年多后，夏笛和其相遇，并在他从业第5年时，在广州郊区买了1套面积180平方米的大房子。夏笛是中国千千万万保险营销大军的一位优秀代表，也是南漂一族的成功典范。

日益精进。夏笛深刻领悟到了师傅雷永愉女士的一句话：一个人的成功在于你帮过多少人，在于多少人在内心深处记住了你。因此在他从业20周年之际，把自己的一些思考与做法，记录下来，回馈社会，非常具有意义。

在夏笛的这本处女作中，如果说他年轻时的真实经历容易得到认同，富有启迪意义的话，那么本书中80%的内容——他那些在实战中积累的市场拓展经验，同样具有宝贵价值，如能仔细揣摩，将获益匪浅，因为这些内容将非常有助于初入职场或者社会的“菜鸟”，或者企图改变命运的年轻人，更适合刚刚入行的保险新人作为自己的入门指南反复阅读。

虽说自己毕业于名牌院校，但是夏笛从不满足，他一直保持着学习的状态，自费追随冯两努先生，弥补校园通识教育的不足；他在社会这所没有围墙的大学中，不断探索，不断实践，在前进中不断遭遇挫折，在挫折中不断反省，在反省中不断改变，最终他的心态开始承受生活的磨砺，他的生存毅力更加坚强，他的生存能力不断增强，直至游刃有余，凤凰涅槃，彻底“蜕变”，夏笛成为一名社会精英，一名以服务大众、服务社会为己任的专业人士。

这一点对我而言，印象尤其深刻。在社会大学中所学到的东西，有时比校园中的专业教育更重要。唯有持续学习，才能时刻伫立在时代的潮头。

人寿保险的营销工作在全世界都是崇高的，是伟大的。因为每一份保险，都会让受益者在危难时刻不再卑微，从而赢得生活的尊严。但是，人寿保险的营销工作又是困难的，是需要持之以恒的毅力，更需要一份爱心、责任，甚至是崇高的使命感。

在日复一日的奋斗中，夏笛苦苦寻觅，并在从业20年之际获得了人生下半场的奋斗方向：在人生的下半场，将以传播保险文化、培育保险人才为己任，让社会更加接纳与认同保险行业，为社会的文明进步而尽应有之力。

听夏笛说，他愿意把这本书的版税全部捐献给在广州筹备中的保险博物馆或其他公益组织，他念兹在兹，不忘回馈保险行业，我为他的此件善举颇为感动。

对于这一点，我乐于与之同行。

中国金融戏剧家协会秘书长
畅销书《解密友邦》作者
保险历史文化研究学者
赵守兵

因为有保险 心中更多爱

（一）

在我做保险的第二年——1999年，春节留守在广州的我在一位大学师兄家中聚会，当晚喝了点小酒，其中一位在大学阶段就相识的同年级校友对我说：“夏笛，没想到你会沦落到做保险这一步。”

我不记得我是否反驳了他，但即使反驳也是无力的。他的态度，代表了当年很多人对保险业的看法。而我之所以引发他如此大的感慨，源于我在大学期间在学校算是一个小有名气的“风云人物”，频频在校报发表文章，偶尔登台演讲，积极参加学校各类社团活动，大学二年级就入党，大学三年级当上了一个不大不小的“学生官”，所谓“天之骄子”，又红又专，是别人眼中的学校重点培养的对象。

而20年前保险这一行，却更像是很多找不到工作，或者下岗的人去做的。我和这位校友同一年毕业，他身在外企，拿着高收入，意气风发，自然很有优越感。

说者无心，听者有意。我相信这位仁兄早已忘掉他曾经脱口而出的这句话，但这却深深地刺痛了我的心，也使我更加勉励自己：一定要在保险行业干出一点名堂！

没有背景，只有奋斗的背影，奋斗是我唯一的出路。用脚步丈量大广州，我比很多土生土长的“老广州”更了解广州的“地形”，一说什么地方，很多我都熟悉。今天，你所见到的高楼大厦，可能是当年我曾住过的出租屋、城中村原址所在地，屈指一算，在我2002年买房之前，我在广州租住过的出租屋，有十几处。

从业之初，每年“五一”和“十一”这两个节日小长假，我几乎没有休息过，不是在拜访客户就是在拜访客户的路上。记得有一年国庆节，拜访客户归来途中，我打了一个“摩的”（摩托车的士）回宿舍，“摩的”在广州的内环路上疾驰，却正好遇到倾盆大雨，司机有雨衣，我在后座无处可逃，全身淋得都湿透了，想到人家都在休假、游玩或团聚，而我依然在工作、在打拼，泪水与雨水瞬间交织在一起，我在内心问自己：“夏笛，条条大路通罗马，你为何要选择这一条这么辛苦、少有人走的路？” 现在回过头来看自己经历的种种，我庆幸我当初的选择，我庆幸我傻傻的坚持。

决定人生重大方向的，我自己都不知道是眼光，是智慧，还是命运？20年光阴，弹指一挥间，保险行业发生了翻天覆地的变化，其经济总量在金融业三大支柱中的占比稳步提高，躬逢其盛，与有荣焉，我深刻感受到一个蓬勃发展的行业呼啸而来，越来越多优秀的同仁加入了这个伟大的行业，同时保险行业也得到了社会应有的接受与认可。

今天，我的命运与保险行业紧紧地绑在了一起。还原或者提升保险营销人员的社会地位，是我从业的使命感之一。

如果此书能够让大家看到保险行业的价值，理解保险从业人员工作的意义，观念能改善一点，哪怕效果甚微，我也会倍感荣幸。

（二）

2017年中秋前夕，我和太太到宝岛台湾旅游，拜访了有42年从业经历的保险前辈——畅销书《让客户必买保险的理由》的作者陈亦纯老师，他现任台大保险经纪人公司董事长。陈老师热情地接待了我们，聊到兴起时，他鼓励我写一本书。

天哪！我何德何能，怎敢写书！

在台湾保险界，保险营销人员著书立说司空见惯，我至少都读过数十本台湾同胞写的书，这对我从事保险事业的帮助很大，甚为佩服他们写作的才华和对保险事业的热爱。而在祖国大陆，保险外勤从业者亲自写书者相对就比较少。

我之前对写书的理解是要达到行业顶尖，才有资格可以出书，而我还有非常大的成长空间，感谢老前辈陈亦纯老师的推动和鼓励，让我意识到，每个人写书的初心不同，可以是理念分享，可以是纪念传记，也可以是文学才情……每个人都会有属于自己的读者、观众，有些书是写给懂你的人和支持你的人。

回到广州之后，我就开始着手写作了，并尝试发表在我的公众号“心灵加油站夏笛”上，并坚持到2018年年底，没想到阅读量与转发量超过了我的预期，得到很多同行的认可。这些文章是一个保险老兵对保险新人的殷切期望，或者说是提醒，也是作为团队长的我对加入团队的每一位新人的拳拳之心。我没有机会跟团队每一位新人伙伴都坐下来长谈，但我想跟他们讲讲我的从业故事，讲讲我曾经走过的弯路，讲讲我这样那样的展业心得体会，用一本书作为载体，是再好不过的。

既然有了这个最原始的想法，秉承分享的理念，为何不克服困难，公开出版，让更多同行和其他市场一线的营销人员也能受益？如果出版这本书，能够让加入保险行业的新人，让更多销售人员少走一些弯路，展业更顺利一些，何乐而不为呢？

（三）

《保险如何创富？——从职场菜鸟到职场达人的营销秘籍》，这个书名有点迎合市场的需要。需要说明的是，这里的“富”除了物质财富之外，还含有“精神财富”，保险不仅可以让人们的物质生活更美好，还可以让人们的精神生活更丰富。

保险产品能否创富?

保险产品是家庭理财中的一个重要的保全财富工具，中国的保险密度与保险深度日益提高，一个非常重要的原因就是保险收益的稳定性，以及它独有的转移风险的功能，它亦是能够满足人们对幸福美好生活追求的工具。

这个世界除了保险之外，没有任何一个产品，可以在人们“老病死残”来临的时候，兑现一笔带着温度的现金，让客户或客户的至亲得到经济上的补偿，更能得到精神的安慰。即使抛开保险最本质的风险转移功能，保险的保全功能也让客户规避了一些投资陷阱，让教育金、养老金有了保障。

我在工作中见到很多家庭因为疾病返贫或者因投资失误返贫的真实案例。做好合理的家庭资产配置就是一种创富。

而保险营销工作是否能够创富呢?

从事保险营销无法一夜暴富，但是日积月累，稳打稳扎，通过数年努力，年薪百万甚至千万并不是梦。保险这个行业，无论政府多么重视，主流媒体怎么去配合推广，保险意识的普及都是个循序渐进的过程，人们购买保险的热度也只能逐步提升。

正因为人们的保险观念的改变不可能一蹴而就，所以就导致了保险营销人员从业初期往往是七分耕耘，三分收获，有点老火煲靓汤的感觉。

曾经有人打比方说做保险前三年是泥泞路，再三年是石沙路，后三年是柏油路。保险营销不是一劳永逸，不错，但它一定会越做越轻松，路越走越宽，越走越顺，收入也会稳健递增。特别是通过个人业绩和团队发展双管齐下的同仁，更加深刻地体会到这一点。其实自2015年开始，按照这几年的保险行业快速发展速度，做保险无须早期的6年基础期，只要2~3年就可以了。

而保险行业的最高荣誉组织——全球百万圆桌协会，所推崇的全人理念，追求生活七大领域的平衡——身体健康、家庭幸福、事业有成、终身成长、财务自由、回馈社区、心灵平静，更是保险从业人员的精神灯塔，它指导孜孜以求的保险营销人员，让自己的人生如何变得更加丰富。

因此，无论是保险产品，还是保险营销事业，信守的都是长期主义，都要做时间的朋友，都可以实实在在地“创富”。

（四）

1933年4月9日，上海《申报》的“人寿保险专刊”第四期，刊出了胡适的一则题词，堪称中国知名学者向国人推荐人寿保险的一次“先例”。题词如下。

人寿保险含有两种人生常识：

第一，“人无远虑，必有近忧”。所以壮年要做老年的准备，强健时要做疾病时的计划。

第二，“日计不足，岁计有余”。所以微细的金钱，只需有长久的积聚，可以供重大的用度。

胡适老年时曾将保险与人生伦理联系起来，做过这样一番感叹。他说：“保险的意义，只是今天作明天的准备；生时作死时的准备；父母作儿女的准备；儿女幼时作儿女长大时的准备；如此而已。今天预备明天，这是真稳健；生时预备死时，这是真旷达；父母预备儿女，这是真慈爱。能做到这三步的人，才能算作是现代人。”

在保险行业，我们几乎每天都在跟人聊天，谈的都是爱与责任；几乎每个月都在办理理赔，看惯了人生的伤病别离；每一年都与一些老朋友保持联系，感受人生的因缘际会，浮沉起伏；也会经常遇到一些新朋友，让我们打开一扇扇人生新的窗口，去认识新的世界。正因为凡此种种，我们变得相对来说“真旷达”。

因为有保险，心中更多爱。感恩保险这个行业，让我的内心变得更丰盈。

“如果没有遇见你，我将会是在哪里？日子过得怎么样，人生是否要珍惜？”

请允许我把这本书献给我敬爱的父母，挚爱的太太以及亲爱的两个女儿，你们永远是我最爱的人。

鉴于笔者的写作水平有限，时间仓促，书中难免有错漏之处，欢迎各位读者不吝赐教，批评指正。在此致以衷心的感谢！

Chapter 1

第一章 成长历程篇

Chapter 2

第二章 职业规划篇

Chapter 3

第三章 客户开发篇

Chapter 4 第四章 保险销售篇

Chapter 5 第五章 家庭理财篇

Chapter 6 第六章 从业心态篇

Postscript 后记 享受生活 努力工作 平衡人生

Chapter 1

第一章

成长历程篇

一、千金难买少年穷

我的农村生活

1972年夏天，我出生于湖北省孝感市杨店镇凤集乡的一个小村庄的农民家庭。我的父亲是民办教师，母亲是农民，我在家排行老二。

在我童年的记忆中，父母务农非常辛劳。父亲本来是一介书生，多才多艺，会唱歌唱戏、会拉二胡、会书法、会画画、还会写文章，但他只是一个民办教师，工资微薄。为了抚养我们兄妹三人，他也耕田种地，包揽了很多农活，还经常盼望发一点小财。

在20世纪70年代末农村执行“包产到户”的那段日子，父母每天起早贪黑，披星戴月，扯秧割稻，砍柴担粪，父亲疲惫、无奈的表情在我心中留下深刻的印象。而母亲更是任劳任怨，是一位典型的勤劳善良的农村妇女。

小时候的我常常抱怨老天爷真是不长眼睛，太不公平了。同样都是爷爷的孙子，为什么堂哥、堂姐可以住在车水马龙、交通便利的大城市——武汉；而我则是住在一穷二白、整天要我干农活的农村？为什么城里的楼房那么干净，道路那么宽敞，还有那么漂亮的公共汽车坐；而我只能住在村子里的土砖瓦房，走的是泥巴路？为什么城里的堂哥、堂姐们每天可以吃水果、吃肉，而我每天就只能吃腌菜和白粥？

父亲兄妹三人，我大伯在武汉读了师范学校，工作几年后因为表现出色留校任教，后来成为国家干部；我姑妈随嫁姑父也到了武汉；而我的父亲，为了减轻家里的负担，只读到了初中，留在了农村。也就是我重要的亲戚几乎全部生活在武汉，包括我妈妈这边的亲戚，例如舅舅等。武汉在我的童年时代，象征着现代、繁华、舒适与优越。

那时候的父母，似乎整天都有忙不完的农活、叹不完的气、吵不完的架，以及愁不完的学费钱。

青少年时期从心底深处燃起熊熊的不平烈火，刺激了我的自强与自尊。我下定决心，有朝一日我一定也要搬到繁华的大城市，彻底摆脱农村的贫困生活，也希望通过自己的努力让父母过上好日子。

如果没有这些亲戚，我可能不会有那么强烈的“跳农门”的动力。

后来随着我慢慢长大，这把烈火非但没有熄灭，反而烧得更旺，尤其听到爷爷告诫我“农村的孩子要靠读书翻身，这决定了你是穿草鞋还是穿皮鞋”，这一句话更是助燃我奋发向上的火把。我咬紧牙根、挥汗苦读，再怎么辛苦也要坚持，要考取大学。

皇天不负苦心人，穿草鞋和穿皮鞋的区别一直激励着我，我一路考取重点初中、重点高中，我成了我们村庄的第一个考取重点大学的本科生。

同年，远在广东花县（今广州市花都区）部队里当兵的哥哥也考取了北京的一所军校，这给父母带来了莫大的荣耀。真是大喜事啊，我们家在村庄里放了两天的电影——这是农村庆祝家里孩子考取大学的一种方式。

我的大学时代

1994年，我毕业于武汉测绘科技大学（现已归并到武汉大学）。

在大学期间，我勤工俭学，曾经同时做过三份家教，以减轻父母为我供学的压力并为自己赚取生活费，我甚至还摆过摊，做过一些小买卖，都是想多赚一点钱。

同时我爱好阅读，是学校图书馆的常客。西方心理学、哲学、人物传记等是我阅览的主要方向。例如卡耐基的《人性的弱点》，拿破仑·希尔的《思考致富》，大仲马的《基督山伯爵》等书，受书中观点启迪，我心里埋下了一颗想要成就大事业的种子。我很崇尚西方的孤胆英雄，对自由的渴望、对个人奋斗的向往，使我身上具备了很强的理想主义色彩。

大学期间，我经常在校报上发表一些豆腐块文章，被校团委推荐当选为校学生会副主席。当年正轮到我们武汉测绘科技大学学生会做湖北省学联执行主席，要委派一个学生会重要干部到湖北团省委省学联办公室去坐班任职，每月还有近200元的“工资”。在1993年，这200元的工资算很丰厚的啦。

我和湖北团省委书记在同一楼层办公，经常同团省委学校部干部一起到武汉各高校开会、视察，我记得我还曾经以湖北省学联主席的身份作为嘉宾出席了武汉大学百年校庆（1993年）。各大学校接待规格非常高，一年结束后我还被评为全国优秀学生干部，这个十足的“虚职”一度让我飘飘然，我在学校成为很多学子羡慕的“天之骄子”。不过，也正因为那段时间的体验，我发觉我自己并不适合在“官场”发展。

我的第一个“金饭碗”

“东西南北中，发财到广东。”——这是当年非常流行的一句俗语。随着1992年春天邓小平同志的南方谈话，拉开南方经济建设的序幕，南下淘金成为潮流。

1994年那年春节，我大学还没有毕业就南下广州找到了工作。当时，有三个国营单位对我抛出橄榄枝，我都没有接受，而是选择了一家香港上市公司在番禺的珠宝首饰厂工作。这些国营单位招募我并不是让我从事技术工作，而都是一些文秘与行政工作，作为储备干部培养，其实算是很有前途的了。

作出这样的选择，原因很简单，这家珠宝厂开出的工资是国企的两三倍，当时的我太迫切地想赚取高收入了。

人才市场在中国大酒店附近交易会内设立，很多招聘单位只有一个或者两个摊位，而莱利珠宝首饰集团是长长的一排摊位（至少10个），还用电视播放其公司介绍的录像带。复试是在中国大酒店副楼进行，面试官们都是留学归来的年轻的香港人，西装革履、气质十足，讲一口流利的英语，能够被这家上市公司录取，我觉得自己很了不起。我之所以能够脱颖而出，除了我面试、笔试过关了之外，与我在大学做过学生会干部关系很大，还与常常喜欢发表一些文章有关，与我所学的专业倒没有多大关系。

这段求职经历让我志得意满。

我刚毕业的理想竟然是创办一家世界500强企业。所以我敢于放弃在武汉已可唾手可得的公务员工作，敢于放弃广州的几家国营房地产或建筑公司的工作邀请函。是我骨子里的理想主义，让我作出一次又一次的选择。

1994年7月6日，是我工作报到的第一天，我去到番禺莱利珠宝首饰厂当实习干部。这家首饰厂位于番禺市桥镇左边大罗塘工业村，当时正值发展高峰。我入职在生产调度中心（生产组），在一位香港来的蔡经理手下实习了三个月，学会了一些基本的行政工作流程，跑龙套，比如电脑表格的使用等等。

工作上手后，我被调到唧蜡部担任车间主任，手下管理着几十位外来务工人员，月薪是1300元（我的大伯当时是武汉一位副局级干部，月薪也就600元左右）。并且，我们管理人员是四人一间宿舍，还有专门的管理人员食堂，供一些大学毕业生及香港来的师傅们使用，餐餐有靓汤，伙食非常不错。

我颇有优越感，感觉自己是端到了“金饭碗”，第一个月发工资，孝敬父母。第二个月发工资，就买了一个大大的润迅中文BB机，挂在腰间很威风。

老天爷实在太眷顾我了！我不但是村里第一个考取重点大学的本科生，又如愿来到广州寻梦，谋得一份人人称羡的高收入工作。然而在开心了一段时间后，我渐渐觉得按部就班的管理工作不适合自己，从而倍感苦恼。正所谓“身在福中却不知福”，渐渐地，我有了驿动的心。

这颗驿动的心，果真让我日后抛下了这个来之不易的金饭碗，去经历种种的销售磨炼，让我从高高的云端推落到谷底。**原来年少得志的我，简直是错把运气当实力，压根没想到自己不过是行业白板，哪有什么实力可言，有的只是上天赐给的好运罢了。**

夏笛心语

千金难买少年穷，在农村的经历是我一辈子的财富。无论我飞得多高，我永远是农民的儿子。

二、能力还撑不起野心的时候，我怀揣梦想转行了

转行销售 果断“下海”

1995年，对于当年南下广州的打工者来说，真是遍地都是黄金，到处都是机会。

端了一年的“金饭碗”后，了解到工厂的制度对自我自身发展的局限性，回顾起自己刚毕业时内心激励我离乡背井的梦想，我跳槽了！

这在当时需要极大的勇气。

我在农村长大，父母含辛茹苦把我培养成一个重点大学的本科毕业生，本来以为我找到了金饭碗，今后前程无忧。而不到一年，在广州无亲无友的我就投身到求职大军中，在父母看来简直不可理喻——一个好不容易跳出农门的“天之骄子”，马上要成为“无业游民”了。

要想改变自己，出人头地，一定要从销售做起。大多数创业成功人士、跨国公司的总裁都是从做销售起步的。这是我看了很多本书后得出的结论。理想主义让我作出非同常人的选择，我毅然决定改行去做推销！

其实我根本没有相关的工作经验。大学学的专业是城镇建设，干了一年的车间管理，然后就想改行去做销售。

无技傍身，却浑身是胆。从此，我走上一段磨炼之路。

然而，我并不是天生做销售的料

也许有些人天生就适合做销售，而我肯定是属于天生不适合做销售的料。

形象、语言、专业、背景、口才，如果从这几方面来评估，我完全不达标。

我性格天生内向，害怕讲话，不敢表达。我特别羡慕表达能力强的人，他们可以滔滔不绝、口若悬河；可以在公众场合自如地讲一个笑话，引起众人哄堂大笑；或者可以把自己的一段亲身亲历讲得绘声绘色；或者可以就时政大事或身边小事点评得有理有据、头头是道……有这类人在的场合不用担心会冷场。

而在这样的场合，我却害怕被关注，大多时候活动结束了，很多人都没注意到我的存在。与人沟通时我一般只有对一个人、最多两个人的时候能够顺利表达我的观点。当我面对三个及以上的人的时候，我就会紧张，不敢大胆讲话。

我印象特别深刻的是：在很多场合，我讲话不敢看别人的眼睛。鼓起勇气看别人的眼睛时，特别是看那些比我年长的人的眼睛，或者女性的眼睛时，我就有一种慌乱与触电的感觉。那时的我是多么内向、多么自卑啊。

我只有与我年龄相仿的穷哥们在一起才会沟通自如，畅谈理想与人生。对于在我面前有年龄、地域、语言、职位、财富等优越感的人，我有一种严重的沟通障碍。我怕讲错话，我不知该讲什么好。我这样的人，怎么能做推销呢？

有一年冬天，我去广州火车站，突然被一帮人围住，让我掏出身份证。他们一看，说："抱歉了！因为你很像我们正在追捕的一个逃犯。"如果一次只是偶尔，我也就认了，结果后来我从事保险的第一年，也曾发生过类似这样被便衣认错的窘事。

我当年的发型是标准的小平头，身材干瘦，内心总觉得"天生我材必有用"，空有一股"燕雀安知鸿鹄之志"的豪情，与处处不如人、一穷二白、不善沟通的我的现状搅和在一起，造就了一个既自负又自卑的夏笛。

外在环境的历练与内在沸腾的梦想，让我一次一次正视自我的缺点，突破自我的设限，让我开始在做销售的道路上跌跌撞撞一路向前。

只为成功找方法 不为失败找借口

要达到成功的目标，必须得踩着失败的阶梯一步一步地往上攀爬。如果你不愿意咬紧牙根坚持下去，那么终究将与成功无缘，甚至成为成功的绝缘体。

我的偶像——销售大师乔·吉拉德曾经说过：**“通往成功的电梯总是经常故障，因此想要成功，只能一步步往上攀爬。”**

成功的剧本早已写好，重点是尽早确定目标，才能愈早行动，达到终点。

历史上，一代女皇武则天证明：

成功与男女性别没啥关系

“癞痢头皇帝”明太祖朱元璋证明：

成功和出身没多大关系

曾经所向披靡的拿破仑证明：

成功和身高也没啥关系

微软创办人比尔·盖茨证明：

成功与文凭也没多大关系

然而各位，我们要通过努力去证明的是：**成功与我们究竟有没有关系呢？**

夏笛心语

敢于尝试、勇于冒险，勇敢地走出自己的舒适空间，你的道路才会越走越宽。

三、毅然决然转行销售，经历了三年的人生隧道期

我的第一份销售工作

1995年9月，我在不解的目光中告别了还坚守在番禺珠宝厂的同事们，义无反顾地搭上从市桥驶往广州火车站的公共汽车。

看着窗外的农田，一栋栋的厂房，一片片正待开发的土地从我眼前飞驰掠过，我思绪万千，几分惆怅，几分向往。惆怅的是我即将成为一叶浮萍，在南方的热土上游荡；向往的是我将要亲自验证，那所谓“销售改变人生”的理念。

我在大学同学的集体宿舍里落了脚，开始找工作。而这个同学的工作，是我当初分给他的一个OFFER，1994年春节我把两家国营单位的OFFER，分别大方让给了我的同班同学。这些公司名字现在听起来都是鼎鼎大名，让人颇为唏嘘。

那时候一般是去人才市场找工作，我在一家广州本土保险公司摊位前面驻足，面试官也一个个都是西装革履的穿戴。我问道：“包吃吗？”面试官摇摇头；“包住吗？”面试官又摇摇头。吓得我赶快溜走，一个不包吃不包住的工作我哪敢干啊！

我应聘上的第一份销售工作是一家做混凝土添加剂销售公司的业务员。五十多岁的老板与我交谈后，被我从事销售的决心所打动，当场就录用了我。不过，当场录用员工的一般都是小公司。

当初为何选择这家公司？因为它所销售的产品与我大学所学的城镇建设专业多少有点关联。更重要的是，该公司对录用者包吃包住，这也是我当初求职很在乎的一个因素。从珠宝厂车间主任的1800元固定底薪，降到当业务员的500元底薪，我也愿意。

这是一家小型家族企业。在广州伍仙桥那里有一栋独立六层楼房，建得像一所学校，有很多房间都是用来出租的。在我的要求下，还给我挂了一个总经理助理的职位——做的还是业务员的活儿，只是希望这样能让自己少吃点闭门羹。

这份靠提成的工作，承载了我对自己的期许和挑战，同时蕴藏着我一颗不安分的心，我真的可以像推销之神们一样创造销售奇迹吗？

没有培训，没有福利，我的任务就是跑工地卖混凝土添加剂。一起应聘过来的十来个同事，大都是高中生，初中生，年龄也都比我大。但是他们销售功力比我强，很多人是有建材销售经验的，手头多少有一些老客户。

很快我就顶不住了，三个月都没卖出产品，关键是还看不到希望。大家都能卖出，自己卖不出，面子上过不去啊！收入的落差之大，也让我心理失去平衡。

自恃是名牌大学的本科生，我并没有与同事们打成一片。还没到年底，我就辞职了，第一份推销工作，找不到北，以失败告终。

人生的每一步都不会白走，这段看起来很不堪的经历，其实也为我三年后加入友邦埋下了重要的伏笔。没有这一段经历，我不确定我是否能加入友邦，不确定是否能加盟到我师傅雷永愉女士的团队。因为我在友邦的引荐人就是在这家公司认识的。

是的，一切都是在为迎接最好的未来做准备。

尝试创业 有始无终

在这家混凝土添加剂销售公司工作的同时，我和老朋友的一个创业计划也在酝酿之中。

那年春节前后，我们创立的同人公司在广州天平架附近开张，我东挪西借投了3万元，占股最多。但是我没有在同人公司任职，合伙人李先生是我的高中校友，他任总经理。

公司开张后，为求生存啥都做，开餐厅，放录像，卖建材……一帮学生哥

做生意，涉世未深，只凭胸中一个“勇”字，但却动不动就被别人骗，啥情况都有，不一而足。

有一次我们在清点钱的时候，我们新招募的一个小伙子，猛地抢了一叠钱就跑，我们疯狂地去追他，最终还是没追到。

我们这家公司坚持运作了两年，后来还承接了一些装修生意，已经开始盈利了，但到1997年夏天因为合伙人李先生要投身IT业而散伙。当时的我，虽然是这家装修公司的“董事长”，我一心还是想去大公司发展，并没有心理准备承接这盘生意，总觉得自己是在大公司干活的料。

因为这次经历，我对合伙做生意的模式也心有余悸，总觉得“合伙生意”不是自己可以掌控的：人的想法千奇百怪，想统一思想真的不容易，说散伙就可以散伙的。

我23岁就兼任同人公司的“董事长”，高峰时期公司有六七个员工，并且几乎都是本科生，都是我和合伙人李先生感召而来的湖北老乡，还有少数外地人。我很有一副小老板的派头，毕竟是“大股东”，虽然我没有坐班任职，但我动不动回公司开一个“董事会”，决定公司的一些大小事务。

如果那家公司坚持下来，会不会已经上市了呢？哈哈，这只是一个猜想而已，一切都有可能。

夏笛心语

人生不能两次踏入同一条河流，在时代的洪流中，年少无知的我们，有时根本不知道哪条路是康庄大道，哪一条又是独木桥。

只有勇往直前，选择自己喜欢做的事情，坚持一条路走下去，迟早会闯出属于自己的一片天！

四、上帝为你关上一扇扇小门，就会为你打开一扇大大的窗

浅尝辄止 频繁跳槽

1996年春节后，我通过《广州日报》的求职专栏投放简历，应聘到番禺易兴工业村嘉晖建筑材料有限公司做业务员。

这又是一家港资企业，很巧的是这家公司就在我以前工作的珠宝首饰厂的斜对面。业务部有三十几位同事，来自天南海北，年龄不一，有的已年近四十，有的才二十四五岁，我又属于年轻的小不点。这家公司的总经理是香港知名演员石修先生。

嘉晖公司看起来规模蛮大，大厅装修得很现代化，中高层管理者都是香港人。业务拓展方式是参加各地展会及电话推销，在全国各地找经销商卖PVC装饰板和塑料门窗。

因为这家公司是新筹建的，产品线还没有完整出来，我干了几个月，业绩没有任何进展，仅靠底薪维系。其他业务人员没有业绩，都可以为了底薪继续熬着，等待公司开展会，等待公司的新产品政策……可我就是受不了，可能是第一份工作的“高薪”一直是心里的潜在标杆吧，以前的固定月薪近2000元，而如今固定底薪只有800元。人怎么能往低处走？

没有比较，就没有伤害

等我离开这家公司后才知道，半年后他们的业务还是开展得很好的，只是我的耐心不够罢了。

那时，正好有一个朋友推荐我去他所在的公司做销售主管，经不住机会的诱惑，1996年7月，我又跳槽了。

我这个朋友是我在省学联上班时认识的一位中南民族学院毕业的勤工俭学积极分子，姓蓝，广西人，他在东莞凤岗蕾洛厨房设备公司（港资）做人事部主管。我靠这个“关系”成功应聘到该公司做销售主管职位，熟悉了公司和产品后，我被安排到广州天河北路开办了一个办事处，任职办事处经理。

我在广州招聘了两个人，一个前台，一个销售员，我只管理这两个人，就开始干起来了。几个月下来，主要是跑各大酒店，靠公司的老客户也卖出几套厨房设备。但我并没有靠我个人的开拓能力独立搞定几张大单——尽快签下真正属于自己的大单才是我最希望看到的啊。

历史又开始重演了

1996年12月，又有一个我在省学联时期认识的武大毕业的刘同学（化名）找到了我。他在大学期间就是一位经常靠发表文章赚钱的大才子，是位颇有名气的学生记者。他专程从北京到广州动员我去北京，到民政部下属的一个城区发展中心从事推广和调研工作。这是他通过在新华社工作的关系搞的一个项目，就是靠搞评比、搞赞助赚一些钱吧。他与我同一年毕业，在北京已经开着一部军牌的捷达车，还真是很能混的一个人。

去了之后我才知道是混日子，全国到处飞，扮演部里来的领导到各中小城市的一些城区检查工作，吃吃喝喝，过得特不踏实，心里没底。因为我在省学联的经历，刘同学以为我适合“做官”，但事实再一次证明，我并不适合“做官”，这种工作特别不适合我的性格。

1997年5月，我又折道返回广州，当时我那个合伙经营的同人公司还没有关门呢，而我还是寄希望考MBA来改变现状，开始备考上海中欧工商管理学院的全日制MBA。

当时读MBA的学费才5万多元，如果我真的考取了，东凑凑，西凑凑还是可以凑到学费的。我在暨南大学附近租了间房子，参加了一个英语培训机构的

几个月的培训，我竟然通过了中欧工商学院内部组织的全英文的GMAT考试，从2000多人的考试者中脱颖而出，成为360位候选人之一。

我收到了面试通知。1997年年底，我坐火车跑了一趟上海，到上海交通大学校园中的中欧工商管理学院参加了面试。回到广州后，我在不知面试结果的前提下又去应聘谋生了，凭着我“漂亮”的履历我成功应聘到粤龙印刷器材有限公司（台资企业）做销售副理，月薪已变成3000元了。这是我加盟友邦前的一份工作。

那年我26岁，我的工作是带领几个业务员到各大印刷厂推销印刷耗材，就是油墨、PS版之类的产品。

真是无巧不成书。我这个销售部是新组建的，我部门中一位叫王大伟（化名，湖北襄樊人）的新业务员，竟然是我在北京工作过的那个单位的一位女同事的前男友。我和他在北京只见过一次面，没说过话，真的是一面之交。

一天，我们一起吃午餐时，我忍不住跟他说：我在北京见过你。他吓了一跳，然后我告诉他在北京因为谁我们见过面，他知道后也颇为感慨：世界真小。

我貌似有一种特别的能力，就是能记住人家的面孔。很多与我打过照面的人，都会在我心中留下或深或浅的印象，这也算我的一个“特长”吧。

我虽然任职销售副理，底薪也不错，但我内心想干大事的梦想依然没有磨灭，我的目标不是谋生，而是出人头地。要么做生意赚大钱，要么到大公司做高管，这才是我要过的生活，从来没有动摇过。

寻寻觅觅 路在何方

大学毕业后的前几年，我都没有回过湖北老家，大有一副不在广州干出点名堂就无脸见江东父老的架势。

1998年的春节，上海中欧工商管理学院给我寄了一封信，当时留的是我大学同学的地址，同学将信转交给了我。我欣喜地打开一看，竟然是“未录取成功通知书”。

那天上午，我坐在公交车靠窗的位置，盯着这封信翻来覆去地看，窗外正飘着小雨，创业失败、考研未果、推销不成，想想自己大学毕业快四年了，却一事无成……不知是泪水还是雨水，这封通知书竟然被打湿了。

从广州五山水泥混凝土添加剂公司，到番禺嘉晖建筑材料有限公司，后是香港首钢集团旗下东莞蕾洛厨房设备公司，接着是广州同人装修公司，然后是北京民政部下属的一家信息调研中心，再是广州粤龙印刷器材公司——在加盟友邦之前，我一直在探索哪一条是适合我自己的路。六次跳槽、一次创业、一次备考，寻寻觅觅，“凄凄切切”。

在1994年7月6日到1998年5月10日之间，这四年期间我共做过 7 份工作！

回顾过往，诸事不顺，原因看起来有很多种：是我没有这个天赋？我的运气不好？没有遇到我的贵人？公司没有培养我？我不善于沟通？公司制度支持不够？产品不对路？……种种因素，但归根到底还是自身原因：我太自负！这是骨子里的原因。自负就是过于高估自己，太把自己当回事，我还活在所谓“辉煌的过去”中。

小小年纪的我，误以为世界就这么大，仿佛自己扛得住这世界，有着野心勃勃的企图心。殊不知却如井底的青蛙，坐井观天，永远只会用自己的思维与眼界去看待这个世界。或许，这就是青春吧！

正是以上种种经历，孕育了我这个自负和自卑的结合体，一个理想主义的书呆子。毕业后前几年的工作我根本没有沉下心来干活，身在曹营心在汉，这山望着那山高，常常是随时准备辞职另谋高就的状态。心不定，当然与成功无缘，与销售业绩无缘。

这几份“蜻蜓点水”式的工作，我几乎没有一个值得分享的成功的销售案例，何其可怜？而我的职位却是“步步高升”，何其荒唐？

其实，以上的任何一个工作，只要我坚持下来，一定会有起色，也一定不会比其他业务人员差多少。**做业务工作，不能以三个月来衡量、半年来衡量，真的是需要一年、二年才会有所斩获。**

我没有坚持下去，一来因为我性格有不安分的因素，耐心不够，总希望立

竿见影的效果；二来我认为坚持下去取得的成果并不是我内心真正想要的，也就是我的胃口很大，总希望干大事，而不仅仅是过日子。

凡到一处，必留痕迹

因为我的不坚持，我在这些单位并没有取得好的销售成绩。毕业四年间，除了第一份工作干了一年之外，其余的工作都没有超过半年，在销售方面我简直就是一个“LOSER”。

但很有意思的是，我每到一个单位，我都可以和同龄人交到朋友。并且这些朋友都是值得深交的，他们当中不少人最终成为我的保险客户，就算那个短短的英语培训班也有同学成为我的保险客户。

这可能是我一种重要的能力，就是“交朋友”的能力，取得信任的能力。我性格内向，话不多，在广州原本并没有什么深厚的人脉，而我这些蜻蜓点水般的工作，反而让我交下了不少好朋友。

“交朋友的能力”是我日后敢于从事保险行业的一个重要信心因素。

这算不算我的一种天赋潜能呢？

夏笛心语

每个人都有属于自己的人生曲线，少年得志，不是每个人都能控制把持得住。如果人生一定要有跌倒的经历的话，“晚跌倒”不如“早跌倒”。

因为年轻，我们随时可以从头再来。

五、我与友邦的“一见钟情”

你相信一见钟情吗？我和友邦就是一见钟情的。

我和我的太太也是一见钟情的。相互吸引，不仅仅是外貌的吸引，更多的是趣味相投，聊得来就是一种标志。

“只是因为在人群中多看了你一眼，再也没能忘掉你容颜。”最美的相遇，便是如此。

立志进入外企，最终擦肩而过

1998年的春天，当从我知道没有被中欧工商管理学院MBA录取之后，我一边在粤龙印刷器材公司上班，一边还在广州频繁地找工作。

经历过这么多的民营企业、私人企业、港资企业、台资企业，甚至创业，我下一步的目标非常明确，就是应聘知名外企。当时的外企，特别是世界500强企业，都是香饽饽。很多500强外企的职员月薪都是在6000元~10000元之间，比其他企业的薪金都高不少，工作三五年就可以在广州买房供房了。

我每天一大早就购买《广州日报》，在厚厚的一叠《求职广场》上寻找相关的职业机会，整天投简历，但大多是石沉大海。

那些知名外企（世界500强）对用人的要求是非常高的，求职不亚于又一场残酷的高考。高考仅仅是靠分数，而能够通过面试进入外企，既要有漂亮的履历，又要有通过面试展现出的综合素质。**我能够挑战应聘外企，说得好听一点，就是充分展示了我“敢想敢闯”的特点；说得不好听一点，就是不知天高地厚。**

外企招募很在乎人的综合素质，某些外在的东西也很重要，例如个人形象气质、流畅的英语口语、流利的粤语、对口的专业、高情商、已有的一些人脉和经验、学历及学校出身等，至于你的“斗志”和“干劲”，或者你的“雄心”与“潜力”，人家并不看重。而我自己对这些却更有信心。

虽然我的英语过了六级，事实上却是哑巴英语，看我的履历、我的专业、口头表达能力，并没有什么优势，要命的是我不懂粤语。

而且外资公司的招募过程，要经历一段很长的等待时间，一两个月很正常，我这个急性子哪等得起。

通过大量投简历，我争取到了几次面试机会，但很多都是以失败告终。当最后有两家外资公司通知我复试时，我已经在友邦参加训练，决定做保险了。

投身保险行业之缘起

当年我对保险的理解仅仅停留在上大学时所读的书籍中对保险工作的描述，知道在国外卖保险很锻炼人，并且有很多销售冠军都来自保险行业。

我对保险代理人的第一次接触，就是在人才市场被“不包吃不包住”吓走的那一次。但他们西装革履、文质彬彬的样子还是在我心中留下了印象。

我在东莞蕾洛酒店用品公司广州办事处工作的时候，我以前工作过的混凝土添加剂厂的同事江小姐上门找我来推销人寿保单。她还给我及我的同事们讲解了保险计划，每年存钱，复利效应回报很高，好像比银行存款利息高很多……这是我这辈子第一次听人讲保险产品，我也觉得挺划算，但因当时囊中羞涩，只能找理由推脱了，没有买。

以上与保险的有限接触让我一开始并没有想法让自己的职业规划和保险挂钩。

我真正了解保险是从应聘美亚财产保险开始的，这也是世界500强AIG美国国际集团的子公司，因为我所学的建筑专业和财产保险还是有一些挂钩的。去了美亚面试之后，才知道友邦与美亚是兄弟公司。

在参加美亚公司的面试后，在等候复试期间，我根据报纸上的广告，去参加某家国内保险公司在广东大厦举办的大型事业说明会。这家公司正准备在广州开业，参加这次会议让我真正全面了解了保险行业，以及要从事保险销售所需具备的特质。听完后我已经基本决定要做保险了，但是选择哪一家保险公司我还是没有定呢！

是巧合，还是注定
——选择保险公司过程中与前同事的邂逅

当我决定要做保险的时候，突然发现大街上有很多不同保险公司的代理人。他们都会带我去他们所在的保险公司参观或面试，但我就是没有动心。

有一天，我被带去天河外经贸大厦的一家保险公司参观时，碰到了我前面提到过的那个前同事江小姐。她一身标准的职业打扮，略有淡妆，让我刮目相看。

那天她是来外经贸大厦这家保险公司办理辞职手续去友邦就职的，她对我说："我带你去友邦看一看吧！"然后她就把我带到了广州环市东路友谊商业大厦8楼。

心动只是过客，心定才有未来，我与友邦的一见钟情

我被友邦的装修风格、人员气质、工作氛围一下子吸引了。友邦的公司装修风格简洁明快，光线很好，桌椅一看就是现代办公家具，墙上贴的海报都是电脑打印的。

友邦的内勤，当时在我眼中都是领导，大都与我年龄相仿，或者大不了几岁，个个年轻充满活力，脸上挂着诚恳、谦和、自信、阳光的笑容。

友邦的整个办公室给我的感觉，个个都是帅哥美女，男士西装革履，女士职业套装，大家或埋头工作，或三五个同事坐在一起，低声探讨。

我是"外貌协会"的吗？不是，但我相信冥冥中的直觉就是一种指引。

我懂友邦的基本法吗？我了解友邦的产品吗？我的引荐人在我心目中很有

位置吗？……好像都是否定的。

突然发现我的选择很感性，这种看似感性的决定其实隐藏着自己的价值观，以及由过往成长经历而形成的对公司的一种判断。

1998年5月8日，我来到友邦报到，并参加为期三天的培训。我太喜欢这种感觉了，大学毕业这四年，我几乎没有跟这么多人一起开过会，没有正儿八经的听过这样的课。

我如饥似渴地投入了一种全新的学习中。学习并观察讲师们的演讲，学习保险知识，学习沟通技巧，学习成功人士的一些基本特征。

这个职前培训班的很多讲师来自台湾、香港或者马来西亚，都是从业十几年的行业人士，也有本土刚刚入行、业绩做得很好的一些伙伴的分享。我彻底被他们的风采征服啦！

没错，我就要成为他们的这种样子，他们的今天就是我的明天！

友邦三天的新人培训更加系统地展示了友邦的文化，彻底地征服了我。当时入职是不用考试的，5月10日培训结束后我直接办了签约手续。

很多人问我，你在友邦有没有想离开过？真的没有。因为在友邦的行业前辈身上，我找到了榜样，而且我想要的东西，都能够在友邦得到。

我的师傅雷永愉女士

虽然我的引荐人江小姐在我入职三个月后就离职了。但是因为她，我得以加入了雷永愉女士的团队，因此，我至今仍对江小姐心存感激。

雷永愉女士是友邦在广州的第一批代理人，她早在1999年就年收入百万，无论是个人业绩，还是团队管理，一直是整个公司营销队伍的表率。

最让人的感动的是，她是我所见到的最爱友邦的人之一，她经常把业界优秀的讲师或前辈介绍到友邦。她永远活力四射，幽默活泼，勇于付出，乐于助人。

正是因为雷永愉执行业务总监的大爱，公司的同仁甚至业内人士都亲切地称呼她为“雷妈”。

从雷妈的身上，我深刻地体会到这一句话：**一个人的成功不在于你赢过多**

少人，赚取多少财富，晋升多高的级别，而是你帮过多少人，多少人在内心深处记住了你。从这个层面，雷妈的成功已超越了她的职级，永远是保险行业的一座灯塔。

如果我当初不是加入雷妈的团队，我究竟能够在保险行业做多久，还真不好说。雷妈对我的引领是至关重要的，她的对保险的信念、对友邦的热爱、对学习的热情，一直深深地影响着我。

2006年，在雷妈从业十周年的答谢晚宴上，我个人专门为她定做了一个水晶奖杯，表达我对她的敬意。

一日友邦 终生友邦

我与友邦之间不是雇佣关系，而是合作关系、伙伴关系、代理关系，这种关系其实更加稳固。所以，我们每一位友邦伙伴都会自豪地说：

我就是友邦，我就是友邦分之一。

友邦给我的一切，让我忘掉一路走来的辛苦和委屈。如同一段婚姻，难免有一些磕磕碰碰，而真正恩爱的夫妻，那些不开心的事情早已随风而去，留下的是彼此珍惜以及恩爱的当下。

我把最宝贵的青春奉献了友邦，仿佛一段坚不可破的事业婚姻。能够在友邦慢慢变老，是我一辈子的福气。

夏笛心语

很多事情，看似偶然，实则必然，偶然只是内心必然的一种表现形式。最好的人总是在最合适的时候出现，一切都是那么刚刚好。

Chapter 2

第二章

职业规划篇

一、来保险公司听听课，可能是你人生的转折点

听别人的故事 想自己的人生

2017年10月7日，国庆长假最后一天，友邦广东分公司特别邀请友邦江苏执行业务总监、80后的徐庆梅女士来广州分享她达到千万年收入的成长历程。

会场在天河丽思卡尔顿酒店，现场来了1500多人，群情高昂，掌声雷动，她接地气而精彩的分享赢得来宾的共鸣。其实，无论来宾是否选择从事保险行业，徐庆梅女士的分享对他们的职业生涯都一定会有很大的启发。

他山之石，可以攻玉。

在台上，她坚定地表示：**人要跳出舒适的鱼缸，跳出凝固的思考模式，唯有改变，才能看见自己的未来。**她很庆幸在那么早的时候，就选择了保险这一条少有人走的路。

徐庆梅是江苏扬州人，2003年大学毕业，大学学的专业是企业管理，第一份工作是外贸公司的翻译。为了实现每年可以旅游的梦想，她于2004年辞职去苏州旅游，顺便留意了苏州的工作，结果在人才市场邂逅了“友邦”。经过交流，她意识到保险是未来的朝阳行业，于是她顶着父亲要和自己断绝父女关系的压力加盟了友邦。

80后的她，加入友邦时在苏州只认识三个人。14年过去了，其中的经历起伏跌宕，她持续努力，简单、听话、照做，坚持优质招募，最终成就年薪千万的奇迹。

她说，她在翻阅一本与保险有关的书籍的时候，发现当初友邦上海前老总

徐正广先生曾经说过这样一句话：我们友邦把保险营销员当总经理培养。她就是冲着这句话来死磕友邦的，她说：我要看看友邦是如何培养我这个毫无经验的小丫头的。

正是当初她的这份信任与执着，让她今天得以带领着近千人的保险团队，培养了数位业务总监。她的先生和妹妹也加盟了她的团队，她还是两个孩子的妈妈，经营着幸福美满、富足的人生。

这一天，我作为友邦的老兵，甚至是她的“前辈”，比她早六年入行，坐在台下听统率千军的她在台上分享她的成功故事，颇为感慨。

一方面我很庆幸我还坐在台下聆听，我依然战斗在保险第一线，我对未来依然充满无限的向往；另一方面，我很感慨长江后浪推前浪，我仿佛错过了某些时机。现在80后人才辈出，行业这十来年发生了翻天覆地的变化，说明这个行业充满无限的机会与可能。

学无先后，达者为师。

在保险行业，在友邦，有很多这样的故事发生。很多人都是因为来保险公司听了某一堂课，一念之间，改变一生。所以，偶尔来保险公司听听课，对你总是有好处的。

保险公司的课程，往往涉及创业、交际、沟通、理财、经济趋势、营销、管理……甚至还有心理学、夫妻关系、亲子教育、性格分析等内容，可以让我们打破一些旧的思维，接纳更多的新资讯与新思维。

我听的第一堂保险课

1998年4月，一个春光明媚的周日下午，在广州“打拼”了4年的我，根据《广州日报》上某家国内保险公司要在广州开分公司的招募广告，来到了东风东路的广东大厦，参加一场大型保险事业说明会。

当时我穿着一套皱巴巴的西服——布面上都是坑坑洼洼，还鼓出气泡。系着我两年前在东山口王府井百货买来的当年唯一的一条领带，牌子是金利来的，金黄色的，点缀着红色的小花。（直至今天我还保存着那条领带呢！）

我坐在广东大厦宴会厅聆听着台上的讲师慷慨激昂地诉说着他做保险的创业经历。讲师来自北京，做了3年保险，在京城从陌生拜访做起，那时年薪已是10万，而我那时年薪还不到3万呢！

他那种热诚、激情，深深撼动着在人生路上迷惘彷徨又无助的我——一个大学毕业的4年内换了8份工作的外地小伙子。

心中的小剧场不断重复上演着：**我可以像台上的讲师说的一样吗？卖保险，我行吗？**我太木讷、又太内向了，我口才不好、又没有人脉；或许我可以像他一样，从陌生拜访开始？内心反复斗争，他可以在北京陌生拜访，或许我也可以在广州陌生拜访？

正因为这场保险事业说明会，因为台上讲师热血激情的分享，因为相信自己能作出正确的选择，因为相信保险是未来的趋势，因为相信自己可以改变，我毅然辞去收入稳定的私企销售管理工作，投入当时不被很多人看好的保险行业。

一路坚持，一晃眼，二十个年头过去了。

我的两次小小突破都与课程有关

我初期的陌生拜访跌跌撞撞、浑身是伤，全年无休，舍不得停下脚步回湖北老家探望父母，至1999年12月晋级业务主管，增员了几个并肩作战的伙伴。

不过，在我做初级业务主管时期，一直并没有大的突破，个人业绩不上不下，团队发展也不是很快，在友邦广州地区业务表现平平。当时我也才28岁左右，并不甘心，但却有种自己被困住的感觉，找不到突破口。

在保险行业可以取得成功是肯定的，我也看到很多榜样，关键我如何可以取得成功？

寻找突破的我，一个偶然的机会，高价（几乎花了我当年一个月的收入）在一家叫“粤灏”（现已改名叫“智慧行”）的培训公司，参加了一个为期三天两夜的“企业领袖与营销才能”培训班，主讲人是香港的冯两努导师。

在那里，我幸运地接触到30多位优秀的中小企业主，通过持续与他们打交道，我慢慢赢得他们的赞赏与信任，一不小心进入了大单市场。通过这个班，我也进入这个系列班级的同学会，认识了更多的老板们。2002年12月，我在广州郊区用分期付款的方式供了一套180平方米的大房子。

个人业绩有了信心之后，我通过报纸广告招募了大量的保险代理人，发挥我喜欢讲课的特长，直接在报纸广告上说我们团队有系列的培训课程，这样真是一炮打响，一个广告可以吸引几十人来应聘，吸引了一批20多岁的年轻人。

我把我在公司内外学到的一套训练课程用在我所招募的新人身上，教他们如何在保险行业快速起步。团队氛围一下子上来了，这批通过报纸广告招募的新人反过来影响我通过其他途径招募的营销伙伴，互相促进。

所以说，无论是我个人业绩的突破，还是团队增员的突破，这两次突破都与“课程”有关。

正因为如此，我在做保险第8年就晋级了总监（当时称之为营业管理处经理，家族长），在33岁时，自己就拥有了近100人的保险团队，并取名为“超越家族”。

阶段总结 继续前行

一路走来，经历过诸多心态的调整，事业的高潮起伏，成家立业……如今，我携手我的团队200多位的保险伙伴在这大好的保险钻石时代继续前行，打造千人团队的目标一直在我心中。

没有保险，就没有今日的我。

有人说条条大路通罗马，而我如果不是在保险行业历练，我无法想象自己会成为怎样的一个人。保险公司，真正是一个学习型组织，每天的早会，不间断的各类课程，不同领域的成功人士的分享，砥砺我永不停步。

饮水思源，在我从业20周年之际，我想把我在保险行业的一些思考与做法，记录下来，回馈这个行业，协助保险新人尽快进入状态，少走一些弯路，在保险行业早日实现自己人生的梦想。

在我人生的下半场，我将以培育保险营销员、传播保险文化为己任，让社会更加接纳与认同保险行业，为这个社会的文明进步尽自己的一份绵薄之力。

夏笛心语

困难困难，困在家里万事难；出路出路，出去走走就有路。“听课”对于很多走出校门的人已经越来越陌生了，其实，偶尔打破自己的舒适空间，去接触一下外面的世界，就有可能为自己打开另一片天地，从而实现人生的转折。

二、职业规划浅谈（一）：你毕业十周年的聚会是最励志的

你还记得你小时候吹过的“牛”吗

无论你是否愿意面对，不远的将来——10年后、20年后或30年后的那一场毕业聚会都将是一件“残酷”的事情。还好，如果你现在刚刚毕业，或才工作三五年，你还有大量的时间憧憬、计划与行动。

行行出状元，人生的职业选择没有对错之分，没有人可以真正评价你，除了你自己。鞋子合不合脚，只有自己知道。重点是，**你想过怎样的一生，你想成为怎样的人，你的职业能否承载你对自己的期望甚至你的梦想？**

年轻人在职场上跨出第一步，要学会先站稳脚跟，再迈开步伐，一步一个脚印地走下去。千万别脚跟还未站稳，就想跑，甚至想飞奔，到头来跌跤、栽跟头，伤痕累累，苦的还是自己。

刚毕业的时候，你们通常不要指望马上赚大钱，也不可能立刻成为上市公司的高级主管，要实现这些目标，只能从现在开始一点一滴地努力。

你是职场的烂西红柿 还是抢手的红苹果

原来大多数的人之所以失败，只是不愿意再多忍耐一下、再多坚持一下，结果当成功来敲门的那一刻，硬是不把门打开，最后输给了自己。

当夜晚来临时，我们只要轻轻地按下电灯的开关，立刻满室明亮。但你可知道，当年发明家爱迪生试验超过1200多次，才能让灯泡亮5秒。换作一般人可能连10次都要抓狂，何况是做上1200多次的试验，估计早就弃之不顾了。

但是爱迪生的回答让人拍案叫绝，他说：

我发明灯泡，一次都没有失败过，整个冗长的过程刚好需要1200多个步骤而已。

如果得试10次，才能敲开成功的大门，那就认真试上10次；如果是需要100次，那就得老老实实地试100次。即使少了一次，成功的大门都不会为你打开。

这就是成功的历练。感谢这些历练，使得我们有展现自我价值的好机会。

每一份工作，可能做第一次还不顺畅、第二次还不圆满，要靠第三次、第四次……持续地重复去做，才有可能达到趋于完美、无可挑剔的地步。

倘若做一次就急了、两次就慌了，那么后续的成功作品就不可能出现。

你要的是稳定还是前途

最近有一个近30岁的小伙子来我公司面试，他大专毕业工作9年了，上一份工作是在广州某国企从事行政工作，月薪是8000元左右。因为出来后和朋友创业失败，现在想要重新找一份“稳定”的职业。所以在交流中，他一直对销售职业有一种不屑的神情，觉得自己是做“管理”的料。

他说他家三代都是吃“皇粮”，对国有企业很信赖。谈到民营私企，他说很多公司都不能按时发工资；谈到外企，他说那些人加班加点压力大；谈到创业做生意，他说自己不是老奸巨猾的人，不适合做生意，还是适合做职业经理人。在交流过程中，他反复强调父母认为，父母觉得他该如何，父母觉得国有企业才是最让人放心的单位……

我无语了。一个成年男人如果不能独立思考和选择，就注定只能成为长不大的“妈宝男”。

很遗憾，这位陌生的求职朋友成为我给大家分析的反面教材。**如果你不想在走上社会十年之后还在寻觅一份只是为谋生的工作，你真的需要清晰的职业规划。**

十年啊，任何一个身体、智力在平均水平上下的人，只要傻傻地坚持做一件有价值的事情，多少都会有一些起色、一些成绩吧！但是有许多人的职场十年却是虚晃而过，这个行业做不好、那份工作也没啥起色，这真是虚度黄金般的青春岁月！

我跟大家解释一下什么叫职业复利。假设你2018年的年薪10万，如果每年递增30%，2019年的年薪就是13万，2020年的年薪就是16.9万，2021年的年薪就是21.97万，2022年的年薪就是28.56万，2023年的年薪37.12万（5年后），以此类推，2028年的年薪137.86万（10年后），这就是复利的力量。所以你一定要找一份有累计效应的工作，而不是每年不断归零的工作。

职业复利，是指你选好一个自己看好的职业方向，然后不断精进的熬下去，迟早会享受“坚持”带来的复利，成为你所想成为的那一个人。

如何保证职业复利每年的稳健增长？一方面与趋势有关，与行业有关；另一方面与你把握机会的能力有关，也与你成长的速度有关。

夏笛心语

职业规划不能以3个月为单位，至少要以3年为单位。沉下心来给自己3年的时间，你才能真正入门一个行业。

三、职业规划浅谈（二）：学历与能力，究竟哪个更重要

名校的光环能闪耀多久

许多年轻人在求学路上很顺利，一路直升，大学毕业后，接着出国继续读研究生。还有许多优秀的天之骄子，不仅获得名校录取，同时又被名企录用，在学业与就业之间徘徊难以抉择。

一些年轻人很执着，坚持要完成硕士、博士学业再就业；但是我也听过有年轻人这么告诉我："读书再多最终还是得谋求一份工作，何不即早投入职场磨炼。"其实是否需要继续深造跟自己的职业方向有很大的关系，例如，你要到知名大学当教师，或者到三甲医院当医生，那还是读到博士吧。

良好的第一学历，是你找工作时很好的敲门砖，特别是在重视学历的时光，比如30岁之前。

最近还有社会学专家指出，所谓的名校的"保鲜期"只有5年。意味着毕业后5年内顶着名校的光环找工作，多少还有些加分的作用，但若是个人的能力与实力没什么提升，5年后还扛着名校的光环，可能就变成包袱了。

等你投入职场多年后，高学历真的不再是人人称羡的保证书，唯有在职场上的优异表现与杰出经历，才是能证明工作能力的保证书。

什么是你职业的真功夫

人到30岁时即使没有大的成就，也总要有一些"真功夫"。检验一个职业人士是否有"真功夫"的标准，就是你离开你所在的这个单位之后，是否还有

“市场价值”。把你往人才市场或猎头市场一扔，能否把自己“卖”出去，以多少的“年薪”卖出去。

刚毕业，不要“求稳定”，而是要“求成长”，在最短的时间内积累自己的“真功夫”，同时也要找到自己人生的职业方向。毕业前几年，在没有找到自己喜欢的职业之前，是可以允许自己折腾的。

我想起了“一匹不肯进取的千里马，最后成为窝囊马”的故事。

话说马厩里一匹英姿挺拔的千里马日日夜夜等待着伯乐来赏识。有一天，一名将军一眼就相中这匹器宇不凡的千里马，将军对它说：“马儿，你可愿意跟我走？”

哪知千里马却给将军来了个下马威，它说：“我如此尊贵之躯怎可驰骋沙场，成天面临生死关头，我可不干啊！”一口回绝了将军的请求。

之后来了个精明的生意人，他盘算着千里马日行千里的价值，也想带它走。但马儿趾高气扬地摇摇头表示：“您是生意人，我堂堂千里马怎可载运重沉沉的货物，那多没出息啊！”生意人听了，也摸摸鼻子识相地走了。

最后来了位猎人，猎人很希望千里马能载着他上山找寻猎物。哪知这匹千里马又有意见了，它说：“上山找猎物是件苦差事，还是算了吧。”最后猎人自讨没趣般离开了。

几年过去了，这匹千里马仍然待在马厩里做着它“日行千里、夜行八百”的美梦。直到有一天，钦差大臣来访，千里马再不愿再待在马厩里了，它向钦差大臣毛遂自荐，自己就是百年难得一见的千里马。

钦差大臣问：“马儿，你可熟悉国道路线？”千里马摇摇头，它突然回想起多年前生意人要它载运货物的事。

钦差大人又问：“那你可有作战经验，上过战场吗？”千里马又摇摇头，想起了当年将军要它驰骋沙场冲锋陷阵当匹战马。

钦差大人疑惑地问：“你既不熟悉国道，又没上战场的经验，要你有何用啊？”千里马不愿再错过这难得的机会，自夸道：“我是日行千里，夜行八百的千里马啊！”

拗不过千里马的请求，钦差大人让它跑上一小段路。哪知千里马竟累得气喘吁吁，几乎快跑不动啦！

钦差大人见状，头也不回地转身离去，管它是什么千里马！

有多少年轻人就像这匹千里马，虽然资质好、条件好，但就是自视甚高，吃不了苦，也没有吃苦的勇气与决心，只能原地踏步。转眼间几年过去了，身边的人和事都日新月异，唯独自己停滞不前反而退步。于是懊悔自己当年若肯努力与付出，或许眼前的人生就不是如此不堪了。

正所谓：天才因缺乏勇气而失落，英雄为克服胆怯而成就。

年轻人，不要逃避磨炼自己的“真功夫”。

一口流利的外语、一手好的文案、广泛而实用的人脉、从无到有的推销经验、组建项目团队的经验、对你本行业深厚的技术或管理或操盘的经验、技术或创意天才、“有责任值得信赖”的做人口碑、含金量高的证照（律师、注册会计师、理财规划师、建筑师等）……这些都是“真功夫”。你的学历只是你积累“真功夫”的一个起点，学历本身不能代表什么。

中国有一句老话：练好功夫等“运”到。**当一个人具备过硬的功夫后，即使不跳槽，即使不被“挖”，在原来的单位升迁的速度也可能会快人一步。只要你是金子，跳不跳槽都可以发光。**

夏笛心语

你的父母会给你起点，你的毕业学校会给你光环，你的过往经历会给你佐证，而你是骡子是马，只有拉出来遛遛才知道。

刚毕业的那几年，潜心磨炼自己的基本功，打造自己的市场价值，才是你职业规划的底气。

四、职业规划浅谈（三）：你这辈子最后悔的是什么

你最后悔的是什么

比利时的一家报社对全国60岁以上的老人做过一次调查：“你最后悔的是什么？”

调查结果显示：

①后悔年轻时努力不够，以致一事无成。	占72%
②后悔年轻时选错了职业。	占67%
③后悔对子女教育不够或方法不当。	占63%
④后悔没有好好珍惜自己的伴侣。	占58%
⑤后悔锻炼身体不足。	占55%
⑥后悔对双亲尽孝不够。	占55%
⑦后悔一生过于平淡，缺乏激情。	占31%
⑧后悔挣钱太少。	占11%

以上调查结果显示，第一、二、七、八项都与工作有关，占前八项的50%。

你和你的工作关系如何

工作有千万种，归根到底只有4种：

1 你要在某个机构拿工资，俗称打工。

2 你要为别人发工资，俗称老板。

3 你要给自己发工资，靠劳动与专业，俗称自雇人士。例如个体户与专业人士。

4 你没有工资，靠投资收益来赚钱，俗称“资本家”或“投资高手”。

你这辈子究竟靠什么谋生？靠什么赚钱？越早定位清晰越好。越早定位，你越有充足的时间来准备与调整。方向对了，路途再怎么遥远，总有一天也会到达目的地。

所以你的收入来源形式是你一辈子幸福的经济基础。

有人将我们在职场的一生标注了以下十分贴切的警语，你是否也有同感？

18岁的你，不敢尝试，只走父母为你铺好的路：你被乖乖听话给毁了。

20岁的你，犯错会被原谅，但你总不能老是出错，老是等着被原谅：你被

“怕犯错”给害了。

25岁的你，死都不肯改变，每个月只领固定的工资：你被观念给捆绑了。

30岁的你，过了“职场体验期”，不愿拼搏，安于现状，眼巴巴地望着他人的成功：你被懒惰给毁了。没有本钱再犯错的你，因为一旦犯错就可能会被开除。可能让你撞见的残酷现实是：在职场上，你的同学、同事不停地往上攀爬，只有你还在原地踏步，你们之间的差距会越来越大。

40岁的你，没有四十不惑，而是一脸迷惑，天天羡慕他人的荣华富贵：你让面子给毁了。

50岁的你，没有乐知天命，而是自觉苦命，成天顾及一家老小：你被顾虑太多给捆绑了。

60岁的你，枯坐在摇椅上慢慢摇，想着人生不能将就：但是这一切都太迟了！

少壮不努力，老大徒伤悲。很多年轻人总以为青春永驻，以致努力不足，空掷时光，错失良机，老来空余一声叹息，看来这是人生第一大悲哀。

中国有句老话：男怕入错行，女怕嫁错郎。应该说，一些人年轻时之所以选错职业，与得过且过的安逸心态不无关系。

今日求稳定，未来不稳定；
年轻不吃苦，老来必吃苦。

人生不同阶段的关键词

我的工作性质决定了我在长期服务于不同行业不同层次的人士时，对他们的职业多了一份观察。毕业整整24年，我看到很多人的百味人生，变迁沉浮。

有人已急流勇退，有人在风口浪尖；有人归隐乡野，有人富甲一方；有人赋闲在家，有人功成名就；有人原地踏步，有人持续进取；有人小富即安，有人叱咤风云……人与人的差距在时间的推移下会越拉越大。

同时，我每周都在接待面试者，与他们交流，并尽量与他们保持联系。因此，我不经意地积累了很多活生生的职业规划案例。

22~26岁，思考探索期

这是对未来最有激情、对人生充满梦想的4年，这4年要去尝试自己的职业人生。

26~30岁，初步成型期

这4年是摸爬滚打的4年，结婚生子，事业小成，大都在这个阶段。22~30岁，也是积累自己“真功夫”最重要的8年。

30~40岁，全力打拼期

这是人生最黄金的十年，三十而立，人生的职业发展方向基本定型了，只需要沿着固有的跑道奔跑前行。

40岁之后，成熟收获期

这段时期不是不拼搏，而是已经可以享受前10年的奋斗成果。40岁之后就很难再谈职业规划，人的思维或经验几乎已成定势，重点已转向发挥自己的才华。

很多传奇人物，当然不在此列，例如任正非、柳传志、马云、马化腾，都有一些特例。我以上的年龄划分，只是适应大部分人的规律而已，这个社会毕竟99%是普通人。当然，你完全可以在这个节奏上做到超越，甚至腾飞！

人生的职业梦想

我们也可用以下这幅图来显示A、B、C这三位大学毕业生进入社会后的成长模式：

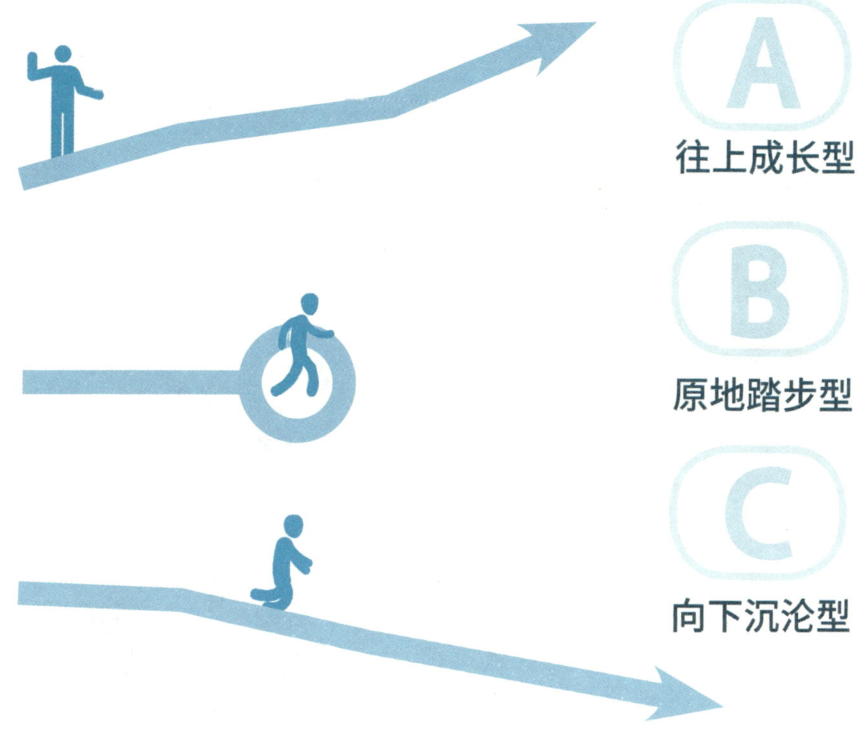

图中A就是往上成长型，B是原地踏步型，C则是向下沉沦型。

遵循第一个模式的轨迹，尽早成为行业金字塔顶端的那耀眼的明珠，几乎是所有年轻人的梦想。

如果把职业生涯比作一座立体的金字塔，你打算站在金字塔的哪一个位置？

高官、世界冠军、慈善家、大学名教授、优秀老师、明星、作家、艺术家、企业家、发明家、科学家、大律师、大医生、大会计师、设计师、打工皇帝、名主持、高级理财规划师、团队领导……你的梦想是什么？

一个人至少要有一个梦想，让自己心有所属，并积极行动。心若没有栖息的地方，无论到哪里都是在流浪。

一个年轻人，无论是海归、重点大学还是非重点大学、本科还是专科毕业，哪怕只是高中毕业，都拥有梦想的权利。如果一个年轻人，在刚毕业的时候都没有梦想、都不敢梦想，不可想象，他什么时候才会有梦想。

对于大多数人而言，成长的过程就是梦想破碎的过程；但对于少数人而言，成长的过程就是圆梦的过程。

夏笛心语

人生最后悔的事情莫过于，你原本可以尝试却从来未曾尝试。

五、职业规划浅谈（四）：如何制定最适合自己的职业规划

“性格决定命运”的说法越来越得到验证。你回想一下你学生时代各个同学在班上的表现，是不是跟他目前的工作状态甚至生活状态有着不小的关联？调查结果显示：

观念决定行为，性格决定命运。

想想我刚来广州时交往比较多的那几个南漂一族，现在都已年近半百。他们每一个人的故事与经历都可以写一本小说，也深刻地体现了“性格决定命运”这一句名言。

你了解自己的性格吗？

大家不妨参加一些“性格分析工作坊”，或者在网上测试一下自己的性格。DISC性格色彩也好，九型人格也好，销售潜能测试也好，都可以从一个侧面来验证你是否了解自己的性格倾向与性格组成要素。没有绝对的性格分类，每一种性格都是由不同的性格要素组成的。通过这种严格的测试与分析，你甚至可以知道自己最适合从事什么工作，加入哪个行业。

那么，如何结合自己的情况进行自我规划呢？

职业规划SWOT分析

当你做职业规划时，你可以将你的个人特点、职业意愿与所选择行业的特点这三方面结合起来做一次全面透彻的 SWOT 分析。

Strengths（长处、优势）

你的爱好是什么？特长是什么？喜欢什么？别人眼中的你和你的自我认识是一致的吗？别人眼中的你有什么优势？

Weaknesses（短处、劣势）

你的短板是什么？不喜欢做什么？最好的朋友如何评价你的缺点？

Opportunities（机会、机遇）

你将要选择的这个领域，存在怎样的机会？一般情况下，你可以发展到什么地步？这是不是你想要的，可以满足你的期望吗？

Threats（威胁、风险）

一旦选择这个职业，你会遇到什么威胁？你的职业风险是什么？这些威胁和风险是你可以承受的吗？

以上SWOT分析一定要建立在了解自己性格的基础上，这样你的职业发展方向就会很清晰了。

以下三个问题，你考虑过没有？

没有最好的行业，只有最适合自己的行业，你究竟打算在哪个行业发展？

职业方向

你希望在哪个圈子发展，是世界级、国家级、省级，还是市级、区级？

职业宽度

你希望成为金字塔的顶部，还是上腰部，或者下腰部，还是底部？

职业高度

任何的规划，越早做越好。

虽然计划跟不上变化，但是面对建立在规划基础上的变化，你会更从容，而不至于脚踏西瓜皮，走到哪里算哪里。所谓的“随缘”，更多时候是不愿意面对现实的逃避借口。

职业定位的过程又何尝不是自我认知不断纠错的过程：你是谁？你要去哪里？你怎么去？30岁之前，允许自己不断纠错，不断调整。我是在26岁之前就完成了这种调整，从此心无旁骛，专心自己的本业。

我对刚毕业的年轻大学生提几点“温馨提示”

1.明确就是力量。

对于一艘没有航向的帆船，来自任何方向的风都是逆风。聆听自己内心的声音，珍惜自己追逐梦想的权利。在自己最青春的年龄，去尝试去争取。越早明确自己的人生目标，就会越有力量。

2.谦虚拜师。

不要眼高手低，自以为是，骄傲是人生最大的敌人。敢于和比自己年长5岁以上的人交朋友，打开心扉、学习技艺，并多向自己的长辈请教。你有多少工资自己知道，你有多少“傲气”自己是很难发现的。多少人的职业生涯，都是毁在一个“傲”字。谦虚拜师，可以让你少走很多弯路。

3.专注。

如果你已经找到自己的职业方向，就不要轻易跳槽。逃避困难之“跳槽”，和故步自封其实都是一样的结果。很多求职者高估了2~3年努力的效果，却低估了10~20年坚守的成果，导致稍有不如意就心猿意马、频繁跳槽，最终自然是难有所成。

4.关注趋势。

在移动互联网大潮中，哪些行业是夕阳行业，哪些才是朝阳行业？互联网对传统的媒体或渠道将有哪些冲击？在这个过程中，会诞生哪些机会？哪些行业将会消失？10年、20年后哪些行业可能成为热门？

2010年诺贝尔经济学奖获得者之一英籍经济学家克里斯托弗·皮萨里德斯（Christopher A. Pissarides）指出，AI时代将让许多机器人取代人的工作。比如电话营销、贷款授信、柜台员、律师助理、出租车司机、快餐厨师等重复性质高、只需一项技能的工作，将被掌握了AI大数据的、训练有素的、只要按个键就会执行任务的机器人所取代，这些行业从业者将面临被淘汰的命运。

相对地，心理咨询师、职场治疗师、营养师、外科医生手术人员和牧师这五种职业在AI时代则是无法被取代，因为这些职业需与人接触、面对面沟通。至于保险营销是否会被AI取代，今后我会单独撰文表明我的一家之言。

亲爱的大学毕业生和职场新人，“只要功夫深，铁杵磨成针。”努力练习真功夫，磨出最优秀的自己吧！

最后，我将我所尊敬的乔布斯所说的一段话，献给你们：

只有爱你所做的，你才能成就伟大的事情。如果你没有找到自己所爱的，请继续找，千万别停下来，当你找到时，你就会知道你能成就伟大的事。

夏笛心语

只要脚踏实地地走，你总有一天会飞。

Chapter 3

第三章

客户开发篇

一、皮鞋走出洞，靠陌生拜访在广州杀出一条“血路”

每天20份市场调查问卷

很多人问我：“你在友邦是如何迈出第一步的？”

进入友邦时，26岁的我在广州已“混”了4年，的确认识一些前同事和朋友，和我打交道的几乎都是和我一样的“无产阶级”，或者叫“有志穷青年”。

陌生拜访，是我唯一的出路。

参加完公司新人培训班的“成功起步90天”的第一天早会，我像打了鸡血一样，激情四射。我真正的销售生涯开始喽！我拿着20份市场调查表就冲出了公司大门，觉得满大街的人都是我的客户。

我陌生拜访的第一站竟然是公共汽车。5月份的广州公共汽车上，人挤人、人贴人，车上热气腾腾，像一个大闷罐。

“先生，您好，我是友邦保险的寿险顾问夏笛，可以用1分钟的时间跟您做一个小小的市场访问吗？”

和我并排站着的一位男士，他根本还来不及拒绝我，我就从公文包里掏出一张表，问他第一个问题：“您听说过友邦吗？”他勉强回答了我。接着我又抛出下几个问题：

“除了单位的社保之外，您是否买过商业保险？”

“如果您买保险，您希望这家保险公司具备以下哪个特点？”

“如果您买保险，您会考虑以下哪些险种？”

对方配合我完成了我的第一份保险调查问卷，问到最后的工作单位时，才

知道他是从南昌出差来广州的。哈哈，我白忙活了。

接着，我侧着身子，扭着头，又问了周围几个人，他们都用一种奇怪的眼神看着我，有跟我聊几句的，也有直接拒绝我的。

回想这段经历，觉得公司的鸡血料够猛的，让我这个很害怕与陌生人打交道的人，竟然鼓足了勇气，一上公共汽车就开口访问。也说明我具备被鸡血激励的体质。

所谓市场调查，就是拜访客户的借口，我们总不能直接到大街上问人家买不买保险。只有通过这种方式巧妙收集客户资料，与客户建立信任关系，甚至激发客户的保险意识。小小的市场访问，其实里面乾坤很大。

在人民南路下了车后，我来到中国移动营业厅，缴纳我的手机费。

我手上这部大大的西门子老式手机，是我们清算以前的装修公司留下来的唯一“固定资产”，也是我的全部身家，给了自卑的我莫大的信心与支持。那个年代能用得起手机的人不多，用现在的话说就是特能装，它让我无论在同事中，还是在客户面前，都多了一份自信。

在排队缴费时，我灵机一动，这不是做问卷调查的最佳时机吗？人们排队排成长龙，等待的时间很无聊的，也无法走开。当我缴费结束后，我就一个个地做市场调查，真还有收获。

我最怕一种人，就是广州本地的大叔，40岁左右，脖子上一串粗粗的金项链，面无表情，双目冷冷地盯着前方。

“先生，您好，我是友邦保险的寿险顾问夏笛，我可以用1分钟的时间跟您做一个小小的市场调查吗？”

第一遍没有反应。

第二遍没有反应。

第三遍还是没有反应。

我当时的内心想法就是：你能否对我摇摇头，或者直接拒绝我呢？

因为后面有一条长长的队伍的人看着我的表现，我连找台阶下的机会都没有。这个时候，我恨不得找一条地缝钻进去。

初生牛犊不怕虎。1个小时不到，我竟然收集了20多份市场调查表。从此以后，我特别喜欢挑排队的地方做市场访问，也曾去过花园酒店旁边的祈福新村楼巴站做过市场调查。

第一张陌生拜访保单

学习了公司的意外保险之后，我认为性价比很高，人人都需要。我翻开了我第一天做的市场调查问卷表，打了一通电话，一位姓吴的女士答应了见我，她就在人民路的一家银行任职。

在访问中，我得知她有一个1岁多的宝贝儿子，就想跟她推荐一份188元的儿童意外险。我满以为马上可以签单的，结果她说要先考虑考虑，第二天答复我。

我悻悻离开了，心里有些失望，心想：一张188元的儿童意外保单都要考虑考虑啊！

第二天早会结束后，我打电话给她，她说："我先生的单位医疗福利很好，包括我孩子的，所以还是先不买吧！"但她回答得很客气，通过电话线依然可以感受到她的友好与善意。

放下电话，我很懊恼。卖保险真的不容易，一张188元的保单都这么难。我多么希望通过一张陌生拜访的保单来证明自己的能力啊！

又过了一个月，"新人成功起步90天"的培训课已经到第3个月了。

7月初，在课程上，我又学了一种公司新推出的金安终生年金保险，缴费20年，领取一辈子。讲师说，这个险种特别适合帮小孩子购买，越小买越好，越小买保费越便宜，今后领取的期限越长。

我又想到了我拜访过的吴女士，便再次致电给她："康姐，您好，我是友邦夏笛。我们现在有一款很划算的年金型保险，帮孩子买特合适，您要不要了解一下呢？"

她又答应了见我。这次去，我在报刊亭买了一本女性时尚杂志作为见面礼。到了银行后，我很兴奋地向她介绍了友邦的这款年金产品的结构与卖点，推荐结束后，没想到她竟然说："好吧，我就帮儿子买这个。"

我当时惊呆了！保费这么多，本来以为她又要考虑考虑呢。

她随即办理了投保手续，直接给了我现金2941元。这对于我来说，是一张"大单"呢！这个保单的生效日是1998年7月9日。

一份188元的保单，还要考虑一下；一份近3000元的年金型保险，竟然这么快做了决定，而且还拿到现金（当时缴费只能缴纳现金），卖保险真是太有意思啦！

客户观念通了，认同方案，觉得是自己想要的，大单与小单是一样签。对于业务员来说，有大单与小单之分；对于客户而言，只有需要或不需要之分。

签了保单后，我很兴奋地打电话给我的新人培训班班主任吴秀兰老师（目前是友邦广东银行保险负责人）："老师，我今天签单了，我终于可以转正了。"

我已经忘了公司转正的标准，但我记得正是因为签了这张保单我才转为正式业务员的。

这张保单意义重大，我的想法很简单：既然我可以通过陌生拜访签第一张单，我就可以签第N张单。那我如果一个月签10张单，收入不就自然而然高起来了吗？我就是这么一个简单的人。

缘故（熟人与朋友）的市场是有限的，陌生拜访的市场是无限的，这张保单给了我无穷的动力与无限的想象空间。

因为吴女士是我第一个陌生拜访而来的客户，我经常找不同的借口去她所在银行回访她，到了那年10月份，她又在我这里买了一份养老险。

银行把她调到不同的网点，我也跟着她跑不同的网点，偶尔去坐坐。通过她，我服务了好几十个在银行工作的客户。光阴似箭，其中有几个客户现今都做行长了，她本人也做到了副行长，她的儿子大学都快毕业了。

我后来对吴女士开玩笑说：康姐，您真有眼光，选择了在我这里买保险。

我在新人培训班的时候，见到很多人出单很轻松，几乎每天都有许多广州本地人在出单。而我出单非常辛苦，因为没有多少深厚的人脉。如果说有人脉的话，那就只有我在广州打拼4年以来认识的一些好兄弟。

第一个月，我的一些好兄弟们，有6个人在我这儿购买了意外险保单，都是368元一年的，印象最深刻的是我通过大学同学认识的，很讲义气的龚先生。我第一个月拿到了责任底薪。

第二个月，龚先生又帮我介绍了他的表姐赵姐在我这里买了第一张寿险保单。第二个月，我又拿到责任底薪。

第三个月，我靠陌生拜访签了一张寿险单。我们当时只有三个月的责任底薪，责任底薪每月一千元，第三个月我也拿到了。

这简直是教科书式的客户开拓方式。**在保险行业，客户开拓有三种途径：缘故、转介绍、陌生拜访，而我这三个月正好用了这三种不同的方式签了保单，顺利转正。**

我每天坚持做20份市场调查问卷，那段时间几乎每三个月都会磨破一双鞋子，鞋底冒出两个洞。作为保险新人的我哪有钱买什么新鞋，只能在很多个傍晚时分，到当时广州客村附近的滨江路，在卖二手皮鞋的地摊上挑选六成新的真皮皮鞋，10元钱左右就可搞定！记得我前后至少买过四五双。

方向与速度比起点更重要

“方向与速度比起点更重要。”这句话，是在演绎一道数学题吧。

在保险行业，我并没有赢在起跑线。我早期只是解决了生存问题，没有鲜花与荣誉。如果我的方向是对的，且保持了速度成长，又何惧起点太低？

这个早期状态持续了三年，直到2001年才发生改观。第一年，能够养活自己，第二年收入递增50%，第三年收入又递增50%，年薪终于突破了10万。由于我自己也不怎么会理财，几乎是月光一族，在我做保险的第二年开始，只是每月可以寄1000元给家里，帮父亲偿还因为工程承包而欠下的债务。

从事保险业的初期，什么开拓客户的方法都要去试，尤其陌生拜访。

坚持陌生拜访给我带来最大的帮助是增强跟陌生人打交道的信心：原来陌生人也可以信任我，原来陌生拜访可以做到生意。**其实最开心的不是赚了多少**

钱，而是赚到了多少陌生人的信任彼此成为朋友，久而久之成为客户，并且一直信任你、支持你、选择你、肯定你——这是用钱都买不到的收获。

入行的前几月甚至前几年，我的业绩很一般，无法与那些业绩高手相提并论。有一些30岁出头的广州本地人，业绩很好，我看他们简直就是仰视。

对于没有资源的我来说，陌生拜访，是没有办法的办法，也是保险初期快速强化信心、提升人脉的方法。一方面我能在保险业养活了自己；另一方面，更提升了我打造团队的信心。

前3个月，我很平凡，即使前3年，我也很普通，很少达标公司的高峰竞赛，也没有上台领奖的机会，只是可以养活自己。但我每天都活在希望当中，每一天的付出，都是在春耕播种，有些两个月之后结果实，有些两年后结果实，有些十年后结果实。我的内心特踏实，没有一点在做保险之前很迷茫很困惑的感觉。

记得我们新人培训班的台湾导师李正本先生说：**你的保险事业的高楼要建得多高，你的基础就要打得多深。**

陌生拜访，也许就是打基础的一种方法吧。我选择做自己最不擅长的事情，做曾让自己最恐惧的事情，每次跟陌生人开口之前的那种纠结与痛苦只有我自己知道。我虽然没有那些外向的人做陌生拜访那么自如，我不是也可以挺过来吗？而很多当时很有光环的同事却成了流星。

我做陌生拜访的日子并没有超过1年，在积累了一定人脉后，我就没有再做陌生拜访了。而是通过转介绍开展业务，以及持续跟进曾经的一些缘故朋友，或者偶尔做一些随机拜访。

所以，当今我们与其关心新人的业绩，不如关心新人的状态。新人的业绩来源是自然型保单？人脉型保单？还是开拓型保单？

名词解释

自然型保单

保险营销员自己及家人，以及最好的朋友的保单，几乎没有挑战性。

人脉型保单

保险营销员曾经广交朋友，广结善缘，有深厚的人脉基础，例如同学、前同事、圈中好友……这属于“提现”人情银行的存款。

开拓型保单

靠自己的开拓精神，把冷人脉、温人脉变为自己的熟人脉，靠专业与真诚赢得客户的好感和信任。

根据新人业务业绩的来源，身为主管，我们要持续辅导他们：面对新人，我们一定要透过业绩的表象看“本质”，对症下药，我们不能一味地催业绩，而忽略了这些培育新人的基本动作。

夏笛心语

你目前所在的位置并不重要，重要的是你即将往哪里去？

二、因为一个课程，进入一个圈子

原地踏步 寻求突破

人的成长过程中，总有一些贵人，在你的生命中起到了催化剂的作用，甚至让你的人生从此出现转折，迈开壮阔的征途。香港的冯两努老师就是我生命中重要的贵人，也是我相当敬重的一位导师。

我1998年加入友邦后一直业绩平平，连续三年没有达标公司任何高峰会议，也没有上过台领奖。我永远是那一个在台下为别人默默鼓掌的伙伴，但我想上台领奖的心从没有动摇过。

2000年底，我的保险事业进入了瓶颈状态：个人业绩也就在20万元左右，团队规模已有近20人，职别只是主任（最基层的主管），但看不到晋升的希望；年薪虽然突破了10万但没有什么积蓄，更别说在广州买房、买车、成家了……

我难道要这样日复一日地走下去？我加入保险行业的初衷是什么？难道仅仅是为了养活自己？

我这个人最不能容忍自己的就是原地踏步，不上不下。我不能再让自己坐困围城，要想方设法突破重围！

“别人可以，我也可以”的信念再一次在我的内心燃烧。

果断报名冯两努老师的课程

一个周六的下午，我在翻阅《羊城晚报》的时候，发现冯两努先生的《冯两努企业领袖训练班》的开班广告。曾经听朋友提起过冯老师是香港的推销大

王，写过很多书。我随即向这家培训公司打了咨询电话，接电话的刘小姐让我马上到位于天河北路的办公室去聊聊。这个办公室，就是目前名气非常大的中国NLP学院——中国最大的实用心理学培训机构的前身。

这一聊，让我当场就做了参训决定，我清楚地记得我到楼下银行柜员机刷卡取钱，因为再不交钱“席位就没了”，三天两夜的课程费是4500元。

那时的我，每个月都要给家里寄1000元钱，加上租房、手机费、资料费、生活费等开销，又不懂理财，几乎成了月光一族。只是因为那个月有年终奖，所以我才能缴得起学费——这笔钱是我当时全部的存款。

人生没有舍不得，越是舍不得，便只会让自己动弹不得；越是放不下，就更要付出代价。我舍得拿出“巨款”去学习，这个决定显然是明智且及时的。这让我从此打开了另一扇窗，进入了一个企业主圈子。

一下子记住所有学员的名字

三天两夜的课程设在广州市郊的松园宾馆。冯老师的课堂授课有鲜明的保险行业特点，他特别注重互动和分享。这种培训对于传统行业的企业主们来说，耳目一新。

课程设有两人学员小组，而且每堂课都要找不同的学员演练，称之为“打破舒适空间”。当然他还精心安排大量的游戏环节，让全体学员一起参与，形成生动活泼，参与感非常强，而且每天早晨还带领我们跑步。

每一个半天课程结束后，冯老师都会安排一个特别的分享环节。让每个学员分享三分钟，然后根据每个人的表现，让同学无记名投票选出前3名，颁发奖杯，最后由他作点评。

记得第一天上午的课程是介绍自己，这个环节结束之后，冯老师问了一句：你们有谁能够记住全体学员（31个）的名字？

我当场冲了上去，差不多叫出了所有同学的名字。经过无记名投票，我拿下这一堂课的冠军。这个班，我应该是最穷最年轻的，我才28岁，而其他同学们大多数是年龄在30~45岁之间事业有成的企业主。

冯老师点评说：夏笛拿到冠军，不是因为夏笛讲得好，不是因为夏笛记性好，而是因为夏笛提前做了功课，你们在介绍自己的时候，他已经在做笔记了。事实的确如此，我用笔记住了他们的名字，甚至还记住了他们的公司名称与行业。

这个培训班每一期的同学关系都特别好，感情很深，课程结束后还保持着长期的联系与互动。这个课程平均每个月举办一期，我参加的是第21期。因为我觉得这个课程好，所以推荐了几个朋友过去学习，培训公司老板黄启团先生主动通知我去参加了次年4月份第23期培训班，我又认识了一批新朋友。

练习笑容

课程中还有一个环节，就是练习笑容，微笑时要让自己露出8颗牙齿。我本是一个木讷之人，长得一脸的苦大仇深，亲和力非常差。培训结束后，我每天早晨起床后对着镜子练习笑容：用双手扯住自己两个嘴角往外拉。坚持了半个月后，我发现自己笑得不像以前那么僵硬了，亲和力大大提高。

原来笑容真的可以练习的！

我之前在友邦课堂上也知道笑容很重要，很多关于销售的书籍都说笑容很重要，但如何才能把迷人的笑容挂在脸上呢？上完这个训练班课程我才明白，除了“笑容一定要发自内心”以外，练习笑容也是可以的。

都说笑容应是由内而外发出，婴儿般的笑容最有感染力。而由于我并不快乐的童年时代，纯真自然的笑容好像离我很遥远。

或许上天就是让我通过做保险修炼自己的。纵使没有纯真灿烂的笑容，也要有亲切温和的笑容，而不是做那种不会笑的中年冷酷男。这也是我当初做保险看到前辈榜样时给自己立下的心愿：我要成为我想成为的样子！

感谢胡柱根先生

2001年年底，我们同一期培训班的东莞民营企业家胡柱根先生专门来广州

找我吃饭聊天。他当时已经是一个非常成功的企业家，公司生产按摩椅。我们在我公司附近的人民路回民餐厅吃饭，**他问我：“你的梦想是什么？”我说：“我希望我带领的保险团队保费过亿。”**他听了对我伸出大拇指。这次吹过的牛，我一直记得，还在实现的路上，但并不是遥不可及。这个梦想比创办一家500强企业要现实多了。

吃得差不多时，他突然说：“我报名了明年春天的冯两努企业家日本访问团，我还有一个名额，本来是我的高管去的，他因故去不了，我想免费送给你，你的时间允许吗？”

天啊！我有什么时间不允许的！他花一万四千多人民币请我去日本旅游半个月，又可以认识一百多位成功的企业家，我简直求之不得。

这个日本访问团，团友都以为我是自费去的，心想这小子混得不错嘛，竟然还有钱和我们随冯老师去日本参观考察，还认为我很舍得投入。**我非常感谢胡柱根先生给了我这个巨大的“免费午餐”，使我终生难忘。**

这次日本之旅，让我的社交圈子迅速扩大，一下子又认识了几十位同学。我当时的名片非常特别，是一本彩印折叠小册子，里面有我的详细介绍，还有“成功快乐60句”这种心灵鸡汤之类的内容，这让很多企业家都记住了我。

凡是我交换过名片的人，我都有一个习惯，把他们纳入我的短信群发问候系统。**逢年过节，我一定会发一些励志的问候短信，从来没有任何推销，只是希望提醒他们：我还记得你们，希望你们也记得我。**

当时冯两努这个系列培训班，很多本土知名的企业家都参加了，在广州的影响很大。

进入冯两努企业家同学会理事会

2002年中秋节，在赛马场一家餐厅，冯两努的系列培训班同学们自发组织了联谊活动。有人提议成立同学会，我作为理事会成员候选人发表竞选发言时，我强调我的保险团队已有60人，私人聘请了两个秘书，这些都可以为大家服务。

经过投票选举，我成为冯两努同学联谊会的9位常务理事之一，也是同努学习机构的9位股东之一，帮冯老师推广了三期《冯两努企业领袖训练班》的课程。那三期课程我都是助教，主持其中的一些授课环节。我那段日子跟冯老师走得很近，几乎每个月都会一起开会。

后来因为其中两位股东独立承办他的课程，我和其他股东就没有再参与了。

即使我没有参与课程的运营，但我与这个企业主群体仍然保持着密切的联系。至今，我的很多高净值客户仍是出自这个群体。

很幸运，作为一个至今都不会讲粤语的外乡人，在我很年轻的时候，认识了一批低调、务实、进取的珠三角本土企业家。能够和他们共同进步，是我莫大的荣幸。

其实，在这个企业主圈子，我并没有地毯式的推销，我只是随缘地做了一些保单，开发了这个群体很少的一部分客户而已。

我并不是一个自带光环的明星业务员，我用这种独特的开展业务方式，以服务代替推销，以时间换效率，赢得越来越多客户的认可，一样拥有了属于自己的一片天空。

夏笛心语

不要抱怨自己没有机会，而要提醒自己去不断创造机会。当你足够用心、足够付出的时候，机会就悄悄地来到你的身边。

三、世界会向那些有目标和远见的人让路

骄傲是进步的天敌

人生要想少走弯路，有必要寻找一位甚至数位能影响你一生的导师，或许，这就是你一生的转折点。而年轻人的“自以为是，眼高手低”简直是通病，只是表现出来的程度不同而已。所以刚毕业的那4年，我是浮躁的，我看不上我的主管和老板，自认为如果我是他们，我会比他们干得更好！

在2000年冬天，冯两努老师课程的一开篇，他就讲了这样的一个故事：

徒弟前去拜见师傅，问道：“师傅，为什么我觉得自己这些年来总是没有多大长进？”

师傅笑着说：“先喝杯水吧！”于是就拿起桌子上的茶壶往杯子里倒水，水很快满了，但师傅却仍不罢手。

徒弟提醒他：“杯子已经倒满了。”师傅意味深长地对徒弟说：“再倒一些吧，说不定能更多一些呢！”

徒弟笑着说：“杯子已经满了，你再怎么倒也不能增加杯里的水呀。”

师傅说：“这个道理你也懂呀，可是你为什么还来问我呢？”

徒弟终于醒悟了，自言自语地说道：“是啊！人生也是这样的道理，心里装的东西太多了，自然装不进去其他的了！”

徒弟回想起过去自己的修行经验，就是没定性、眼高手低、自以为是、抗压性差、受挫力低……说穿了就是很自满、很骄傲。

冯老师干脆拿起了道具，把“倒水”“水满溢杯”的过程在我们面前示范了一番，让所有的学员印象更加深刻。同时，也让某些志得意满的企业主们，明白了谦虚的重要性。

这是我参加冯两努老师的《企业领袖训练班》听到的第一个故事。三天的课程，就是在故事、练习、游戏、分享中度过的！

冯老师带给我什么？**冯老师的授课风格，旁征博引、气定神闲、信手拈来，讲的都是平实无华的语言和故事，听起来都是大白话，大实话，没有任何的矫揉造作。**他特别善于讲述历史故事和政治故事，对中国的历史与政治有自己的独到见解，很容易引起同学们的共鸣。

冯老师年轻时曾经加盟保险行业，是香港著名的陌生拜访大王。那一年我参加"冯两努日本企业家考察团"时，他有两次在机场拉着我去两个年轻的企业主那里，直接告诉对方："你刚刚做爸爸，夏笛可以帮你的孩子设计一份保单。"他主动出击的推销精神由此可见一斑，而我还觉得不好意思。

有一次，我私下很认真地请教他："冯老师，请您教教我，如何才能签到大保单。"

他回答说：**"无论签大单，还是签小单，你一定要看着客户的眼睛，直接问客户为什么不买这份保险？**其实很多客户，是不会拒绝的，你不敢开口，是因为你自己想得太多。你一定要将'购买压力'推在对方的身上，而不要把'推销压力'放在自己的身上。"

精彩！这样的回答，只有身经百战的销售高手才回答得出，也只有身经百战的销售人员才听得懂！

冯老师的有些名言直到现在还在同学中流传，例如"自己站不稳，别人靠不住""世界会向那些有目标和远见的人让路""社会踩你不死，社会就跪在你的面前""一心一力一方向"等等。

冯老师的课程打开了我付费学习的大门，后来我相继花了数万元参加一些不同类型的培训课程，受益匪浅。但情感最深、互动最多的，依然是冯老师的《企业领袖训练班》。这个班不仅让大家学到一些实用的接地气的管理技巧，也让同学之间产生浓浓的惺惺相惜的情感。可能跟大多数人的成长背景有关系吧，这个训练班的学员有一个重要的共同背景是：都有一个贫穷的童年，有强烈的草根奋斗精神。

冯老师授课，从来不用幻灯片（现在叫PPT），只用一块白板，几张白纸，一样讲得精彩，可以调动全场的气氛。无论是三五十人的培训班，还是上千人的财富论坛，他都完全可以控场，全场掌声不断。

从2001年下半年开始，我把学习到的一些训练技巧，总结成一套新业务员的训练课程后，通过报纸招聘了大量的新业务员，然后将训练课程用在这一批新人身上，这让我在2002年底就迅速建立了一支近百人的销售团队。我们超越家族有一个坚持了十几年的传统，每天都有早会，就是在我学了冯老师的课程后开始启动的。

我记得冯老师说过这样的一句话：**作为老板（团队主管），你每天应该第一个回公司，哪怕你回了公司之后，再回家睡觉都可以。从那以后，我真的做到了每天第一个回公司。**

另外，我尝试为一些企业做内训。我的培训功力不敢与冯老师相比，但冯老师的培训风格的确成为我学习的榜样、模仿的对象。我每次培训，都喜欢分享干货，喜欢分享我个人的经验，喜欢讲接地气的东西，注重与学员的互动，这已成为我的授课风格。

智者已逝，生者追思

2008年10月11日，我在桂林参加友邦中国精英主管会议，晚上11点突然收到一条冯两努同学会总会会长简健生先生发给我的信息：冯两努老师因心脏病突发在香港去世。

当时我不敢置信。在我的印象中，冯老师的身体非常健康，前些日子和一位同学共进午餐时还提到我想去拜访他，今天人都不在了？

2008年11月16日下午，冯两努先生追思会在广州体育馆召开。我是治丧委员会成员之一，有近500人来到现场，没有政府官员，没有学界名流，来的大都是来自珠三角的民营企业家。

在我看来，冯老师是一位民间思想家、平民哲学家。他的思想、理论，透过书籍、录像、演讲、讲座、节目、课程，事实上影响了一大批在珠三角奋斗的中青年，成就了很多人的精彩人生。他的理论听起来非常草根，却是那么真实可行。他把冯版的三大习惯、八大注意印在一张小卡片上发给每位学员。

三大习惯

1.月月存点钱；
2.天天运动；
3.时时读书求进步。

八大注意

1.赞美；2.聆听；3.微笑；
4.守时；5.每日进步1%；
6.天天讲目标；
7.了了分明与念念分明；
8.冷静、沉思、有主见。

冯老师的书法功力深厚。课程结束后，他会给每一位学员用毛笔书法赠送一句“金句”。他写给我的金句是：自胜者强。我把这幅字装裱好，一直挂在我的办公室的墙上，勉励自己前行。

智者已逝，生者追忆。缘起于恩师，福泽于你我。

附：冯两努先生资料

冯两努，实践派作家，1953年生于中山市翠亨村，4岁丧父。先后寄居于4位亲戚家中，直到14岁才和亲母相会。2008年10月11日下午5时30分在香港理工大学参加金融研讨会时猝死，终年55岁。

冯老师取得加拿大约克大学学士学位，是香港籍著名营销导师、陌生拜访之王、纵横商战谋略大家、著名商业作家，还是闻名省港澳的电视节目评论家，高级营销管理培训专家，曾任香港区议员。冯老师潜心研究中国历史，将中华上下五千年的谋略精华与现代商战紧密结合，融会贯通，总结出一套独到的经营管理谋略，从商业调查、决断谋略、领导艺术，到为人处世、情报资讯、企业兼并，事无巨细，面面俱到。

冯两努是一位只写一些试验过又行得通的经验的作家。他为了丰富内容，经常亲自再闯江湖，靠“一双快腿，一张巧嘴”推销商品或意念，然后将心得反映到作品里面，与读者分享。

代表作品：《向失败挑战》《隋唐历史教训》等。

夏笛心语

老师，不只是存在于校园。在人生的每一个阶段，我们都需要导师，指引我们、鞭策我们，让我们少走弯路，超越自我。

四、什么是“圈子经营”的核心秘密

切忌急功近利

所谓圈子，就是一个经常见面的群体。各类总裁研修班、家委会、业委会、商会、慈善团体、行业协会、老乡会、校友会、同学会；还有一些有共同爱好的群体，例如美食会、网球会、高尔夫球会、读书会、车主会、跑步协会等等。那些一年才见一次两次面的团体，称不上圈子。

据我观察，很多保险销售人员一是不愿混圈子，二是不懂混圈子。正因为不是每个人都愿意这样做，所以愿意做的人才有机会。

为何不愿意混圈子？

圈子经营，是需要成本的：时间成本、金钱成本、情感成本。关键还没有立竿见影的效果，其直接的效果无法与教科书上的三种方法相比：缘故（朋友）、转介绍、陌生拜访。

但“圈子经营”是以上三种客户开拓方法的重要补充，比较适合有耐心、有定力的同仁。

如果保险营销人员一进入圈子，就想立刻从中寻找到客户，获得成交，这颗迫切的心会给圈中的人带来很大的压力。这样混圈子，简直让人避之不及。

全球百万圆桌协会提倡会员遵循的全人理念一共有7条，其中第5条就是“服务”。他们是这样定义服务的：为小区和公众服务组织、教育机构、政府、民间慈善团体，以及其他高尚的事业，贡献时间、精力、领导力、财力，并且不计个人回报。

重点是不计个人回报。

服务，要从身边做起，从你所在的团体做起。

这个社会，不是活跃分子太多，而是太少。不是活雷锋太多，而是太少。不是付出者太多，而是太少。

圈子经营的案例

最近几年，我的心思主要放在招募人才与经营团队这一块，但我无法离开“生活”。所以我越来越体会到“保险生活化，生活保险化”带给我的乐趣与成就感，我离不开生活，自然就离不开保险销售。

1.看望老客户是我生活的一部分。

2013年夏天，我去拜访一位老客户，他是冯两努同学会的学员石荣先生，健奥健康科技有限公司董事长。他主动说介绍一个“老乡”给我认识，就在他公司的楼下。石总带我下去，这位“老乡”正在开一个小会，但他还是离开会议室走出来接待了我。我们简单一聊，才知道他并不是我的“老乡”，而是湖南岳阳人，是武大的校友，武大物理系研究生毕业的师兄，为人随和亲切。

这位师兄就是胡立新先生，广州阿里巴巴商圈中的知名人士。他自己开了一个国际设备贸易城，专注设备外贸出口，同时是南粤网商会的会长，拥有一个近2000名网商的QQ群。他邀请我加入这个QQ群，作为义讲讲师，我经常在线下为这批QQ群友授课，包括团队管理、薪酬设计及激励机制、资源整合、家庭理财等等，我还介绍了不少讲师为这个商会授课。2013年8月，在一次会议上我被推举为副会长，后来很自然吸引了一批老板在我这里购买保险。

2.2014年初换车，我建立了车主QQ群。

我是一个以前很少玩QQ群的人，有了南粤商会的经验后，才知道QQ群这个社交媒体还是很活跃的。2014年春节，我买了一部某品牌的越野车后，马上申请进入一些我这个车品牌的QQ群。其中有一个群主直接拒绝加我，我很郁闷，这明显是“以小人之心度君子之腹”，戴着有色眼镜看人。我干脆自己又新开了一个QQ群，而且只开放给越野车型的车主。

其实我根本不懂车，自己做群主，真是勉为其难。我只是组织了几次活动，让群友互相认识，好在新车主们的参与热情还是蛮高的。身为群主，我从来没有在群里谈保险，也没有私下找人推销保险，偶尔组织活动，我还赞助一下，提供一些小礼物。结果，有不少车友主动找到我，为他们提供家庭理财规划的建议。

3.我大女儿进入寄宿制初中，我进入学生家长微信群。

2016年春节过后，我带领大女儿到处密考（MK），家长们站在考场外聊天打发时光，交换学校信息。我认识了一位湖南籍老板文总，他的儿子和我的女儿都考取了同一所民校B，我们一起去听校长讲座也一起缴学费定金。然后孩子们又一起考取了大家心仪的民校A，无巧不成书，他儿子和我女儿竟然还分到了一个班。我和他都属于在班级家长微信群里比较活跃的，也愿意为大家做一些事，自然而然成为家委会的成员。

2017年暑假，文总主动找我购置保险，他开玩笑说："帮我做个规划，反正我已经'考验'你一年了，我这人很爽快的。"

我心想：**你正好需要，我正好专业而已。**

4.提升行业地位，改变社会对我们的偏见。

一旦进入一个圈子，我首先要求自己做一个活跃的付出者，为这个圈子添砖加瓦。很多人害怕我们做保险的，也不能怪人家，或许这些人曾经被某些保险营销员纠缠过、忽悠过，心里有了阴影。

我们虽然无法直接要求人家改变对保险营销员的看法，但我们可以通过自己的身体力行，言行举止，潜移默化地改变他们对我们的整体印象。

这需要你我从点点滴滴做起。我们保险从业人员就是所在保险公司的活生生的真人广告，人们如何看待保险公司、如何看待保险代理人，往往从你的身上就可以得出结论。

我建议，进入任何一个圈子都要做到以下三步：

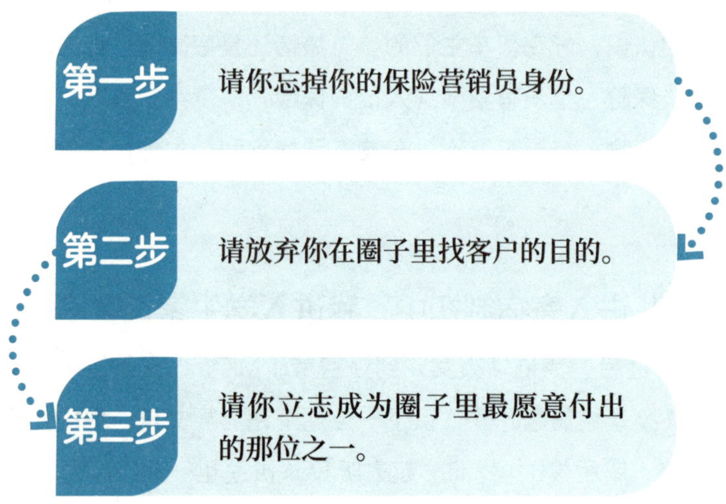

所以，你参与圈子的初心非常重要。

世界最大的商务引荐平台、全球最大的口碑营销组织BNI的理念就是：付出者收获。真是“英雄所见略同”。

圈子经营这个“慢方法”，并不是每位保险营销人员都适用，不同性格的人用不同的方法，条条大路通罗马。很多时候，慢就是快，快就是慢。

圈子经营的误区

圈子经营，要注意避免几个误区。

第一个误区：以为很多圈子当中已经有做保险的人了，就知难而退。

这或许是事实，即使如此，你也不用担心。不可能所有的人都在那位保险从业人员那里买保险，也不是每一个成员都喜欢那位从业人员的风格，广州话叫“人夹人缘”。他有他的市场，你也有你的市场。

第二个误区：进入圈子后，大肆讲保险的好处，无论是当众，还是在微信群。

这是大忌。即使你在团体中乐于付出，但可能很快被忽略，大家总觉得你这样付出的目的性太强，甚至让人生厌。

第三个误区：进入这个圈子后，开始一个一个找人谈保险。

这样不仅得不到尊重，人家看到你就看到了压力，也很容易被投诉到圈子领导那里。

你可能会问，我们本来就是做保险的，何必遮遮掩掩？我就应该堂堂正正的卖保险啊！你说的不错，我并没有建议你隐藏你的身份，只是建议你不要立马推销保险。

圈子经营的正确打开方式

那么，圈子经营的正确打开方式是什么呢？

第一，集中精力，成为一到两个圈子中的积极付出者。精力太分散，力度就不到位。三天打鱼，两天晒网，自然不会有成效。最好你能够争取成为圈子领导小组中的一分子，这样曝光率就会更高，至少也要跟圈子中的领导人处理好关系。

第二，要不求回报的付出、坚定的付出。多主动做事，多做琐碎小事。比如打电话通知成员参加会议、帮社团购物、早到会场并布置会场，成为某个活动的发起人等等。

第三，展示工作状态和专业水平。爱岗敬业，别人是有感觉的。你的人品、为人处世的风格和你的专业度，也会在这个圈子中逐渐体现出来，是金子总是会发光的。

做到这些，就可以坐等主动找你咨询保险的人了。按照我的经验，你进入任何一个圈子，只要不断付出、坚持付出，半年之内一定会有人主动找你咨询保险。这种保单是不是签得很容易？你根本不用急，肥水不流外人田，该来的一定会来。

以上就是我对圈子经营总结出的个人浅见。秉承"付出者收获"的理念，这不仅是圈子经营的核心秘密，更是做人的态度，是一种人生价值观。当你践行这种理念的时候，你的朋友会越来越多，人生的道路会越走越宽。

夏笛心语

圈子经营,一定要把“主动与付出”摆在第一位。多问问自己可以为这个圈子带来什么,多问问自己圈子里的人员需要什么?急不得,更快不得,要追求水到渠成。

五、让我们成为客户生命中最重要的人之一

梅第的故事

Mehdi Fakharzadeh（梅第）是美国大都会保险公司首席客户执行长。梅第1923年出生于伊朗，1955年，32岁的他加入大都会保险公司，从业60多年。

自1963年至今，梅第连获国家高级奖章；自1967年至今，连获国家业务员成就奖；38次获得大都会保险公司颁发的最优秀推销员奖；入选《美国名人录》，享有“保险教父”的美誉，全球保险界尊称他为“永远的世界第一”！

梅第刚入保险业时，一度想放弃。有一次，同事请他帮忙递送客户身故理赔支票，他到那里时正在举行追思会，牧师问他是谁？梅第回答说是保险公司来送理赔支票的，牧师说：“你比上帝还伟大，上帝只能给家人心灵安慰，你却让他们未来生活无忧。”

有人问梅第：“做保险有尊严吗？”

这位96岁还在从事保险行业的长者说：“我年轻时每个星期做2份保单，现在每周参加2个葬礼，用当初苦口婆心介绍他们在我手中买的保单，给他们的受益人送去几百万美金。这是他们所有的亲戚朋友和兄弟姐妹都做不到的。**在所有我服务的客户家族中，我是最受尊敬的人。”**

要以自己的职业为荣

在社交场合，当有人问我从事什么行业或在哪家公司工作时，我总是自豪地说：我在友邦保险。这个习惯从1998年5月从事保险的第一天开始，一直到现在。对于职业，我从来没有遮遮掩掩、躲躲藏藏，因为我以保险为荣，我以

友邦为荣。

一旦我亮出我的身份后，不同的人总有不同的第一反应，可以看到众生百态、感受冷暖人生。有人表现出冷淡，有人显示出热情……无论人家如何表现，重要的是我们要表现得从容淡定。我无法控制别人怎么看我，怎么评价我，但我可以控制我的表现。客户可以戴“有色眼镜”，我们一定要表现出真我本色。

记得2003年秋季的一天，我在广州赛马场附近某餐厅参加一个企业家聚会，轮流上台介绍后，我一个个与不同餐桌的朋友交换名片，其中有一位从事贸易生意的本地老板刘先生看着我的名片说了一声：“我们办公室离得很近哦，有空到我这里坐坐。”短短的一句话，释放了明显的友善信号。去他办公室一番座谈之后，他们全家相继在我这里购买了保险，成为了我的VIP客户。

无论是面对老朋友，还是面对新朋友，亮出职业简直就是一张测试纸。如果有人因为我们的职业而回避跟我们交朋友，只能说他看走眼了。所以在客户面前要大大方方，堂堂正正，展示自己的职业。

因为你的坚持 逐渐会赢得尊重

最近几年，有一个特别现象，当我遇到新朋友，一提到我从事保险行业N多年，对方总是表现出一副惊奇或者佩服的表情，竖起大拇指：厉害厉害！其实我也纳闷，**为何我做了20年保险，就说我很厉害呢？**

医生、律师、教师、会计师、司机、厨师、护士、公务员、老板等职业不是也一做就是20年、几十年、甚至一辈子吗？为何我做保险20年，你们就面露惊色呢？

我琢磨思量后，原因或许是：在人们心里，做保险很难很难，他们的很多朋友当初曾信誓旦旦，但做几个月、做几年后却在保险行业消失了，**而我能够把这份很难的职业一做就是20年，无论我做得如何，他们都认为我不简单，所以他们要竖起大拇指给我一个“赞”！**

众所周知，保险行业在人们心中留下了“特别的印象”。但过去不等于未来，保险已从过去的人海战术、高速发展的扩张期，转型为精耕细作、稳健发展的钻石期。国家政策、经济发展、从业人员素质、人们保险意识、社会接受程度、媒体配合、传播手段都正在发生翻天覆地的变化。不久的将来，保险营销员会回归“正常”行业，回归成为受人尊重的专业人士，与律师、医生一样，这是大势所趋。

保险行业，不仅“正常”，而且非常“神圣”，这是一个关乎“爱与责任”的行业。微信上曾流传着这样的句子：

也许我们不是政治家，但我们所提供给家庭的生活保障是社会安定的基石！

也许我们不是慈善家，但我们提供处理财务的建议将使人们不再依赖救济！

也许我们不是教育家，我们可以让那些失学的儿童享有平等的成长机会！

也许我们不是宗教家，我们所签订的保险契约可使忧虑的心灵得到安慰！

也许我们不是音乐家，我们可以为千百对夫妻的晚年谱写最美的交响曲！

也许我们不是小说家，我们可以让宿命的悲剧不可思议地以喜剧来收场！

医生可以救赎一个人的生命，但如果患者没有充足的医疗费，治疗根本无法进行。

我认识一位医生，参加过上百例的临床案例，面对无数个被病痛折磨的患者，作为医生，他却常常感到无奈又无助。他说，**医术治得了一个人的疾病，却治不了患者缺钱治病的绝望。**后来，他果断加入保险行业，成为一位保险营销员。正是因为这个原因，加入保险行业的医护人员占了一定的比例。

保险营销员是客户在最困难的时候出现的那一个人

客户凭什么把我们当成他们生命中最重要的人之一？

客户刚刚购买保险时，对我们的这份关系还不以为然，随着时间的推移、岁月的流逝……客户会越来越意识到这一点：多少“朋友”随风而去、渐行渐远，而我们保险营销员一直都在他身边。

这一点，连我们有些保险营销员都不相信自己，我们有那么重要吗？

真的有。

客户买房、买车、买奢侈品、买股票基金，旅游度假、孩子上培训班，曾经被很多业务员服务过。但是很多商品会随着购物的终止，服务将不再持续，而保险合同因为长期投保，在保单有效期期间涉及很多条款确认、加保、理赔、资料更改等售后的需求，所以保险营销员将一直服务于每位客户。

当一个客户在医院住院的时候，哪些人可能去看望他？

客户生命中最重要的第一批人是家人：父母、配偶、孩子。客户生命中最重要的第二批人是亲友：亲兄妹姐弟、表堂兄妹姐弟、舅舅姑姑……客户生命中最重要的第三批人无非就是闺蜜、死党。而我们保险营销员则不是亲人胜似亲人，其重要程度可能仅次于第一批人。

客户躺在病床上，带上三百五百元来看望的是朋友，带上三千五千元来看望的是兄弟，带上三万五万元来看望的是家人，带上三十万五十万元来看望的一定是保险营销员。

平时的狐朋狗友、老同学老同事，因为这忙那忙，此时并不一定会来探望，而一位负责任、有爱心的保险营销员总会在这一刻出现，不仅带去对客户祝福与关心，还会收集资料，协助办理相关理赔手续。

职业使然，随着客户群基数的扩大，我经常去医院看望病中的客户，近几年我也去过几次火葬场参加客户的葬礼，为客户送行最后一程，还有一次全程参与主持葬礼的经历……他们的离去，或是猝死，或因重疾，或是自杀……当我握住客户亲人的手，看着其亲人感激的眼神，我总是倍感责任重大，以及我们工作的神圣性，越发理解了梅第老爷爷的那一句话：在所有我服务的客户家族中，我是最受尊敬的人。

我们做保险，一定要有底气。这个底气不仅来自我们的专业、我们的产品、我们的公司，更是因为在客户最痛苦、最无助、最难堪的时候，我们保险营销员就出现了，不亚于他们的至亲与挚友。

珍惜缘分 大小客户一视同仁

保险营销员对客户最基本的服务态度是，对于客户的咨询、理赔、保全服务等业务需求务必快速响应，不要拖拖拉拉。此时，你一定要想起你当初签单的时候，你是如何承诺客户的。售后服务，一定要拿出客户当初购买保险之前你的那种热情来，而千万不要觉得麻烦。

有客户抱怨，买了保单之后，业务员好像人间蒸发了一样，从此失联、断了音讯，这确实是不负责任的保险营销员的表现。无论通过什么方式，适时对客户表达关心与问候，都会让客户感到很温暖，其实客户要的并不多。

以上说的两种服务普通得不能再普通，属于最基本的服务，即使如此，也不是每个营销员都做得到。首先，营销员一旦离职，当初的承诺就成为泡影，虽然保单利益没有受任何影响，但是服务感受却大打折扣。

对待所有客户要一视同仁、平等对待，不能大小眼。我个人也曾犯过这样的错误。在我入行第五年，2003年达成保险业的一个高峰期后，我的心态有些骄傲起来，开始挑三拣四挑选起客户，对于保费少、小保单的客户，我甚至让助理去全程服务。

其实当时我并非忙得没有时间去服务客户，而是春风得意、自视甚高。那一年我通过参加培训班认识了一些大老板，卖了一些大保单，就在心态上放弃了一些小客户，不想亲自服务他们。结果导致流失了一批保单，有一些老客户后来选择了我们公司其他的营销员，或者在其他保险公司那里购买了新保单。

好在人寿保单这种产品的特殊性，使得客户并不会轻易断保。因为客户其实一直在这里，即使有客户“移情别恋”，只要我还在继续努力为他们服务，我依然有机会扳回来。

从业时间越久，我越对客户群有敬畏之心，珍惜与所有客户的缘分，不敢怠慢任何一个客户，无论大小。

其实大客户都是从小客户成长起来的，我有很多年交几十万保费的客户，也都是从几百元，几千元，几万元的保费这样不断成长起来的。我们一定要动

态地看待大小客户问题，而不能太狭隘、太功利来区别大小客户。与客户一起成长的感觉，真好！

彼此信任 相守一生

客户服务有四个层次：**基本的服务、满意的服务、超值的服务、难忘的服务。**我们不能仅仅停留在基本的服务上，那只是在职的普通营销员的服务标准，不至于被投诉而已。而后边三个较高层次的服务，才会让我们真正成为行业精英，成为全球百万圆桌协会会员。

对照下图，检视一下，客户和你之间的关系到了哪一个层级：

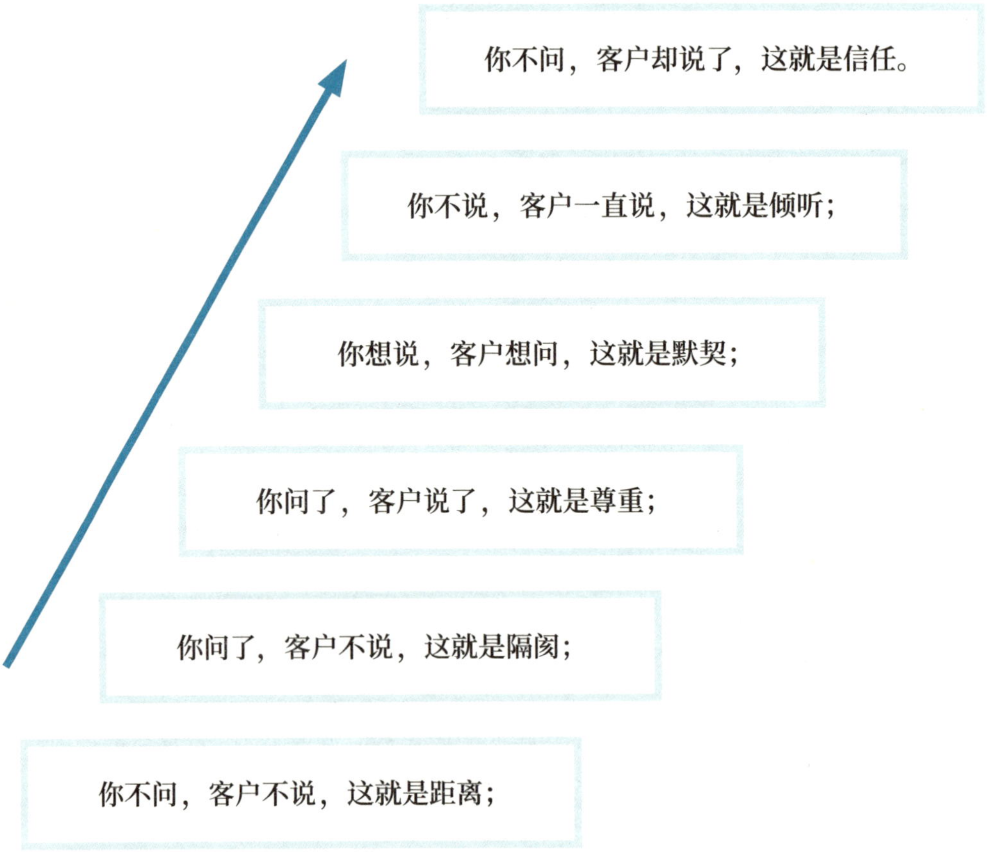

你不问，客户却说了，这就是信任。

你不说，客户一直说，这就是倾听；

你想说，客户想问，这就是默契；

你问了，客户说了，这就是尊重；

你问了，客户不说，这就是隔阂；

你不问，客户不说，这就是距离；

当你与客户产生了信任与默契，这就是所有美好的开始。

客户在你这里购买第一份保单，只是“试探”。我说过，真正优质的A级客户不一定是大保单客户，而是信赖你的服务与专业、认同你的为人、保险观念也很到位、愿意不断找你加保、不断转介绍客户给你的客户。

那些真正专业的保险营销员，他们把保险作为终生事业，以客为尊、专业精湛、勤劳敬业，从而赢得客户发自内心的认可，这就是保险从业人员的工作价值所在，我们的收获已超越了金钱与荣誉，才会不知疲倦、乐此不疲、不言退休，收获内心满满的富足。

让我们保险营销员一起努力，成为客户生命中最重要的人之一吧！

夏笛心语

路遥知马力，日久见人心。时间总是把对你最好的人留到最后，我们，都是时间的朋友。

六、转介绍是通向保险绩优高手的必由之路

转介绍的重要性

检验客户对你是否满意的唯一标准是，客户是否愿意继续为你转介绍客户或加保。

如果客户在你这里买了第一张保单后，从此并没有转介绍及加保的动作，说明客户对你的服务或专业可能不满意！

当然，或许客户不是这么想的，这有客户自身的原因，但你在保险生涯中如此来要求自己，尽量从自身上找原因，才有利于自己的进步。

没有客户喜欢一锤子买卖，也没有客户喜欢签完单后保险营销员就消失的感觉。反之，一个客户在你这里“加保”和“转介绍”越多，表示他对你的服务与专业就越满意！

客户在你这里购买第一张保单，可能只是投石问路。从理性的角度，客户极有必要购买全面的保障，而且越早越好。而事实上，客户很有可能先买一部分保险。所以第一份保单，往往是你与客户长久合作的开始。

卖房、卖车、卖医药或卖课程等等的销售人员，很少人愿意卖一辈子，一想到“卖”字，都会有“累”的感觉！

而为何很多人卖保险，就愿意卖一辈子呢？

在美国的保险行业，70岁以上的老爷爷老奶奶占比例不少，保险营销这份职业更接近律师、医生，属于专业人士。

保险营销员的核心价值在于为客户提供量身定做的家庭理财及保障规划，协助客户完成个性化的财务目标，而不像其他行业的销售人员，往往只是产品的销售者，一直处于“推销”的状态，比较容易做几年后就改行或调整岗位。

这里面有一个重要的原因：**卖保险卖到了一定的阶段，一定是越老越值**

钱，越做越轻松，主要是以服务代替销售，生意几乎都是来自转介绍，而且其中有很大一部分是具备保险观念、主动购买的客户。

客户为什么不愿为你转介绍客户

了解客户为何不愿跟我们转介绍的深层原因，才会让我们学会有的放矢，调整策略，对症下药。

1.客户担心会引起朋友和亲戚的困扰。

要让客户相信，你和一般的营销员截然不同。在和客户接触的时候，你一定要把握这个机会让客户相信，你会用同样专业的态度，来对待他所介绍的客户。

我会告诉我的客户，如果他们的亲友在和我第一次接触后，感到和我交谈是没有意义，或没有意愿再做进一步的沟通，我一定会告辞。我决不死缠烂打。

2.客户认为财务方面的事情纯属个人隐私。

我会一再告诉客户："我绝对不会泄露有关您家庭或财务的任何消息给别人知道。我也不会把您转介给我的客户的私人信息吐露给任何人。"

3.客户不希望被朋友认为他喜欢多管闲事。

我总是这样告诉我的客户："我这里都是服务转介绍来的客户，而且我的客户都会很热心地告诉我他有哪些亲友，可能对我的服务感兴趣。"

我还告诉客户："我会以相同的服务品质，来服务您所介绍的其他客户，我的出现决不会给您丢脸，请放心，我知道该怎样去做的！"

这些都是我在新人阶段经常用的方法。

4.客户相信产品的品质，但却不相信你的品质。

比如说：客户担心你很快就会离职而不愿意转介绍；客户对你不满意。

若想要客户提供转介绍客源，一定要先让他们相信你才行。也就是说，你在努力销售保单的同时，更要销售你自己以及你所能够提供的价值与专业。

开辆好车或者把自己搞得很成功的样子是很重要的，因为绝大多数的人都不愿意把自己的熟人介绍给一些看起来混得不太好的人认识。

5.客户可能想不起来有谁可以介绍给你。

这可能代表他们一时之间没有想到合适人选；那你必须想办法帮助你的客户回忆与思考：问问他们有没有兄弟姊妹，公司里有哪位同事和自己关系较亲密，生活中经常交往的是哪些人，有没有老同学在这个城市，或者问问他和社区里的邻居熟不熟等等，还可问他认识的人中哪些人刚结婚，哪些人刚生孩子或刚买房子，有没有谁刚升职之类的。

转介绍的三种类型及接洽方法

1.冷漠转介。

介绍人只愿意告诉你客户的名字和手机号码（微信号码），但不同意你提起他的名字。

一旦客户通过了我的微信，我会发一段文字给对方：

“您好，我是友邦保险的夏笛，我发微信给您的原因是，因为我主要的工作是帮客户进行家庭理财与保障规划，所以我想问问看，您是否也正好想要了解一下有关这方面的讯息？”

通过这种方式，能够跟客户挂上号，并保持友好的联系，在适当的时候再邀约客户见面。

2.温馨转介。

介绍人直接把被介绍人的微信号（手机号）发给你，但是他并没有告诉你该客户任何深入的信息，像该客户的家庭状况、财务情况、理财愿望或生活目标等等。

温馨转介和冷漠转介唯一的差别是，介绍人把客户的微信号（手机号）亲

自发给了你，或者他把你的微信号（手机号）直接发给被介绍客户，他允许你在客户面前提他的名字。

这样介绍人就是你与客户之间明确的桥梁。

“您好，我是友邦保险的夏笛，李伟夫妇是我的客户，我在几星期前曾和他们联络，并且交换了一些有关家庭保障及子女大学教育金的意见。

对于我所提供的服务，他们夫妇俩都感到非常满意。李伟夫妇非常热心地告诉我，您也许对家庭保障、小孩的大学教育金问题也会有兴趣，所以我在想，是否可以和您约个时间，让我和您及夫人当面聊聊有关家庭保障以及孩子大学教育金的规划，并且提供一些可选择的方案协助您参考。

做不做得成生意，其实不是那么重要。我只是很希望您能拨一点宝贵的时间，让我们有机会交换一些意见。”

不要给客户压力，要提醒客户，你的目标只是为了要跟他建立良好的关系，目的仅此而已。

你绝对不要成为那种为了成交，就不择手段、咄咄逼人的保险营销员。

3.热情转介。

介绍人不只告诉你客户的名字，也同意你提起他的名字，互推微信，甚至帮你和客户之间建立一个三人微信群，而且还告诉你关于该客户的一些个人信息，包括该客户初步的家庭状况、财务情况、理财愿望或生活目标等等。甚至介绍人已告诉客户该如何买保险啦，对你的为人与专业，介绍人在客户面前极为推崇！

热情介绍来的客户，往往表示客户主动购买保险的意愿很强，可直入主题，也比较容易成交。

“您好，王总，我是友邦保险的夏笛，感谢您通过了我的微信。李伟夫妇是我的客户，由于我所服务的每位客户都是通过客户转介绍的亲朋好友，因此李伟夫妇非常热心地告诉我，您正在思考该怎样购买重大疾病保险，所以我在想，是否可以和您约个时间，让我和您及您太太当面聊聊有关重大疾病保险的规划办法。您觉得您什么时候方便呢？是本周三有空还是本周五有空？”

与热情转介的客户接触，是最轻松的，大多客户就是冲着你的声誉过来向你咨询保险的。

如何将要求转介绍贯穿在销售保险中的每一个环节中

1.销售面谈。

在跟客户见面的过程中，你有绝佳的机会影响客户，千万别忽略了这个要点！

不论争取保单销售或转介绍，你都要同等用心、专注才行。客户会看得出来，你在努力争取每个机会，而他愿意以举手之劳助你一臂之力。

为了让客户尽量觉得舒服，营销员应该以最适合的方式，提起介绍你的人。

如："李伟向我提起，说您很喜欢打高尔夫球，您这个星期也会去打球吗？"或者是："李太太提到您很喜欢旅游，目前您计划去哪里度假吗？"

销售面谈的一开始，应该是关于你自己的一些话题：你为何做保险，你眼中的保险公司，包括你的个人成绩，还要提到一些你的私人背景，以及你所理解的保险的意义与功能。**在我们友邦，称之为"友邦三宝"**。

开场白可以是这样的：

"我今天前来的目的，基本上是要和您讨论三件事情：

（1）简单介绍我自己、我所在的保险公司以及保险究竟是什么？

（2）我是想来听听您的想法，包括您的财务状况，有什么样的需求、愿望与目标，这样我会更能有效地帮助您。

（3）我将提供几个可以帮助您达成理想目标的方案，我们可以一起来讨论交流一下，您觉得这样可以吗？"

人们很少会因为相信保险而帮忙做推荐，如果客户愿意推荐你，那是因为他们相信你这个人。绝大多数的人，都喜欢自己成为别人成功的原因，并且会愿意帮助这个人继续成功。所以你要想办法让客户觉得，他们也是造成你整体成功的一部分。

一定要记得告诉客户，你额外为客户提供这么多的服务，并且如此专业，是因为你都是在服务转介绍而来的客户，所以你相信，唯有提供给他们最好的服务，他们从而会继续帮你推荐。

别让"优良服务"成为口号；如果客户对你满意，相信你会尽全力来服务于每位客户，以便取得转介客源。从来没有任何一个营销员，能从一个不满意的顾客身上取得转介客源。

有一句话我常常对客户说：

"我提供给您的，将不只是一个产品或一项服务，我还要提供一个能够让您长期信赖的关系。"

2.缔结保单的过程。

"这是非常重要的事情哦，您是知道的，我这里都是专业服务转介绍来的客户，可不可以麻烦您推送几个朋友的微信给我，也许他们也可以从我的专业中受益呢？

您不用担心他们的经济情况是否能够购买保险，或者认为他们已经买了保险，我只是跟他们加一个微信，并且会像我服务您一样来服务他们。

做不做得成生意并不要紧，重要的是，如果他们和我见面后觉得能从我的介绍中得到一些有用的资讯呢。"

敢于在这么关键签单的过程中打断他们，要求他们推荐一些亲朋好友的微信给你，可见这样的营销员对自己多么自信。所以，好好把握机会，大胆要求吧！

3.递送保单的环节。

把握递送保单的机会。既然努力了这么久，才取得这种彼此信赖的关系，当然要乘胜追击。

强化对客户的承诺："我非常珍惜您对我的信赖，因此，我也期待随时能提供给您最好的服务。如果您有任何问题，或需要任何建议，请千万别客气，随时打电话或微信给我。我对我所销售的保险方案，绝对有百分之百的信心。"

以下是另外一段非常有力的话，可以帮助强化对客户的承诺：

"我相信现在您应该已经完全了解到，我的的确确是专门在服务转介绍而来的客户的。我绝对不会在递交保单后就什么都不管了，我会持续尽力为客户提供更好的服务，以便提升我的事业。现在我要请教您一个非常重要的问题，希望您思考一下：有什么地方是我可以改进，让您往后还愿意再继续为我提供转介绍客源的？"

通常客户在刚开始时都会有所保留，也许仅先给一两个名字，试一试看你会怎样对待他们。随着时间的推移，当客户看到你的努力和用心，自然会为你介绍越来越多的客户。

4.售后服务。

路遥知马力，日久见人心。售后服务才是客户考验你的最重要环节。那么，我们该如何做，才会让客户愿意为我们转介绍客户呢？

（1）重视客户的每一次咨询，养成快速回应客户的习惯。特别是理赔，要及时、严谨与专业，争取到医院去看望客户，并强调收集理赔资料的细节。

（2）从精神和语言两个层面激励你客户的转介绍行为。无论转介绍是否成功，切不要忽略那些转介绍没有成功的客户，务必一视同仁。这样，别人才有动力继续为你介绍准客户，而不会因为担心你没有成交而停止转介绍。记住：小礼物是精神激励的一部分。语言激励就是记得跟客户不断地表达谢意。

（3）尝试建立一个保险客户微信群。在群里放一些公司或行业的资讯，逢年过节发发微信红包搞搞氛围。可偶尔放一些财经、管理、激励、教育、养生等内容的链接文章。千万不要在微信群中当众推销。

（4）尝试利用电话或微信，不定期的一对一的关心客户的近况。切记：不要只是在你需要业绩的时候才记得与你的客户联系。

（5）见面沟通是最有价值的行为。不断寻找机会，创造与重要客户见面的机会。

（6）参加公司奖励的高峰会议或旅游竞赛时，请记得为你的部分客户邮寄明信片或者带回一些手信。

（7）关心客户的保险身故金受益人。客户的受益人，才是他生命中最重要的人。

（8）年度保单体检是非常有意义的行为，可以让客户查漏补缺，对保单利益再次明确。

（9）祝福客户的生日。

（10）如果你只是签了家庭中一个成员的保单，一定要想办法去逐步认识家庭中另外的成员，否则，客户的加保机会就有流失的风险。

（11）见面时，带上用心准备的小礼品。礼品不在乎多么贵重，而在乎你的心意。

（12）创造和客户共进午餐的机会，这个时间和金钱的成本都是值得的。

（13）因为你的专业与敬业，让“你”成为你的客户教育其员工或下属的活教材。

（14）如果你有100个以上的家庭客户，最好聘请一位客户助理，不要把宝贵的时间都花在行政工作与琐事上。

（15）帮客户的企业授课，或者尝试介绍生意给你的客户。你帮助客户得到他想要的东西，客户就可能会帮助你得到你想要的东西。

（16）每年跟客户邮寄一份春节问候信，相当于年度工作汇报。我一直在坚持这个习惯。

转介绍是每一位保险行业的绩优高手的必修课，从接洽、销售面谈、缔结保单、递送保单、售后服务，每一个环节都可以植入“转介绍”的因子。

转介绍要随时随地放在心上，挂在嘴上，写在纸（或手机）上，这样才能让客户自动自发成为你的转介绍中心。请你相信大数法则，“坚持做”就对了，你的客户一定会源源不断。

夏笛心语

名医从来不缺慕名而来的患者，好的保险营销员从来不缺客户。当一个好的保险营销员准备好了的时候，一批好的客户就出现了。

七、如何刷微信，让你的微信好友主动找你买保险

营销与推销的区别是什么

营销是让人主动找你买保险，推销是你主动找人卖保险。那是营销容易把保险卖出去，还是推销容易把保险卖出去呢？当然是营销！

如果你的保险业务没有营销，只有推销，你就会做得很累，甚至不会做得长久。如果一个人做了3年的保险，还在拼命做陌生拜访，还整天推销，说明他对老客户的服务出了问题。

如果你的保险业务没有推销，只有营销，那样也很不现实。无论营销多么成功，如果一个人做了3个月的保险，每天都在办公室研究保险，每天只刷微信，我看他离“阵亡”也不远了。

所以，我们要把保险营销与保险推销互相结合起来，特别作为新人更应如此，这样你的保险生意才会源源不断。

微信目前已成为保险行业开展业务最好的工具，没有之一。现在你敢说你从来不用微信，还可把保险业务做得很好？我看很难。

微信无处不在

微信保险营销，不是让你整天在微信上兜售保险，而是建议你用微信把你自己“卖出去”。让你的微信好友喜欢你，信任你，这才是你能够卖出保险的第一步！

名词解释

微友 就是微信好友，泛指加了你微信的所有人，无论对方和你是什么关系。

屏蔽 指对方在微信通讯录上删掉了你，或者选择不看你的微信朋友圈。

朋友圈 就是指微信朋友圈。

我这三年的保险业务几乎100%都是借助“微信"这个工具来完成的。无论是老客户加保，或是客户转介绍，还是突然冒出一个微友来咨询保险，抑或招募保险合伙人，几乎都与“微信”这个工具有关。从咨询接洽开始，到收集资料、预约见面时间、挖掘需求、提供方案、解释产品、异议处理，甚至售后服务、转介绍，似乎都很依赖微信。

你在微信上如何表现，才会让微友有保险的任何需求时，第一时间想到你？你要知道，他极有可能不只你一个做保险的微信好友（请好好回味这一句话3分钟）。

我们的工作已绕不开手机微信了。

跟家人、朋友沟通，在微信上；跟客户、同事沟通，在微信上；看公司下达的通知资讯，在微信上；看各类新闻资讯八卦，也在微信上……

哪种朋友圈，不容易吸引微友找你买保险

我们希望微友通过微信找我们买保险，我们首先要考虑客户不喜欢找什么样的人买保险（从打理朋友圈的角度）。

做好微信营销的第一步，是不要打造让人讨厌的微信朋友圈。

利用微信做成生意的成功率，不是与你发朋友圈的频率成正比，而是与屏蔽你的微友数量成反比。这个规律不仅针对保险行业和保险营销员，也针对任何想在微信上做点生意的人。

当然你的微信朋友圈打造得无论多好、多完美，总有人不喜欢，总有人会屏蔽你。我们要尽量让少一点的微友屏蔽我们，我们的营销才有意义。

推己及人，设身处地，我们来分析一下哪种朋友圈，不容易吸引微友买保险？

1.如果你肆意霸屏，他们会找你买保险吗？

如果你每天在微信上发50~100条朋友圈，几乎每10分钟发一条，你的微友会顶得住你吗？对于一个屏蔽你的人，你在朋友圈无论多么勤奋对于他来说都是枉然。姑且不谈发的内容、质量与风格，这种发朋友圈的频率足够让人做出屏蔽的决定。

2.如果你发的内容很让人反感，他们会找你买保险吗？

如果你整天发的内容，都是以恐吓、威胁为主，今天这个明星得了癌症，明天那个名人遭遇意外；非保险内容不发，除了保险还是保险；或者只发链接，从不原创，从不亲手打字，只愿意复制粘贴……你发的东西都持续让人感觉不舒服，人家会不会屏蔽你？

我有一位王姓（化名）的微友，在朋友圈老是发一些治疗女性乳房的不雅照片，或者发减肥前后对比的不雅照片，我实在受不了，只有选择屏蔽他。

3.如果你的朋友圈“超级冷漠”，保持沉默，深度潜水，他们会找你买保险吗？

如果你既不发朋友圈，又不点赞，又不评论，只是把微信当手机，偶尔与亲友私聊，或者默默关注你所感兴趣的人，那我就怀疑你是不是做保险业务的？只有已经上岸的大老板，或许不打算通过微信维护人脉、做生意的人，才会有如此表现。

4.如果你经常群发一些赤裸裸的推销微信，他们会找你买保险吗?

使用微信群发助手一定要小心，除非对方和你的关系非常铁，或者你发的内容对方觉得很有价值，对方才不会删除你。偶尔发一次推销微信还可以理解，发多了，就容易让人反感。如果你隔三岔五群发一些推销微信，对方不删除你才怪呢!

那些从来不与我微信聊天，只群发推销微信给我的微友，我会毫不客气的选择删除!

怎样打造你的朋友圈

当然，无论哪个行业，想通过微信做一点生意的想法无可厚非。**那我们怎样发微信朋友圈、如何利用好微信这个工具，才能够吸引微友主动找我们买保险呢?**

其实，凡是做生意（营销）的人，都拥有一间腾讯送给你的“免费商铺”。不用租金，不用装修，不用物业管理费，不用雇人看档口……只要你用心打理与经营，生意就会越来越旺!

1.牢牢记住，你的朋友圈展示的不是保险产品，而是展示你自己的窗口，要学会在商铺摆货。

这里的“摆货”，就是指每天在朋友圈放一些什么内容?保险产品是你的“货品”吗?NO，你本人才是你朋友圈的“货品”，卖保险不如卖你自己。

你对工作的热爱、你对公司的忠诚、你对行业的尊重、你对团队的用心经营、你对保险正道的执着宣传、你对家庭资产配置的合理建议……这些内容才是你需要摆放的“货品”。让微信真实地记录我们的工作和生活，让保险生活化，生活保险化。

多提供一些理财、养生、亲子、时尚、励志、心理、生活等题材的内容，

或者讲讲发生在自己身上的小故事，自己的所见所闻……总之，风格千万不要太单一，不要老发自己想发的内容，而要发你的微友们喜欢看的内容。

朋友圈虽然不能代表你为人的全部，却是你的一面镜子，至少可以体现你的品味。八卦、迷信、宗教、色情、未经证实的小道消息、要挟别人转发的信息，都不要放朋友圈。

没有什么比真诚更能打动人。我团队有位2016年6月加盟的80后伙伴黄惠梅，一个二胎宝妈，就是微信经营的高手。她的个人业绩非常稳定，2017年晋升资深业务经理，团队发展很健康，这要归功于她的微信经营。她的朋友圈给我最大的感受就是真诚。没有刻意的显摆，也没有任何牢骚抱怨，就是分享她自己对生活、对工作、对家庭的一些记录以及心得，“朋友圈”如其人，很有感染力。

2.做好“微信商铺”的装修。

所谓的“装修”，就是微信昵称、背景、头像和签名等设置的设计和使用。有人扮清高，或者本身职业态度有问题，才不敢摆明自己的保险行业从业者身份。

昵称，建议用真名。因为你是金融专业人士，是贵公司授权的保险营销员，大胆用真名，展现专业性。头像或背景，建议使用端庄大方、亲切有笑容的大头像，或有公司元素、个人荣誉的精美图片，全家福的照片也不错，这些都易让人产生可信赖感。个性签名，可以是你自己的广告宣传语，也可以用来表达保险观念或服务精神的富有内涵的一句话。我曾经用过的一句个性签名是：**夏笛，一个值得你交往的朋友。**

昵称、背景、头像、签名这四项至少要有两项与你的保险业务有关。如果全部都是有关保险，给微友的销售压力太大；但这四项完全不提保险，与保险没有关联性，你如何能够比得过那些在朋友圈显得那么热爱保险且很专业的同行呢？你的微友买保险时，如何能联想到你呢？甚至你本来的老客户，也会一个个地流失。

3.保持适当发圈的频率。

微信时代，保险营销员每天发微信是必需的吧，每天发5条左右比较适宜，最多不要超过10条。我个人建议纯保险的内容不要超过朋友圈内容的三分之一，或者不要超过二分之一。固定的频率表示固定的状态。一会儿半个月都不发一条，一会儿一天发十五条，有点不正常呢。有人喜欢固定时间发圈，我有一个同事，每天回公司的上班路上，必发一条，这个习惯值得点赞。

4.做好微友的标签分类。

利用微信的标签功能把全部微友分类，这一点非常重要。我以前发朋友圈总是瞻前顾后，总顾忌有些内容不适合给某类人看，自从分类之后，就消除这个顾忌了，不同的内容发给不同的人看，感觉很好。

有空的时候一定要把我们所有的微信好友分成不同的种类，公司同事、内勤、团队内部同事、同行、亲友、孩子家长、客户、准客户……磨刀不误砍柴工，分类工作所花的时间是值得的！

把微友分类，与我首创的《AF人脉系统》相结合起来应用，是很配的组合，后文有文章诠释这套系统。

5.适当增加并保持微友数量。

既然是“商铺”，人流量很重要，要让更多的人认识你，了解你。

酒香也怕巷子深，再好的内容，没有流量（阅读量、点赞量、评论量、咨询量，其中阅读量是隐形的）也是枉然。所以你的微友，要有一定的数量。一个保险营销员，微友至少要有500个，最多不要超过2000个，有助于提高阅读量、点赞量、评论量、咨询量，这样你的业务转化率才会相应提高。

如何利用微信与微友建立良好的私人关系

发朋友圈，有利于树立个人形象，发挥“吸引定律”。而要跟具体的微友

建立更密切的私人关系，则可以运用以下方法。

●点赞、评论与私聊三种沟通方式相结合，是与微友建立关系的三大秘密武器。点赞比较顺手，成本最低；评论表示你在乎这个微友，增加互动性和熟悉感；而最能表达关注的还是私聊。时时与你关注的对象私聊一下，才能够拉近彼此的距离，否则可能永远只是形同陌路的微友。如果有人对你的私聊（含称谓）长期不回应，则可以考虑删掉他了，道理不用解释吧。

●成立保险客户微信群。每天早晨可以在群里问候客户，在群里提供有价值、有料的信息，逢年过节发一些微信红包，公司重要的资讯也可放在群里发布，资源整合，让客户之间互通有无，给客户们一种你一直在他们身边的感觉，微信群可以做到。我80%的保险客户已进入我的"夏笛保险客户微信群"。

●偶尔群发节日问候微信。频率不能太高，至少微友知道你还记得他，你还没有删除他。群发节日问候一定要有创意，千篇一律会觉得很乏味。我一年几次的群发微信问候，一定是我的原创，而且还有以下特点：一没有规律；二要有创意，每次用不同的方式用心编辑文字，设计图片；三要有我名字的元素，要加上夏笛这两个字。例如我2017年去新加坡旅游时，我就制作了我在鱼尾狮公园的照片，群发给了全体微友，表达我对大家的中秋祝福。

微友的眼睛是雪亮的，他们都是默默的观察者与比较者。记住，他们的微信朋友圈不只有你一个做保险的人。明白这句话，你就知道该怎么做了。客户有比较，自然会选择。

如今的保险营销竞争，是综合实力的竞争。客户拜访量、自我素质与形象、理财规划专业水平、客户服务质量、微信的打理与互动等等都很重要。

夏笛心语

“己所不欲，勿施于人”是微信营销的基本出发点，微友可以感受到你的起心动念。中庸之道，不偏不倚，是微信营销的基本原则，不要太进取构成骚扰，也不要太保守错失良机。微信本质上是一个人际交往联系的高效沟通工具，其次才是一个营销的平台。

八、保险营销员必须掌握的50条微信礼仪及使用小技巧

世事无绝对，唯有真情趣

我们的工作与生活越来越离不开微信，以下是我个人使用微信的经验总结，不求绝对正确，只求掏心掏肺。

● **你主动加微信好友，请介绍一下你的身份或目的，通过率会更高。**例如，我是“张总介绍的”，或“我想请教您一个问题”，如果对方通过你，请第一时间发一个“握手”或“拱手”的表情过去，以示友好。

● **加了某个微信好友之后，第一时间利用标签功能把微友分类。**对方究竟属于你的哪一类微友，例如是客户？是准增员？是同事？是亲友？是同行？利用标签分类之后，一旦点了“标签”，所有的分类一览无余。或者直接搜索某个标签，这一类微友就全部展示出来，方便跟进。如果不是第一时间操作，要谨防过后忘掉。

● **加了某个微友好友之后，第一时间把对方微信名更改为备注名。**例如张三，是同行，就改为备注名：同行张三；李四，是友邦外勤，就改为备注名：友邦外勤李四；王五，是自己团队伙伴，就改为备注名：超越家族王五。备注名还可以加后缀，例如王大伟是李晓强介绍的，就备注为：王大伟李晓强介绍，好记性不如乱笔头；如果刘梅是在通过小升初活动认识的家长，就备注为：刘梅小升初；如果赵燕是在心理学群认识的同学，就备注为：赵燕心理学群。今后要找这些人时，根据你的记忆链条很容易把他们搜索出来。

● **加了微信好友之后，不要动辄不让别人看你的朋友圈。**你让别人

不看你的朋友圈，等于截断了你们之间友谊的桥梁，加了微信好友意义何在？我加你何为？拒人于千里之外。我在清理微信好友的时候，优先删除那些对我不开放朋友圈的人（一条杠对着我的人）。每个人对“这条杠”的理解不一样，但我会优先删除这类微友。

●**以“在吗？”作为私聊的开场白时，可以继续直接讲述你的意图。**微信沟通，由于其固有的特性，没有必要强求即时回复，直接讲出你私聊的意图，给对方一些耐心，对方有时间自然就会回复你。给对方选择的自由，与在不在线没关系。

●**人家私聊你，用单独的称呼开头时，请及时回复。**例如，“杨总最近有空见见面吗？”回复要尽量及时，我建议是随心而复。如果你看到了，正好有空，就回复一下，即使当时没有时间详细回复或者无法明确表态，可以回复：收到，迟一些回复。如果根本没有看到微信，例如开车时，洗澡时，就不存在以上问题了，等你看到微信时再回复也很正常，还可稍微解释一下：抱歉，刚才因为什么原因没看到，这样别人会感觉更舒服一些。千万不要看到微信而装作没看到。

●**别人回复不及时，要谅解，莫提前生气，更不要穷追猛打，微信不像手机电话，随时待命。**人家在忙，有可能不看手机，所以不回复是正常的。即使对方看到了你的微信，当时正忙着或者不懂如何回复，过后可能忘了。我也犯过这种错误呢。还有一种情况，对方根本不打算回复你，你懂的！

●**回应别人时，“嗯嗯”比“嗯”好，“哦哦”比“哦”好。**前者表示你还愿意继续聊下去，后者表示你有点不耐烦、想结束聊天的感觉。尽量不要用“呵呵”，很冷，给人一种不以为然的感觉。

●**拉别人进微信群，先征求别人的同意，并讲出建群的目的。**

●**办某一件事，可以建立临时微信群。**例如，一起去旅游的同事，一起参加公司某次活动的同事，或者某次参加领奖的同事，可以把相关的出席人员建一个临时微信群，事情结束之后，这个群的使命也就完成了。群名要起得有针对性，例如2月8号晚宴群，3月7号沙巴旅游群，这样人家一

看就一目了然，而且还容易查找。介绍朋友之间办事，建立一个临时微信群是最直接的方法。我经常用这种方式穿针引线，整合资源。

●**进入一个陌生的群，请进行一个简短的自我介绍。**进入新的微信群，不要急着微信好友加人，等自己在群里变为活跃分子后，或者先加微信群里一些活跃发言多的人，或者你觉得对方发言和你谈得来的人。

●**群友要尊重群规则。**国有国法，家有家规，群也有群规，没有规矩，不成方圆。每个群都有不同的规矩，作为一介群友要尊重群主，不要当众挑战群主。当然对群主有意见，可以私下提。其实每个群都有不同的规则，如何管理微信群，每个人都有自己的风格与角度。

●**不要一言不合就退群。**特别是团队唯一的官方群，抬头不见低头见，你不在唯一的官方微信群，会错过一些资讯和重要通知。在一个集体中，既可享受阳光（群福利、群资讯），自然也要忍受一些风雨（让自己不爽的地方，例如群主刷屏，内勤资讯刷屏）。刷屏太厉害的群，自己选择不看就好了，或偶尔看一下，没有人逼你一定要看群里的信息。

●**红包文化，是微信时代的新文化。**很多时候。不发红包微信群就很安静，一发红包就活跃起来。没有什么对不对，这就是现实。发红包是搞氛围的一个有效的手段。例如在我的团队群，一般有三种情况我会发红包，第一是新人进群，我一定发红包恭贺，还有标准的欢迎格式，群里的欢迎队形很热闹，新人也觉得氛围很好。第二是有人爆大单时或达标重要竞赛时。第三是有重要资讯，我要吸引伙伴们注意时。整体来说，通过微信群大大提高了我的团队的管理效能。

●**抢了人家的红包，要说声谢谢。**像我，即使抢到的哪怕是1分钱的红包，不说声“谢谢”，我都会觉得不好意思，一分也是爱啊。

不要做铁公鸡，偶尔也要发发红包嘛，有舍才有得。另外不要强行要求别人发红包，没人喜欢被要求。在我的微信群里，我喜欢任性发红包，而不喜欢被要求发红包。

●**单独给某人的微信红包，请不要发在微信群，这容易诱发别人误抢。**

●**专业性的微信群，不要发红包。**比如我曾经作为群主的友邦中国微信群（500人、非官方的），群规就有明确的规定：不允许发红包，一般都是交流专业知识与经验切磋。这样很多重要资讯不会因为刷屏而遗漏。

●**刷屏是个伪命题。你喜欢的就不是刷屏，你不喜欢的就是刷屏。**请多一点包容，多一点理解，多一点谅解。

●**在微信群里面，如果是公众的问题，尽量不要@某个人回答，否则对方的压力会很大，且其他人也不愿意回答你了。**如果你认为只有某个人能够回答你的问题，不如私聊他。当然在群里回应人、赞美人可以多多运用“@”。

你在微信群求人帮忙的时候，不论问题是否解决，请记得要感谢那些回应了你的人。

●**你在微信群不要成为“老是请教问题，而从来不回答问题”的人，群友争相贡献价值，微信群才有价值。**你不敢回答，或许是对自己信心不够，不妨挑战一下，回答一些你力所能及的问题，慢慢你的能量也会越来越强，而不是停留在永远做一个请教别人的人。

●**在微信群求别人投票，求购，求赞，求医帮忙，可以先发一个红包，当然要在尊重群规的前提下。**像我的“夏笛朋友微信群”就明确规定做广告可以，但做广告之前一定要先发一个红包。有人发了广告却没有跟着发红包，我会在群里提醒，或者私聊提醒。如果对方依然不发红包，过了半个小时后，无论我是否认识他，我都会踢他出群，一个连几十元广告费都不舍得投入的人，你还指望他是一个值得交往的人吗？

●**保险的专业问题可以在同事微信群上讨论，让全体群友都有所裨益。**但是有关私人问题，或者仅限于两个人之间的调侃，就不要公群私聊，请转私聊空间。

●**善用标签中的“描述”功能，相当于电子备忘录。**从前我们习惯把拜访日记记录在客户记录卡上，有了微信之后，你完全可以把他的个人资料、你和他的聊天记录、重要资讯，记录在“描述”里面，而且不用担心遗失，只要你的微信号在，资料就在。

●**与别人私聊，最好有个性化的称呼开头，不要让别人以为你是在**

群聊，他回复你的可能性会大大地增加。例如，“标哥，好久不见，最近好吗？”就比“好久不见，最近好吗？”要好很多。

●**和别人微信沟通，问问题时，请一句话把所有问题问完，**不要想到一个问题问一个问题，这样不利于别人一次性集中回答。

●**微信交流中，尽量少用感叹号！**（这是反面教材）

●**不要轻易用语音的方式沟通。**因为“语音沟通”的阅读率，远远低于文字的阅读率，如果对方周围很嘈杂，或者正在开会，或者旁边有人，他不一定马上听语音，一旦错过这个时间后，他也许就会忘了。发文字会更清晰一些，即时在开会的时候，他瞟一眼也可以回答，而语音就不行。语音，仅仅用于比较急的时候，例如在开车的时候，或者你有很急的事来不及打文字的时候。

●**若有急事，请直接致电手机或使用语音电话，**紧急优先等级最高的沟通方式依然是手机或电话。

●**需要结束微信聊天之前请发一些告别的语言或表情，不要突然玩消失。**尤其与自己的长辈或者职位更高的人聊天，最后说话告别的应该是你，而不是对方，告别之前应回复一个轻松愉快的表情。

●**在成人的交际里，没有爽快答应，基本就是拒绝的意思。**关于买保险的事情，如果你已经问过，就不要穷追猛打。

●**微信上拒绝别人要加一些缓和的表情，表示比较客气。**表达不要那么冷冰冰，如果能够讲出你拒绝的原因效果就会更好。

●**跟别人发收件地址请发文字信息，尽可能别发截图，这样便于人家直接复制文字。**

●**不要狂轰滥炸发表情包，发一个就足够了。**如果你喝了酒，或者孩子拿过去玩乱发表情了，过后要跟对方或者群友道歉并解释一下。

●**不要轻易使用测试清理好友的软件，有的人很不喜欢这种测试，或许会导致你直接被删除。**利用外挂非法软件进行的，有违规风险。

●**朋友圈并不是发泄个人负面情绪的地方，抱怨、指责、咒骂等消息不要在朋友圈上发，**这样做类似在讲台上当众骂人，而且还会被记录下来，不是很得体，也影响自己的个人形象。

●**不要在回复别人微信之前又接着发圈，或者为其他人的朋友圈点赞，**这样等于明确告诉人家：他对你一点都不重要。

●**求点赞、求投票、求转发之类的信息，不要太多，偶尔为之是可以的，否则让别人觉得你很low（格调太低）。**

●**评论留言，以真诚赞美为主，不要有揶揄或者嘲讽或者质疑之嫌疑，痛快的欣赏和赞美，被评论者最为接受。**例如别人发了个笑话，你就评论：哈哈哈；自拍，你就评论：好看；晒娃就评论：好幸福；晒美食，就评论：好想吃；诸如此类。

●**及时回复别人对你朋友圈的评论，等于鼓励人家继续关注你的朋友圈。**如果人家留了评论，你从来不回复，迟早会消磨掉人家关注你、评论你的积极性。

●**人家与你聊天记录的截屏，请不要公开化，**例如发朋友圈，放群，给第三者看。万一有必要发出，请用马赛克抹去人家的头像、姓名以及聊天空间的任何痕迹，甚至还需征求其本人同意。客户的任何个人资料的截屏，也务必抹去个人信息，保护客户隐私。

●**不要任性霸屏，每三五分钟就发一条朋友圈，让人眼花缭乱。**一天发朋友圈不要超过10次；你复制别人朋友圈的东西，至少要点个赞之后再复制，这是对别人劳动的一种基本尊重，无论人家是原创的，还是复制的。

●**如果你有事情需要联络某个微友，最好提前在他的朋友圈给对方点赞和评论，至少要看看人家的朋友圈，看看对方的近况，再与对方聊天，这样能让你的预约与问候变得更加有诚意。**比如，对方正在日本出差，结果你问他：今天下午有空一起喝咖啡吗？人家会感觉到很失落，因为你没重视他，没有看他的朋友圈。你可以这样私聊他：日本旅行看来很开心哦，回来可以聚聚吗？

●**晒娃、晒夫妻恩爱、晒宠物、晒旅游、晒美食、晒自拍……都没有错，但是不能没有节制，看多了都会让人反感。**例如，一日三餐晒，

一日五次自拍晒，一日秀八次恩爱，一日秀十次你的天才娃娃，都要适可而止。

● **不要不看内容就点赞，**特别微友自己或家人生病，或者家人去世这种情况，这个时候千万不要点赞，可以评论留言表示安慰或者祈福。

● **重要的会议通知一定要通过手机或微信一对一的确认。**因为微信群的资讯是很容易被忽略的，不要以为发到微信群别人就应该看得到。

● **开会时，不要老是刷屏看手机。**我们团队召开全体主管会议时，是要收手机的。主要考虑到大家在手机微信面前根本无法把持自己，最稳妥的方法还是收起来。

● **和人家面对面聊天时，请不要老是看手机微信。**你的生活不要被微信所绑架，有鲜活的人在你面前的时候，请注意别人的感受。陪伴家人，同样如此。

● **善用收藏功能，经常用的资料，要收藏起来。**例如身高体重表，公司的核保规则、营运规则，公司的最新的销售政策，公司的基本法，还有一些跟客户与伙伴互动的文章。有准客户咨询保险时，可以发《购买保险的五个基本原则》；有新人加入团队时，可以发《谈保险的三部曲》《夏笛致团队新人的一封信》；劝诫朋友不要做变相传销、非法集资、庞氏骗局等陷阱时，可以发《防骗必读：捂紧你的钱袋子，远离投资理财的陷阱》。这几篇文章就值得收藏备用。微信里的收藏功能，类似一个私人的电子图书馆，非常方便。

● **发别人的微信名片给你的微友，务必要征求别人的同意。**

● **如果不是生活在一个经常见面的生活圈，或者根本没有共同好友，别人删掉你和你删掉别人，都是很正常的一件事情，无须介怀。**

结束语：礼仪是人们在社会交往活动中，为了相互尊重，在仪容、仪表、仪态、仪式、言谈、举止等方面约定俗成的、共同认可的行为规范。

夏笛心语

你的地盘你做主，你怎么玩你的微信朋友圈是你的权利，微信礼仪也好，微信使用小技巧也好，都是源于对人的尊重。因为尊重，所以细腻，从而留意每一个细节，在乎每一个与你用微信交往的人的感受。

Chapter 4

第四章

保险销售篇

一、保险营销的黄金业务公式

保险产品、保险销售、保险团队建设都与大数法则有关

我的数学成绩并不好，当年我高一学年快结束时，是读文科，还是读理科，我纠结了很久，最终是投硬币决定的。

当时有一种说法，学习不好的人才去读文科；还有一种说法：学好数理化，走遍天下都不怕。

我高中选了理科，大学读的是工科。毕业这么多年，用数学的机会并不多，但是今天我要谈谈数字、谈谈数学公式。

1.先谈保险产品。

保险产品是精算师设计出来的。数量足够大的群体中在一定的时间段内有多少人会生病住院、有多少人会患大病、有多少人会残废、有多少人会意外死亡，又有多少人会因疾病死亡……是必然会发生的事件，是大概率事件，具体数目会根据群体、年龄段的不同而不同。而这些事件对于一个人或一个家庭来说，是小概率事件，是不确定的。

保险大数法则也称为风险大量原则，是人们在长期的实践中发现，在随机现象的大量重复中往往出现几乎必然的规律。例如某城市10万人中，10年之内大概有多少人会出现意外、住院、大病、身故，对于精算师来说这是可以推算出来的。

2.再谈保险销售。

保险销售与数字也是息息相关，大数法则依然存在。保险销售一定是在大

量拜访中产生的，没有一个业务员能够谈一个客户，就成交一个客户。有些业务员的业绩会好，有些业务员的业绩会差，是什么原因导致业绩的差别呢？

每日一访，就地阵亡；每日两访，摇摇晃晃；每日三访，还算正常；每日四访，有车有房；每日五访，黄金万两；每日六访，迈向辉煌！这是保险行业著名的拜访歌，这些数字并不是绝对的，没人保证你每日四访就真的有车有房，只是从一定程度上说明拜访量的重要性。

正因为成交量是基于拜访量，所以我们没必要一直盯着某一个客户，更不需要委曲求全，在客户面前不卑不亢才能赢得他的信任与尊重。无论是在人口上千万的大城市，还是几十万人口的小城市，你这辈子真正能够服务的家庭数量也就是几百个而已。连我这个20年的保险老兵，到目前为止服务的家庭也不超过300个。“弱水三千，只取一瓢”。正因为如此，每一个被你服务的客户都是荣幸的。前提是你把保险作为一辈子的事业，你是专业且负责任的保险营销员。

3.最后谈保险团队建设。

打造保险团队何尝不是大数法则呢？不是每一个人都适合做保险，更不是每个伙伴都适合做主管。“千淘万漉虽辛苦，吹尽黄沙始到金”。无论是适合做保险的人，还是适合做主管的人，都是淘出来的。

你在保险公司的“步步高升”与你招募和培养具备一定素质的营销员的数量有关。在这里，你不用看领导的脸色，你不用向领导请客送礼，一切用数字说活，用业绩说话。

保险外勤主管的命运不会被你的某个上司牵制，也不会被你的某个合伙人或下属牵制，一路晋升，人力要求多少，业绩要求多少，都写在白纸黑字上，当然你不能违法违规。对于我这种很有自己想法的人来说，我很喜欢这种感觉，我的命运我做主，这会给我们带来内心的尊贵感与自由感。

保险营销的黄金业务公式

今天的重点是分析业绩与数字的关系。无论是新人还是老人，无论是销售高手还是销售精英，保险营销员的业绩究竟是什么决定的呢？

跟勤奋有关？跟销售功力有关？跟客户层次有关？

这些答案太抽象、太模糊，能否再具体一点？能否量化从而可以被分析与对比？

看保险行业的黄金业务公式：

保费=客户拜访量×成交率×客均保费。

如果要为这个等式加一个期限的话，就是每周、每月、每季、每半年、每年。需要说明的是，当月的客户拜访量不一定决定当月的业绩，因为保险销售有明显的滞后效应。这个月的高拜访量，会带来下几个月的高业绩，所以不能静态地看一个月的数据。如果以半年为单位算总账，以上的数据分析就更科学，更客观，更能说明问题。

我们一般以一个月为单位来研究及分析这个黄金业务公式：

月度保费=月度客户拜访量×成交率×客均保费。

例如，业务员张三，某个月拜访了10个人，成交2个客户，月度保费40万。业务员李四，某个月拜访了30个人，成交15个客户，月度保费30万。业务员王五，某个月拜访了50个人，成交10个客户，月度保费10万。

张三，成交率为20%，客均保费为20万元。

李四，成交率为50%，客均保费为2万元。

王五，成交率为20%，客均保费为1万元。

根据以上分析，客户收入最高或需求分析能力做得最好的是张三，客均保费最高，每个客户20万元；销售功力最强最深厚的、客户满意度最高的、转介绍可能最多的是李四，成交率最高，高达50%；拜访量最大、最勤快的当然是王五，一个月拜访了50个人。

是不是发现数学公式是很奇妙的？数字可以看出很多问题，用数字说话好过用嘴巴说话，因为数字不带任何感情色彩与个人偏好。

从公式的角度谈如何提高每月保费

我能成交一张保单，我就可以成交N张保单。

有人拜访三个客户就可以成交一张保单，我就能拜访N个客户成交一张保单，大不了多拜访几个。

这是我当初在新人阶段坚持下去的信心基础。会不会觉得我“很傻很天真”？但正是这个“傻与天真”，支撑着我走到今天。

做保险最重要的是拜访客户，恒定的拜访客户，就有恒定的业绩。

保险销售的高难度不是因为找不到客户，不是因为不懂得与客户建立信任，不是因为不会需求分析，不是因为不会讲解险种条款。

保险销售的高难度在于能否以“平常心”始终如一地保持有效的客户拜访。

所以要想提高业务量，就要聚焦并提高以下三点：

1.提高你的客户拜访量。

这个月，你究竟可以见到多少个客户？不管你是直接拜访，还是随机拜访，或是有预约的拜访。只要是一对一的拜访，都称之为有效的客户拜访。

而一对多聊天，参加不同的聚会，不算有效拜访，因为那仅仅是积累客户的渠道而已。

这个数据是由你的企图心、勤奋度和你的人脉圈的质量、你的预约水平等等决定的。

客户拜访量的过程管理很枯燥，所以我们尽量做得有趣好玩一些。香港友邦一代宗师黄伟庆先生（已故），早期陌生拜访时，使用了著名的硬币方法。就是在左口袋放十个硬币，每拜访一个客户，就把一个硬币移到右边口袋。这是我们的保险前辈当年的做法，时代不同了，现在的电子网络时代，可以用很多不同的统计方法。例如：趣味性的个人或团队对抗赛、销售建设小组、每日微信群汇报、微信打卡、自我记录与自我激励等，这些都是拜访活动量管理的好方法。

客户拜访量在这公式的三个数字中，是最容易迅速提高的，立竿见影，它只与你的决心有关。

2.提高你的成交率。

成交率跟很多因素有关。

第一类，内在因素：跟你的销售功力与专业水平有关。例如你对产品的理解力、你的理财知识底蕴、你的观察力、你的个性等。

第二类，外在因素：跟你的从业年资、年龄、职位、荣誉、形象、服装、装扮、性别等有关。

第三类，客户来源因素：是来自陌生拜访、缘故，还是转介绍？转介绍与老客户加保的效率是最高的，我这几年的客户几乎都是来自老客户加保与转介绍，成交率自然都很高。

成交率的提高不是一蹴而就的，要经过反复锤炼和提升，随着时间的推移，你的成交率会越来越高。

3.提高你的客均保费。

客均保费指一定时间内所有投保人所投保险的年缴保费的平均值。客均保费主要是取决于客户的年收入和保险营销员的需求分析能力，这两点决定了客均保费的高低。

因为客户的收入直接决定了客户的购买力，签一张大保单就可以抵上人家一年的业绩。同样是拒绝，尽量找有钱人拒绝！

大保单的成交跟小单的成交难度是一样的，整个销售流程也是一样的，唯一的不同是营销员的“心锚”不同，重点是要打破自己这层天然的心理障碍。对于营销员而言，大保单保费很高，对客户而言，高保费可以解决他的大问题，也只是他收入所占的一点小比例而已，就像让一个一年赚5亿的富翁买1000万年交保费一样，比一年赚50万的中产阶级拿出5万保费还要轻松。

你让客户买一点保险应付你，还是让客户一步到位拥有充足保障，取决于你对客户财务需求分析能力。财务需求能力比较强的伙伴，在同样一个客户的身上，可以挖出与客户身价更匹配的保费。

身为主管，更要特别留意提升自己的客均保费，这样你就有更多的时间用在增员与管理上。

保险销售就是一系列的数字法则，要想提高自己的销售额，务必要将这些法则尽数掌握，不断地从各个方面提升自己。胜不骄，败不馁，一步步朝法则的极限迈进。

夏笛心语

数字可以让人更理性，更客观，正确看待自己的得失与成败。运用数学公式，更深入剖析自己，不断调整，精益求精！

二、善用AF人脉经营系统，想不签保单都很难

名词释义

客　户	并不是指已成交的保单客户，而是泛指我们有待跟进的所有人，包含保户、准客户、准增员、熟人、朋友、微信好友等等，即所有有希望发展为你的保户或团队伙伴的潜在对象。
保　户	指已投保的保险客户。
他	等同于他或她。

庖丁解牛与AF人脉经营系统

客户分类有很多不同的分法，有不同的门派。按照我提出的AF客户分类法，如果你的A类客户超过20个，B类客户超过20个，C类客户也超过20个，你的保单就能信手拈来，每月都会产生4~8张寿险保单，你不想签单都难！

哪有这么大的威力？

我说过，保险营销是一个数字游戏。

你一定会问：

A、B、C类客户是按照什么原理分类的？

我们该如何做，才能把A、B、C类客户增加到都超过20个呢？

听我慢慢道来。

大家一定听说过“庖丁解牛”这个成语吧？

古时大厨庖丁替文惠君宰杀牛牲，分解牛体时，凡举手触及之处、肩紧靠之处、脚踩踏之处、与膝抵住之处，都发出“嚯嚯”声响，像极美妙音乐。

文惠君赞扬：“妙哉！大厨肢解牛体技术怎能达到如此高超的地步啊？”

庖丁回答：“此为探索事物的规律，最初分解牛体，所见者是一整头牛。数年后，即不曾再看到整体的牛了。如今，只用心神去领会依照牛体自然的生理结构去解剖。”

AF客户分类法与“庖丁解牛”有异曲同工之妙，其注重的是保户产生的规律性与逻辑性。在AF人脉系统中，购买力最强的高净值客户不一定是A级客户，保险观念最好的客户也不一定是A级客户，而最容易加保、最容易给你转介绍保单的客户才是真正的A级客户。

AF人脉经营系统分类原理及行动方案

下面介绍不同类型客户的基本定义、特征、行为指引及转化方向，为了便于理解，我需要从F、E、D、C、B、A的这种倒排序来讲解。

F类客户：

定义：你的全体人脉库。

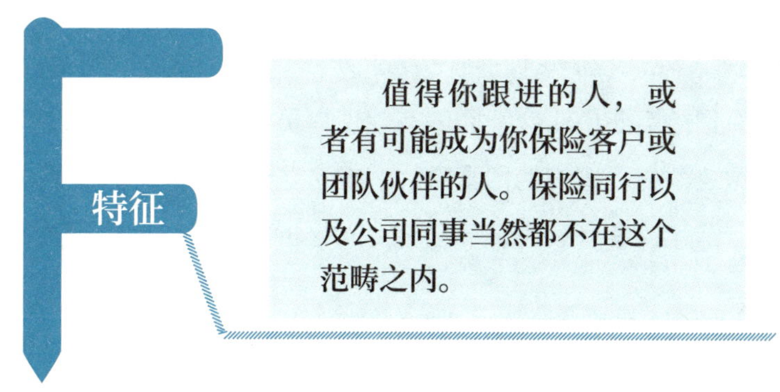

针对F类客户，我们该做什么？

在微信上，可以点赞、评论、私聊，具体的做法，可以参考《如何刷微信，让微信好友主动找我们买保险》或者《保险营销必须掌握的50条微信礼仪或微信使用小技巧》。

只要把F类客户经营维护得好，建立了你在保险行业的专业口碑，总会有一些C类客户或E类客户自动冒出来，可能是他们本人，也可能是他们转介绍的客户。这是一件非常幸福的事情，主动咨询的客户比较容易成交。

E类客户：

定义：准增员对象，有意加盟你的保险团队的人。

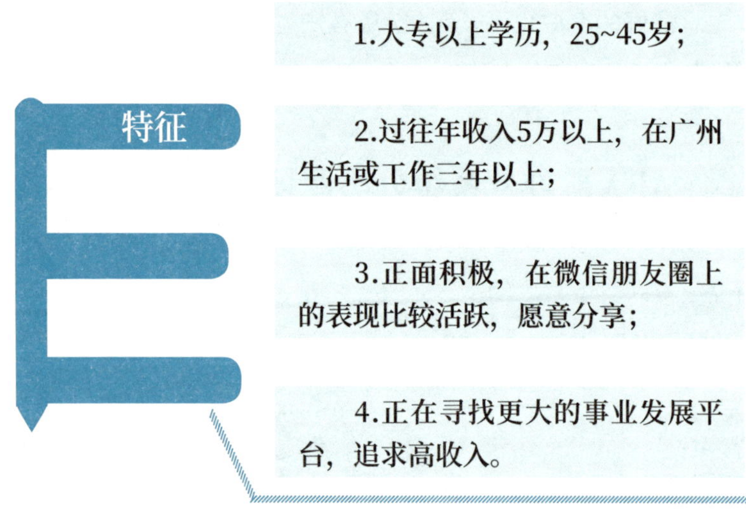

针对E类客户，我们该做些什么？

公司有保险事业说明会，团队有软性增员活动，随时拿出这批名单来，进行电话或微信邀约，邀约他们出席我们的这些活动，看对方是否能够融入于我们的保险团队，或者考察其价值观、为人处世的方式、基本素质是否符合我们的要求。

如果对方通过了我们的各项测试、面试、实习，且也有从事保险行业的意愿，那就是最好不过的了，从准增员顺利变为团队伙伴。

与E类客户多次接触，对方可能会演变为C类客户、B类客户或A类客户，准增员变保户的事情会经常发生的。或者再次打入F类客户（人脉库），一切都在变化之中。

D类客户：

定义：你单方面打算邀约见面的客户，这就是传统意义上的列名单，我戏称是我们“单相思”的客户。

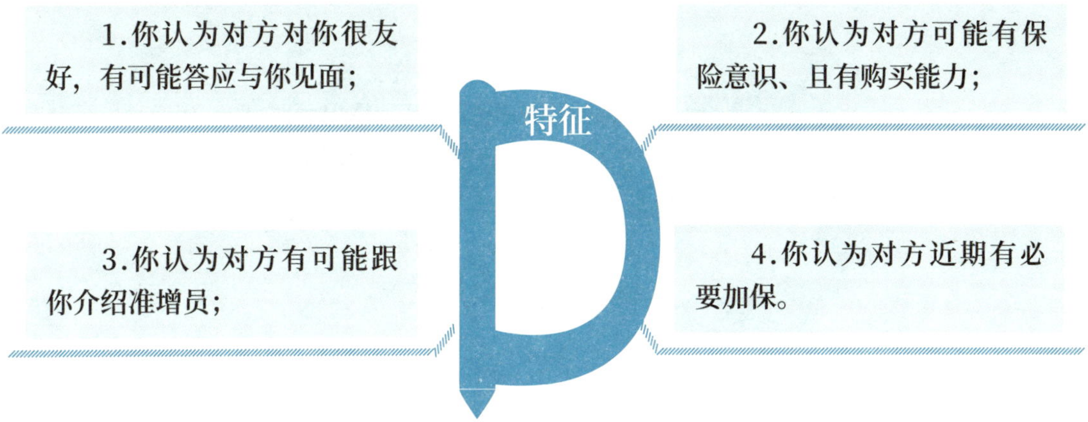

你看，全部是“单相思”，考验你的综合判断能力（眼光）！

针对D类客户，我们该做什么？

最好保持50~100个D类客户名单，至少要有30个吧，这些名单直接决定了你的客户经营方向。

例如，你打算打入医生市场、教师市场、企业高管市场、企业主市场，你列的名单就应该尽量往此类客户靠拢。D类客户名单，简直就是你的“客户作战地图”，直接指导你往哪个业务方向发展。你要做大保单，那就请多列高端客户的名单。

预约他们见面，是我们针对D类客户要做的最重要的事情。

电话或微信私聊预约之后（还没见面呢），如果你们在微信中或电话中已

聊起保险来，甚至对方直接要求你做保险计划书，他就演变为B类客户；有的则变为C类客户（待见面客户），这也是预约D类客户最主要的目的；如果发现对方更适合做保险，就变为E类客户；感觉近期无法与对方见面的，则重新打入F类客户（人脉库）。

C类客户：

定义：已答应具体时间与你见面，或者已明确同意近期与你见面谈保险的客户。对方知道你的保险身份，而答应与你见面，无论是否会以谈保险为目的，都可勉强归于C类客户。

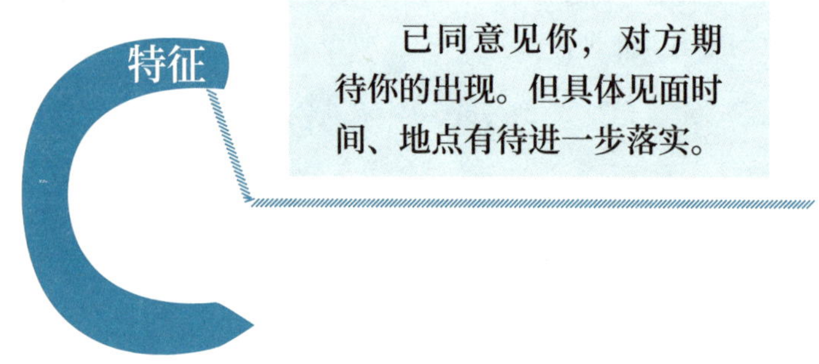

针对C类客户，我们该做些什么？

· 翻阅他的朋友圈，或百度他的姓名或公司名，尽可能多收集对方的个人资讯，见面之后会多一些聊天的话题；

· 通过介绍者了解多一点他的情况；

· 充分准备你和对方即将销售面谈的关键内容，最好找同事多演练几次；

· 准备合适的展业工具。

只有拜访了C类客户之后，你才知道他会演变为哪一类客户：可能一次成交保单，直接变为A类客户；可能现场或回去后制作保险计划书，这样就变为B类客户；也可能发现对方暂时没有保险观念，重新打入F类客户（人脉库）；还有可能发现对方更适合做保险，又变为E类客户（准增员）。总而言之，一切皆有可能。

B类客户：

定义：已为对方提供保险计划书、等待对方答复是否投保的客户。

他们正在考虑是否购买保险，或者正在比较险种，或者正在筹备保费，或者正在找空档时间与你见面签单，或者只是习惯式拖延而已。

针对B类客户，我们该做什么？

采取平常心就够了，客户买不买，上帝已经知道了，只是你不知道而已。

在适当的时间，发一个微信表情过去，或者直接约："何时有空见见？是周四或周五上午有空？"还可以更直接："保险的事考虑得如何？"至于你是采取委婉式、直接式还是放任式跟进方法，完全取决于你与客户之间的关系，自己拿捏好火候。

跟进B类客户后，如果对方买了，就把他归于A类了；如果明确不买，则重新打入F类（人脉库），或者看他是否适合从事保险行业，归于E类（准增员）。

若B类客户最终没有购买，要一笑了之，储备能量转战其他客户。有些保险营销员就是被B类客户折腾得死去活来，老是以为B类客户会购买，甚至是在一棵树上吊死，只跟进一两个大客户。这样做业务的风险很大，会导致收入的不稳定。

A类客户：

定义：过往六个月内成交的保险客户，以及你的保户影响力中心。

过往六个月内成交的保户的特征：

特征

1.在这个阶段，保户在检验你的服务是否靠谱，以决定下一份保单是否找你购买，甚至决定是否跟你推荐准客户；

2.在这个阶段，保户对保单利益最清晰，没有那么快淡忘；

3.在这个阶段，保户最有分享的意愿，好东西愿意与好朋友分享，属于高度敏感期，很容易转介绍新客户。

保户影响力中心的四个特征：

他的保险意识非常好，已经是你的保户；

他的人际关系良好，有很多朋友；

他和你相处愉快，愿意帮助你成功；

预约他见面比较容易。

针对A类客户，我们该做什么？

争取每周有微信私聊或电话沟通，每月能够见一次面，至少两个月见一次。至于私聊什么？如何预约？见面聊什么？不是本篇目的内容，大家可以参考《谈保险的三部曲》。

人的本性是喜新厌旧的，聚焦这类客户等于不断提醒你不要做了生意就走人，提醒你不要打一枪换一个地方，提醒你不要忘了老客户，提醒你要把时间花在最有价值的人身上。

如果你50%以上的业务时间花在A类客户身上，恭喜你！你的转介绍保单将会源源不断。**营销理论告诉我们，开发一个新客户的成本等于留住八个老客户的成本。**由此可见，做好老客户的关系维护可以达到事半功倍的效果。

AF人脉经营系统的特点及操作方法

AF人脉经营系统的客户分类方法，具备5个特点：

1. 按照投保的可能性排序，充分考虑到加保与转介绍的最优先等级。

2. 充分考虑到销售流程的每个环节：列名单、预约见面、销售面谈、成交、递交保单、售后服务等等。

3. 充分考虑到活动量管理，重要的销售环节（业务进度）都有数量的具体统计。

4. 充分考虑到想发展团队伙伴的增员需求。

5. 充分考虑到客户定位的需求，其中D类客户名单的购买力决定了保单的件均保费。

一个保险营销员，只要他告诉我A、B、C、D、E、F每类客户的具体数量有多少，我就可以迅速判断他的“业务状况”，是打4分，还是9分？（总分10分）

举例：

姓名	A类客户数（个）	B类客户数（个）	C类客户数（个）	D类客户数（个）	E类客户数（个）	F类客户数（个）
张三	5	3	3	5	0	300
李四	10	10	15	20	30	800
王五	20	20	20	60	100	2000

根据以上数据，可以马上判断这些保险营销员的业务状态：

张三，是过一天算一天，混日子的，因为他手头只有5个过去半年成交的客户或保户影响力中心，只有3份保险计划书待答复，只有3个即将见面的客户。

李四，工作还算勤奋，有计划做主管，日程安排得很满，有10个过去半年成交的客户或保户影响力中心，有10份保险计划书待答复，有15个即将见面的客户。

王五，有20个过往半年成交的客户或保户影响力中心，有20份保险计划书待答复，有20个即将见面的客户。他显然是销售精英的料，准增员名单达100个，有计划大力发展团队。

在AF人脉系统中，最有价值的事情究竟是什么？

把D类客户（列名单）变成C类客户（待见面）；或者在F类人脉库中，自动冒出一些C类客户（主动咨询者，待见面）。

因为当C类客户越来越多的时候，B类和A类客户自然就会越来越多。

这个环节，相当于整个营销环节的引擎，一旦启动，其他环节就跟着启动了，是典型的连锁反应。

分类的具体操作，可以把这些A、B、C、D、E类客户直接抄在一个笔记本上。预约时，就可以把这个笔记本掏出来，一对一电话或私信，好记性不如烂笔头。

微信有强大的标签分类功能，以上的客户种类变化，在微信标签上可以轻松即时完成。

使用这种方法，A—F类可以一目了然，非常方便。例如，你最近想找一批高净值客户，就在F类客户中，挑出他们把微信标签改为D，选择微信标签D，所有的D类客户一目了然；再把成功预约到的客户全部标为C，也是一目了然；见面之后，还可把客户拜访档案，记录在标签及备注栏目里的“描述”里面。

最后，再回顾一下AF人脉经营系统的工作流程图：

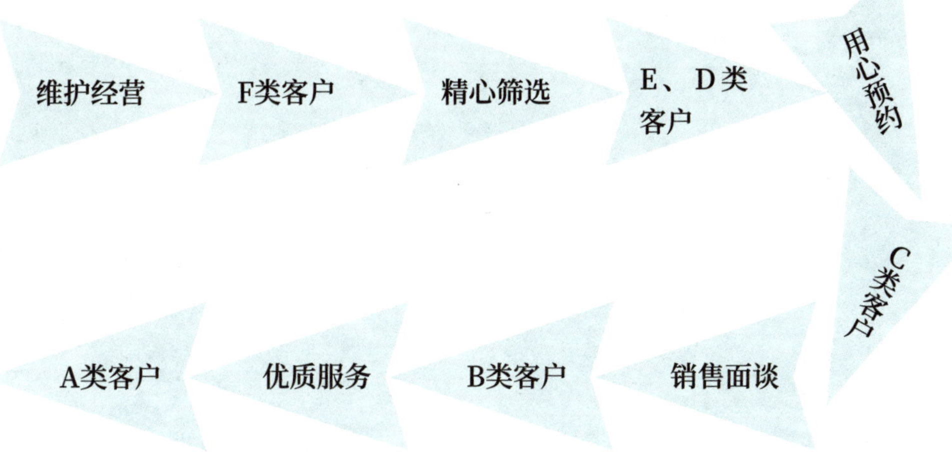

通过AF人脉经营系统，管理自己的注意力，管理自己的努力方向，管理数字化的活动量流程，管理客户分类，客户或增员自然就会源源不断，而且还会不断突破，不断超越。

夏笛心语

智慧的人善于打造系统，让系统自动产生生意。

三、如何高效沟通

如何聊天是一个问题

刚入行时，我有一个很大的障碍就是：不知如何跟客户聊天？

例如：

要不要聊保险？

如果不聊保险，又聊什么？

聊到什么时候才可以切入保险话题？

第一次见面究竟要不要跟客户推销保险？

是该开门见山还是该拐弯抹角地谈保险？

这些问题困扰着入行不久的我。我们在公司学到很多非常好的销售话术和保险观念，可是一旦到了客户那里，我就是“茶壶里煮饺子，有货倒不出”，使不上劲的感觉。

当年在新人课堂上，我曾举手问过老师：老师，我该怎么跟客户聊天呢？老师笑了笑说：这个事情我没法教你呢！

我天生并不是一个会聊天的人，“如何聊天”对于别人，特别对于那些在城市里长大，或者有一定人生阅历的人来说，根本不是个问题。而对于我，一个在农村长大，性格内向，没有什么生活阅历的26岁小伙子来说，就是一个大大的问题！

我发现，几乎所有的销售高手，都是聊天高手。他们都可以跟客户自如沟通，侃侃而谈，谈笑风生，跟客户打成一片。

为了做好保险营销这份工作，我一定要突破我的瓶颈，让自己成为一个善于聊天的人。

而人的沟通能力的提高，怎么可能一蹴而就呢？

我既然发现沟通已成为我工作的障碍，我当然要想办法提高我的沟通能力。我选择了一项挑战自身短板的工作，我干脆把“沟通”当作一个课题来研究，通过**“看书、参训、实战”**三种方式来突破自己。

看书 就是阅读大量与沟通、讲话有关的书籍。

参训 就是参加公司内外与沟通有关的训练。

实战 就是在大量的客户拜访中不断总结。

下面我谈谈自己多年客户拜访的一点点心得与体会。我总结出“高效聊天”的五大元素。这些元素，不仅可以用于与客户的沟通中，也可用于与同事、家人的沟通中。

这些元素在不同人际关系场景中的运用是相通的，同事之间的关系、家人之间的关系出现了问题，往往与这五大元素运用得不够好有关。

第1个元素：寒暄

寒暄是说有用的“废话”，看起来与聊天主题没有关系，短则两三分钟，长则半个小时，是进入聊天主题的前奏部分。

高手一开口，就知有没有。寒暄虽然只是前奏，但可以看出一个人的沟通功力。

无论是面对陌生的人或随机拜访的客户，还是面对转介绍来的客户，你想象一种场景吧，会有一种怪怪的感觉。

你，坐在客户面前，四目相对，双方都是开门见山。

客户一见你，就说：“我想帮我孩子买份保险，你跟我介绍一下你们公司最畅销的儿童重大疾病产品吧。”

你就回答："我们公司有一款非常畅销的儿童重疾产品，它的特点是……"

哪有这样谈生意的？这种谈法，只会在教材与视频中出现，在现实中则很难发生。

我们在寒暄的时候，很多人习惯谈东谈西，就是不愿意谈自己，谈中美关系、谈足球、谈天气、谈明星丑闻……而这些聊天，根本不算高效沟通。

而真正高效的沟通是，**礼貌、谨慎地问客户一些私人问题，尝试去了解客户的人本身，寻求双方的共同点。**

如果你觉得不好意思问客户一些私人问题，不妨用以下这些谦辞开头，这样显得更加自然：我可不可以问您？您可不可以告诉我？介不介意问您一个问题？您能否？这些话语放在你要问的问题之前，就多了一份尊重。

而不是直接问对方：你住哪个小区？你是哪里人？你结婚了没有？你有孩子没有？这样显得很不礼貌，简直就像公安人员讯问嫌疑人时的提问。

有一次我参加早餐会，和一个人交换名片时发现了对方姓龚。正好我的妈妈也姓龚。我就告诉他：太巧了，我的妈妈也姓龚。这其实就是一种快速寻找共同点的能力，前提一定要是真实的共同点，不能弄虚作假。人与人之间不是没有共同点，是你缺少一双发现共同点的眼睛。

在寒暄中寻找共同点是非常重要的，可以拉近跟客户的距离，让客户感觉我们是"一伙儿"的。

比如，客户的籍贯是湖北，因为我是湖北人，那我就一定要讲出来；如果客户是江西人，因为我太太是江西人，我一定会回应我们是半个老乡；如果客户是湖南人，我会说我是湖北人，大家都是楚人，也是半个老乡；客户在武汉读的大学，我也是在武汉读的大学，我会强调我们是在一个城市读的大学。

客户的孩子是女儿（儿子），客户有几个孩子，客户孩子多大，客户的发型，客户的衣着打扮，客户喜好的品牌，客户喜欢的车型，客户喜欢的体育运动，客户的爱好兴趣……都可以成为你和客户之间的共同点。

寻找共同点，互相透露一下彼此的个人信息，属于高效的聊天，是双方愿意交朋友的开始。

第2个元素：赞美

赞美要发自内心，赞美可以擦亮客户心中的钻石，你的赞美会让客户产生极大的价值感。赞美是人与人之间的润滑剂，是人际交往破冰的重要元素。有了赞美之后，整个聊天的氛围就好了一些，轻松愉快了很多。

只有超级自我、完全活在自我世界中的人，才从来不会赞美别人。

人们一方面很在乎别人对自己的赞美，另一方面却容易忽略对别人的赞美。所以，我们要常常提醒自己学会赞美别人。

当初我为了学习“赞美”这一课，专门到广州购书中心买了一本书：《如何赞美别人》。阅读后发现原来赞美大有学问，不同年龄、不同职业、不同性别、不同身份、不同籍贯、不同背景……需要赞美的角度是不一样的。

赞美不是拍马屁，也不是露骨的奉承，而是真心发现人家身上固有的优点，给出得体的评价，真诚地表达出来。

赞美客户，都是基于对客户的在乎。如果你对客户不在乎，不想进一步跟客户交往，那你与客户只会谈谈气候、谈谈体育比赛、谈谈马云、谈谈王健林，或者谈谈国家大事……两个人之间聊了很多天，结果双方互相并不买账，更没有建立良好的“链接”。

什么叫一见如故？就是聊得来。这里面的赞美元素起到了不知不觉的推动作用。否则，两人的聊天就会显得很“干”，有时还会有一场辩论赛的感觉。

客户透漏的私人信息越少，你可以赞美之处就越少，只能停留在赞美对方的外貌、服装、气质、谈吐等方面。越了解客户，就越容易赞美客户，也会赞美得更加到位和具体。例如，你了解到对方是潮汕人，你就可以赞美潮汕人的勤劳、团结以及有强烈的家庭观念。

跟人聊天是一个不断的由浅入深的过程，当客户被你鼓励和赞美之后，他才会不断地讲下去，才会透露更多的个人资料。例如，他的家庭、配偶、孩子、籍贯、毕业学校、兴趣爱好等等情况，你都可以在不知不觉中了解到。

直接赞美是一种方法，不露痕迹的赞美也是一种方式，都是表达对客户的在乎。

与客户聊天的最高境界，莫过于如沐春风，相谈甚欢，甚至双方都有相逢恨晚之感。适度的赞美，在这个过程中起到了很大的作用。

第3个元素：聆听

充分聆听是与客户建立信任的前提，当客户愿意在你面前打开话匣子滔滔不绝地诉说自己故事的时候，表示客户开始信任你了。

你在聆听时，要诚恳地注视着对方，身体前倾，表现出热情，而且要偶尔重复客户口中出现的字眼，这样客户才确认你真的是对他说的话题感兴趣。

例如，客户说："我的股票亏了几十万，还是买房子好。保险这种东西，买不买无所谓，反正我有很多的银行存款。"

即使你们的聊天已经聊得天南海北，以致走题，你也可以回到起点，"×先生，刚才提到买了股票，能否告诉是哪一年买的？现在还持有吗？"

重复客户口中出现的字眼，表示你是认真在聆听客户，而不是只顾自己讲保险是多么多么的好。当然，我这里只是举了一个小小的例子而已。

大多数的沟通者注意力只是放在自己身上，老是急着表达自己，对别人讲的东西反而不容易放在心上。

还好，我从小就有一个优点，就是很喜欢听别人聊天，这甚至成为我的一个爱好。

小时候，妈妈经常因为这个事情，在我们的村庄里到处找我，特别是到了吃饭时间，还经常不见我的人影儿，我因此挨了妈妈不少的骂。

我听着隔壁邻居的大伯大妈、叔叔阿姨们聊天，喜欢听他们聊东家长、西家短的故事，简直听得如痴如醉，这是我儿童时代最好的娱乐节目。当时那个年代，我的生活中没有动画片，没有电视，没有视频，甚至没有绘本，听大人们聊天何尝不是一种享受？

喜欢聆听，简直成为我做保险这份工作的天赋特质，无论是用在与客户沟通上，还是用在团队管理上，都可以把我的这个优势发挥到极致。聆听是人与

人之间沟通的空气，没有这个空气，人与人之间会产生“窒息感”。

聆听源于会问问题，才有聆听的发生，特别是当遇到一个沉默的客户时，如果我们不能问问题，那只能大眼瞪小眼。

哪些问题适合拿出来问客户呢？我在“谈保险的三部曲”一文中有一一列明。

另外，我分享一下所谓的请教式提问法：

当我们遇到年长的客户，或者职位较高的客户，可以询问以下问题：

请教客户专业领域的成功之道；
请教客户对理财投资的看法；
请教客户过往的成功经历；
请教客户对未来的期望；
请教客户生活中的兴趣爱好部分；
请教客户孩子教育的心得与方法；
请教客户夫妻关系经营之道……

这些问题很容易引发客户滔滔不绝的畅谈。提这些问题，客户比较容易回答，而且会产生一种被你重视的感觉，这是你跟客户建立情感的很好途径。

客户，最需要的就是：一双愿意聆听的耳朵以及一颗足够真诚的心。

第4个元素：认可

每个人的额头上都写着“请认可我”四个字，每个人活在这个世界上都希望得到更多人的认可，获得一种存在感和价值感。永远不要与客户争辩，争赢了客户你就输了生意。

避免跟客户讨论政治、宗教等敏感话题。在原则的问题上，我们要有自己的立场，但我们现实生活中并没有很多原则性的问题，在成人的世界，哪有那么多的对错之分？世事无绝对，唯有真情趣。

认可比赞美更进一步，赞美只停留在语言上。而认可更说明你本来就是一个虚怀若谷的人，所以我们在与客户聊天的过程中，在非原则性的问题上，要多多认可客户的选择。你认可了客户，客户反过来也容易认可你！

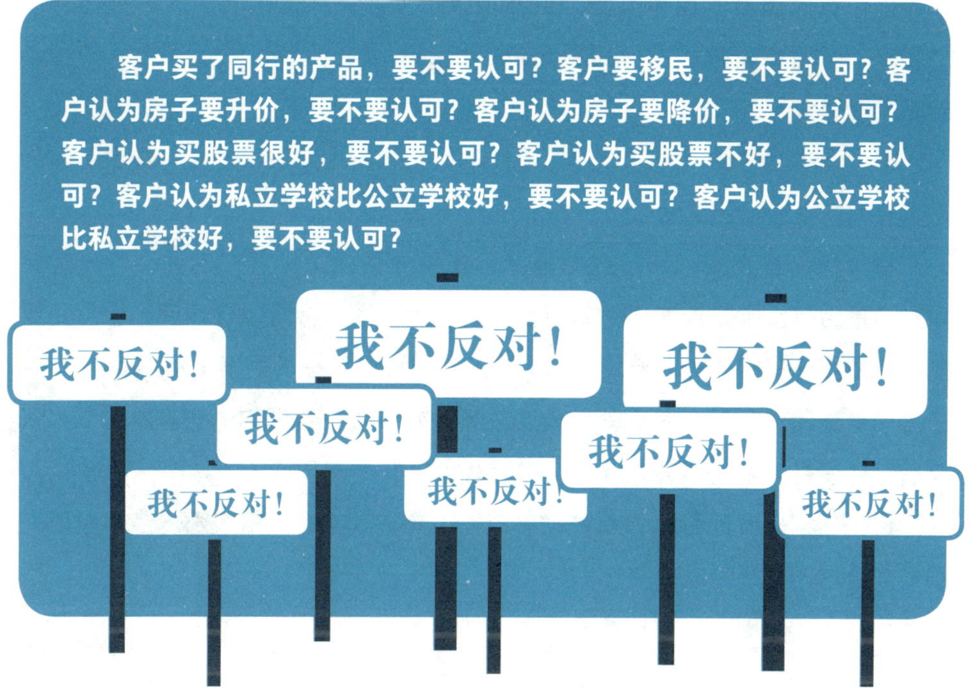

你们可能会说，你这样是不是太没有立场？我再重申一次，在非原则性的问题上，在成人的世界，哪有那么多的对错之分？很多观点，只是角度问题，换一个角度看，立场马上就变了。公说公有理，婆说婆有理，就是这个意思。

先认可，再引导，才可以与客户达成共识。客户已表明了他明确的观点，如果你马上就旗帜鲜明地反对，这样很难达成共识。即使客户说保险不好，说你所在的保险公司不好，我们也没有必要马上表示反对。而是要先表示理解，感同身受，并诚恳地询问原因，然后再表达我们不同的观点，这样反而更可能达成共识。

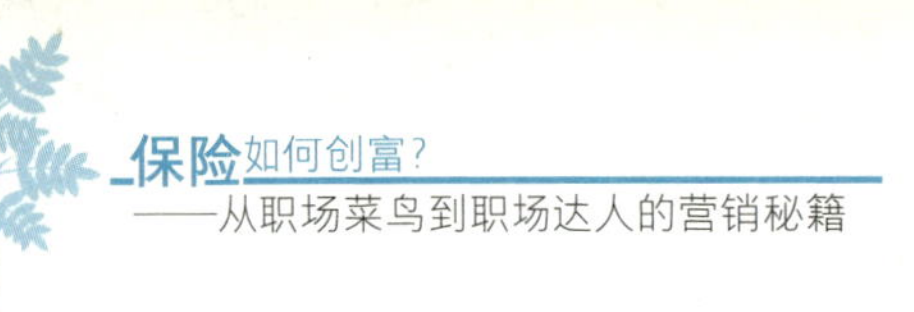

第5个元素：关怀

没有人喜欢被推销，但人人喜欢被关怀。跟客户聊天，当你心中有推销目的的时候，你就会心虚；当你以中立、关怀的态度真诚去面对客户时，你就会很有底气了。

保险同仁每天工作早出晚归，如果额头上写着一个“卖”字，势必每天都会撞得头破血流，遍体鳞伤。但如果你每天以关怀为出发点，去拜访每一个客户，就不会有挫败感。勇者无惧，仁者无敌。你是仁者，哪里来的受伤的感觉？

一个活生生的客户坐在你的面前，不要只想表达你自己、证明你自己，老是想着如何推销自己的保险。

举个例，客户说：我已经结婚了。如果你真正关怀客户的话，你一定会问对方是否有宝宝了？如果对方答复：有了宝宝啦。你可以继续问：宝宝是男孩，还是女孩？接着可以继续问：宝宝几岁？谁带？在哪里读书？

这一连串的问题，其实就是表达关怀。如果客户告诉你一些基本的私人资讯后，你没有接着问下去，就说明你没有欲望进一步了解客户。

以上任何一个问题，你都应该接着问下去，其实聊天就差那一点点东西，那一点点东西就是适度的关怀。

你拜访客户时，应该以中立、关怀的态度来开始你们的沟通。例如，你可以问下面两个代表性的问题：你家里的理财是怎么做的（有买股票基金吗）？除了社会保险外，你家里人还买了什么商业保险吗？

这些问题并不等于你想向客户推销保险，你只是关心客户的理财及保障情况而已。

结语

美国人际关系专家、被誉为“成人教育之父”的戴尔·卡耐基先生说过：你要是真心地对别人感兴趣，两个月内你就能比一个光要别人对他感兴趣的人两年内所交的朋友还要多。

信任是销售的关键，了解是信任的关键。信任，并不是你说得有多么好，而是你有多么了解客户。高效聊天可以让我们更了解客户，赢得客户的信任。当客户觉得你很了解他的时候，他才会把你当朋友。如果说销售是一场攻城之战，那么“充分了解客户”，就像攻下了这座城堡的护城河。如果不越过护城河，其他所有的努力都是徒劳的。

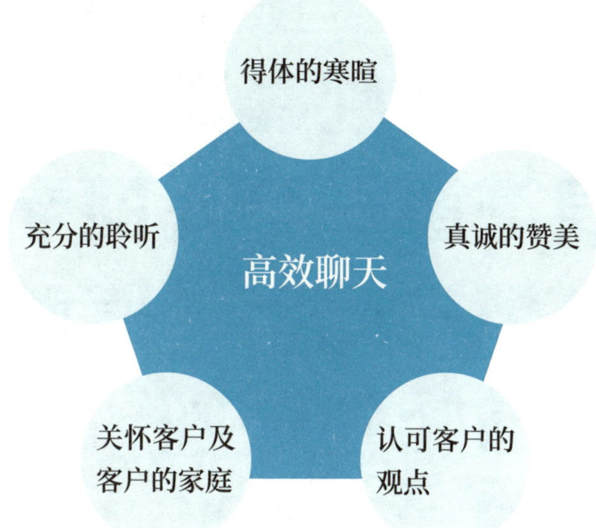

这“高效聊天”的五大元素，决定了客户是否愿意继续与你交往，也是你与客户建立信任的重要前提。

夏笛心语

“聊天”两个字，看似简单，实则高深。这两个字，隐藏着一个人的学识、生活经历与阅历，隐藏着人与他人的相处原则，甚至隐藏着人的“三观”，因为，“言”为心声。

四、学会“说话”，事半功倍

很少有人天生就是说话高手

从小我就特别羡慕那些口齿伶俐、口若悬河的同学，不论台上、台下都能侃侃而谈、噼里啪啦像连珠炮似的讲一长串，既不怯场，也无冷场，像发光体一样，总能牢牢地吸引众人的目光，成为众人的焦点。

我在农村长大，从小学、初中到高中都并不是特别出众，属于害羞沉默型的，很少当众讲话。

上了大学，我依然是一个很内向的人。在大学里，参加过两次演讲比赛，我倒是印象深刻。

第一次是参加系里的演讲比赛，因为中途忘词，在台上突然沉默了好久，当时讲什么主题我已忘记，但那次头脑突然短路的经历我一直都记得。

第二次是参加校学生会组织的一次选举活动，因为我的表现，“一举成名”，被当时的校领导看中，提拔为校学生会干部。我是硬着头皮上场的，讲得并不流畅，当时的校领导对我的评价是：**这个学生有激情、有想法。**

没有人逼着我参加这两次演讲，都是我自己争取来的，说明我从来没有放弃过要提升自己公众讲话能力的念头，内心深处一直都想提高这一环节，我为我当年敢于尝试的勇气点“赞”。

大学期间，我的口才并没有得到真正的锻炼，极少有机会当众讲话。毕业后的前四年，我打工的那段时光，连开会发言的机会都没有，谈何公众讲话?

西方谚语说：“死亡和当众讲话，是人类两大最恐惧的事情。”

我一直想战胜我的这一恐惧。

直到我加入友邦之后，我的公众讲话能力才得到了全面的锻炼、提升及发

挥。从新人阶段开始，我就很重视每一次当众讲话的机会，时常对着录音机反复听自己演讲的练习片段，对着电视节目中我喜欢的男主持练习口型与手势，业绩做得好时，自然也少不了站在讲台上分享我的工作心得。

我发现我很喜欢这种工作环境。

晋级主管后，我自然有更多机会主持会议、主讲早会、训练自己的小伙伴，即使刚开始讲得结结巴巴、词不达意，但是因为每天开口说、每天持续练习，经过年复一年的操练，后来我也成为公司的星级讲师，不仅经常在公司内部大小场合授课分享，还经常外出为各类非保险行业的企业、单位讲课。

现在很多人看到我经常站在讲台，滔滔不绝，挥洒自如，还误以为我天生口才好、会讲话，其实不然，那真是天大的误会。

一不小心，推介保险就成为“诅咒”

我刚加入友邦时，第一时间就去找一个好朋友卖保险，我很兴奋地跟他说：“这个意外险很便宜，一年才368元，一般的意外身故可赔10万。如果你被车撞死就可赔10万，如果你坐飞机、火车、轮船等公共交通工具发生意外身故的话，就可以赔20万。”

我的话还没有讲完，他脸色一变说：“夏笛，不要这样跟我讲话。”

他这样一说，我脸色通红，一脸不知所措的样子，不知道说错了什么。他继续说：“你刚才老是提你、你、你，谁受得了？尽说一些不吉利的话！”

我这才恍然大悟。

中国人很忌讳这些字眼，特别在20年前，即使到了今天，人们的保险意识大大提高，直截了当地谈“你死了之后；你可能得大病”，客户也会非常反感。

新人在客户面前难免会犯这些类似的小错误，多撞几次南墙，才会有“痛”的领悟。

后来我改进的方法是：讲这些生老病死的字眼时，省略主语，不要提“你”，或者用通指的“被保人”。

有些同仁喜欢使用第一人称“我”：我万一患了大病如何，我死了如何。

其实用“我”这个字眼，你自己可能也不好受，这样对你自己也不公平。

我们对“病、死、残”的描述，尽量要照顾客户的感受。无论你是有意的，还是无意的，都不要暗示“病、死、残”一定会很快发生在客户身上，否则谁听了都会不舒服。

表面上看，沟通是口才的问题，本质上沟通是思维方式的表达。如何创造一个愉悦的沟通氛围？务必要学会换位思考。

见不同的人，说不同的话

当我们与长辈讲话，要顾及他的自尊；与男人讲话，要顾及他的面子；与女人讲话，要顾及她的情绪；与上级讲话，不要忘了他的尊严；与年轻人讲话，不要忘了他的直白；与儿童讲话，不要忘了他的天真……

“见人说人话，见鬼说鬼话”，是一句贬义的话，用来形容圆滑的人。从中也可以解读出一丝褒义的含义，就指讲话要灵活，更不要随便跟客户争论。你赢了争论，就会输掉生意，你要学会见不同的人，讲不同的话。

例如，孩子读公办学校还是私立学校，读国内的大学还是出国读大学，客户打算是买房还是租房，是住在市中心还是住在郊区，是生男孩好还是生女孩好，是生一个好还是生两个好，是买股票基金好还是买房子好……这些问题的答案没有绝对的对错，不同的人有不同的看法，各花入各眼，评断这些哪个好哪个不好没有任何意义。

这些话题可以探讨，无须评断，尽量避免与客户有直接的观点冲突，即使在表达“保险很重要”的立场时，也需要循序渐进、循循善诱。

例如，很多人总是认为意外与疾病不会发生在自己身上，那些都是遥远的事情，暂时与他无关。你只能通过潜移默化、旁敲侧击的方式引导出客户的风险意识，如果你以“争论”或“使劲说服”的方式，往往事与愿违，即使你说得“对得不得了”，又如何？客户就是不跟你买！人都是有逆反心理的。当然，针对保险意识很好的客户，大多不存在以上问题。

这个世界上，不是每件事情都有“是非对错”，站的角度不同，看法完

全不一样。

一个人沟通的弹性也意味着他的包容度、知识面和开放性思维，但这并非指没有自己的观点，而是在“我尊重你的表达，同时保留我的观点”的过程中，取得双方的共识。

说话也会伤人

很多人活了一辈子，都不懂怎么讲话，出口即伤人，有理也变得无理。正所谓：**好言一句三冬暖，恶语伤人六月寒。**

直率，并不是你伤人的借口。多少人以“直率耿直”的名义，肆无忌惮用语言“伤害”他人。

有个段子说：和恋人讲道理，是不想谈了；和老婆讲道理，是不想过了；和同事讲道理，是不想混了；和上级讲道理，是不想干了；和老板讲道理，是不想升了；和邻居讲道理，是不想见了；和朋友讲道理，是不想交了；和老师讲道理，是不想学了！

所谓“讲道理”，里面包含着“批评”，或者暗藏着“你不对”的意思。

批评人家，如果是在同辈之间，容易让人觉得你是为了显示自己的高明，从而心生逆反。没有人会轻易认为你比他高明。

即使你是他的上级，对方也非常尊重你，你对他的批评和建议，也要讲究技巧，否则他一定很难受，或者根本不接受。你本来是为了对方好，但结果对方觉得你是认为“他不够好”。

批评是一种冒险，当众批评更加是一种十足的冒险。

沟通的意义取决于对方的回应。很多人沟通出发点是好的，但结果却是糟的，譬如：想让孩子认真学习，却对孩子充满斥责；想让配偶多关心家庭，却以抱怨取代诉求；想让团队更加团结，却以批评取代激励……

以上莫过于，很多人太急于表达自己的观点，而不想花点时间耐心与对方建立良好的情绪氛围。

心平气和不仅仅是一种态度，也是一种能力。

善于发现别人的优点很重要

赞美是擦亮别人心中的钻石，表示你愿意放下自己，把焦点放在别人身上，发现别人身上闪光的东西。

有人说“赞美多少有些虚伪”，或者觉得很难为情：“我并没有发现对方的什么优点，为什么要让我赞美别人？”

这就是问题！你为什么发现不了别人的优点？事实上每个人都是有优点的。尺有所短，寸有所长。

我跟大家分享一个故事：

苏轼是个大才子，佛印是个高僧，两人经常一起参禅、打坐。佛印老实，老被苏轼欺负。苏轼有时候占了便宜很高兴，回家就喜欢跟他那个才女妹妹苏小妹讲讲。

一天，两人又在一起打坐。苏轼问：你看看我像什么啊？佛印说：我看你像尊佛。苏轼听后大笑，对佛印说：你知道我看你坐在那儿像什么？就活像一摊牛粪。这一次，佛印又吃了哑巴亏。

苏轼回家就在苏小妹面前炫耀这件事。苏小妹冷笑了一下对哥哥说：就你这个悟性还参禅呢，你心中有，眼中就有。佛印说看你像尊佛，那说明他心中有佛；你说佛印像牛粪，说明你心中有牛粪。

大家从这个故事当中体会到什么？你说你不会赞美，其实是不懂欣赏。不懂欣赏是因为你不善于找出别人的优点。不善于找出别人的优点，是因为你内心没有储藏这种优点的特质，或者你根本没有对这种优点的向往。

如何“称呼”客户也有讲究

在国外，西方的礼仪是直呼其名。而在我们中国，在某些场合，直呼其名，则是很不礼貌的。

外资公司，很喜欢直呼其名，但呼的都是英文名。例如，一个总经理叫张

伟强，英语名叫Peter，你直接叫他Peter可以，但直接叫伟强就很怪了，最好要加上称谓叫张总，或者伟强总。

分享一个我自己很尴尬的案例。

我刚入行时，我们的培训老师很多都是台湾人或马来西亚人。他们喜欢直呼其名，听了感觉很亲切。有一次我约好一个准客户的老公，一起喝茶，向他讲解我为他太太做的保险计划书。我在跟他聊天的时候，对他太太也直呼其名，只叫了名字没有叫姓，他直接跟我表达了他的不悦，这张保单自然也成为泡影。

又例如，“小姐”这个称谓，在广东也不能随便用的。

一位外地讲师，来到我们的职场授课，在问问题这个环节，讲师很有礼貌回应一位女同事的提问，说：“小姐，你这个问题提得非常好。”小姐这两个字，让在场的伙伴听了都觉得特别刺耳。

所以，相同的称谓在不同的地域包含着不同的意思，一定要区分地域，遵守当地的称谓文化，结合沟通对象的年龄、职位、性别等因素合理使用。

最安全的做法是，用请教对方的方式开始：我能不能这样称呼您？或者，我该如何称呼您好一些呢？

当开始尊重对方的感受时，有品质的沟通才开始。

会讲话的本质

“会讲话”其实很简单，就是源于我们对人的尊重。讲话一定要注重别人的感受，而不是一味地注重自己的感受。真诚是必需的，这个出发点，是会讲话的基础。

讲话不是为了“显摆”自己，好为人师的“讲话”，会给别人带来压力，即使客户表面上很客气地回应了你，转头不一定愿意与你打交道。

会说话的最高境界，是让对方找到一种价值感，和你聊天，如沐春风，过程愉悦，并有所收获。

讲话品质影响人际关系

人的不开心，大多数是源于人际关系。大家可以闭目想一想，最近让你不开心的事情是什么？可能不是钱，不是职位升迁，不是孩子的考试分数，甚至不是健康问题，而很有可能是婆媳之间，夫妻之间，父母孩子之间，上下级之间，同事之间某个人讲的一句话，让人十分不爽。

人们最在乎的人说的话比陌生人的语言对他们的“伤害”来得更深。

人与人之间产生误会，沟通不畅快，大都与“表达方式”有关，所以说讲话品质影响人际关系。

这就是语言的力量，一百个人就有一百个的语言模式，模式不同，结果也不一样。

做保险，或者做销售，一定要学会说话，这是我们生存的根本。技术人员可以靠专业吃饭。做销售，会说话就是我们的技术。做保险，是跟不同的人打交道，更能锻炼一个人的讲话水平。

保持谦卑，最智慧的讲话方式

谦卑，是优秀的保险营销员的一个共同特质，这种特质是隐藏在骨子里面的。谦卑不是失去自尊，而是对客户、对他人有足够的尊重。谦卑的人拥有强大的共情力。

马云在一次大型演讲中讲到，他面试应聘者从来不看简历，就看跟对方聊天的感觉。

如果一个应聘者，一副很自傲的样子，说自己很牛，这也会那也会，他不会录用这样的应聘者。

他喜欢那种应聘的时候说自己这也要学，那也要学，很谦虚的、讨人喜欢的应聘者。

只有谦卑的人才能给对方一种优越感，只有这样，客户才愿意与你交往。

客户和你相处没有压力，愿意与你交往是保险销售的第一步，没有这一步，一切都是空谈。

新东方前教师李笑来曾说过，市面上的所有教销售技巧的书籍都是骗人的，销售的秘诀就是一个：把客户当朋友。

当一个人足够谦卑的时候，他的朋友一定越来越多。路遥知马力，日久见人心。这就是谦卑的价值所在。

如何提升公众演讲能力

在这里我谈谈如何提高公众演讲能力。

首先，你要对“提高公众演讲能力”这件事情很感兴趣才行。

立志，就成功了一大半。我本人的公众演讲能力就是如此一点一点地得以提升的。

站在讲台上怎么演绎，每个人都有自己的风格，不同的风格可以打动不同的人。无论是激情四射，还是娓娓道来；无论是理性，还是感性，声音高昂或声音低沉，台下总有人会喜欢你的风格。

凡事用心，总不会表现得太差。

什么叫用心？“提前准备”就是用心。

看一个人用不用心，首先看他有没有提前做好准备。

准备开场，准备结尾，准备故事，准备案例，准备名人名言，准备引经据典，准备PPT与照片、图片，准备数据，准备互动游戏……有所准备，发挥才会自如。

笨鸟先飞，提前准备，敢于试错，你的表现一定会越来越好。

如果说公共演讲还有什么具体技巧的话，我在此分享几点我个人的经验：

第一个方法：要学会讲自己。

讲自己的经历感受、真实的想法。真感情就是好文章，这些最容易引起人的共鸣。

第二个方法：要学会讲案例。

讲讲你认识的人或者大家认识的人，比如提到你的一个大学同学，长什么样，有啥特点，越具体越好。这样就营造出画面感，栩栩如生，引人入胜。

第三个方法：要学会讲故事。

从2000年开始，我陆续参加了几个演讲培训班，发觉讲故事很重要，每个人都喜欢听故事，而不喜欢听道理。

我并不是一个擅长讲故事的人，做保险之前几乎就没有讲过故事。所以那段时间，我刻意地去背诵很多故事，然后反复练习，穿插在我的演讲之中，直到今天，我在很多场合，还可以把当时学会的故事脱口而出。

第四个方法：要学会开始与结尾。

演讲开始要赞美听众，或者制造轻松愉快的氛围，让听众愿意听你讲下去。我很喜欢在演讲的最后，讲一个“发人深省”的故事来结束整场的演讲。

我不反对大家参加演讲培训班，但想要通过一两次培训班就能提高自己的演讲水平，简直是天方夜谭。看演讲方面的书籍（含本篇文章）也解决不了根本问题。

想提升自己的公众演讲水平，最快、最好、最有效、最便宜的方法就是：**自己制造机会，多多上台演讲。**

没有什么比公众讲话更能提升一个人的表达能力，甚至对提高个人的自信心都有莫大的帮助。讲多了就会越来越自信，越来越有魅力，也会创造越来越好的成果。当看到成果之后，你会变得更加自信，从而又创造更多的成果，这样，就形成良性循环。

夏笛心语

世事洞明皆学问，人情练达即文章。口乃心之门户，讲话，也是智慧的呈现。

五、先舍后得，你就是资源整合的高手

三个经典故事

关于“先舍后得”，我们来看看三个经典故事吧：

故事一：开店的故事——先要学会付出，才有收获。

有个年轻人想开店做生意，他先向父亲征求意见：“爸爸，我想在街上开店做生意，您觉得我先做些什么好呢？”

父亲回答：“开店做生意，要做的事很多，首先租间店面，再摆上货柜、进一些货物，就可以开张营业。但是如果你想多些客户、多赚些钱，甚至永续经营的话，就先得为这条街上的街坊邻居们做些事。”

年轻人问：“那么我得先为街坊邻居做些什么呢？”

父亲想了想，笑着说：“可以做的事很多。比如，可以每天清晨在路口当义工，指挥保护上学的孩子们安全地过马路；或是扫一扫街上的落叶；还有许多独居老人需要帮助……”

年轻人觉得很奇怪，当义工、扫街上的落叶、帮助独居老人……这些跟开商店有什么关系呢？年轻人虽感到疑惑，但他还是听从父亲的建议照做。只见他清晨站在路口引导孩子们上学，之后打扫街道，再帮独居老人送餐点，脸上总是带着开心的笑容。没多久，这条街上的人们都知道了这位年轻人的善行。

六个月后，年轻人的商店开张了。让他惊讶的是，来客络绎不绝，几乎挤爆小小的店面。街坊邻居告诉他：“年轻人，我们知道你是个善良的好人，来你的店里买东西，我们特别放心。”

短短两年内，年轻人在邻近的小区开了3家分店，照样来客不断，生意兴隆，他很快就晋升为资产千万的企业家。

有一次接受记者专访，记者问他短短几年为什么能有如此大的收获时，他想起了父亲的话："先要学会付出，才有收获！"正因为对这句话的认同与实践，才让他的事业得以飞速发展。

故事二：找气球的故事——给予他人想要的，你就会得到你想要的！

在一个寻找福气的研讨会上，有50个人报名参加。50个人走进一个装满气球的教室，主持人提出一个非常奇怪的要求：给每人一个气球，要求大家在气球上用笔写上自己的名字。接着他将所有气球收集起来，放到另一个房间里。然后大家被带到那个房间，要各人分别找到写着自己名字的气球，限时5分钟。

于是，每个人都开始疯狂地找寻自己的名字，大家碰撞、推挤，现场一片混乱。5分钟过去了，很少有人能在规定时间内找到写着自己名字的气球。

主持人喊停！

接下来，主持人要求大家随便找个气球，然后把气球递给上面名字对应的人，不到3分钟，大家都接到了自己的气球。于是主持人指出：这就是我们的人生！每个人都疯狂寻找自己想要的东西，但没人知道它在哪里。而最有效快捷的方式就是给予他人想要的，你就会得到你想要的！

故事三：天堂与地狱的故事——大舍大得，小舍小得，不舍不得。

一个人问上帝："为什么天堂里的人快乐，而地狱里的人一点也不快乐呢？"上帝说："你想知道原因吗？那好，我带你去看一下。"

他们先来到地狱，走进一个房间。这时正是午饭时间，许多人围坐在一口大锅前，锅里煮着美味的食物。可每个人都又饿又失望：原来他们手里的勺子太长了，没法把食物送到自己的嘴里，虽然食物很可口，可是他们吃不到，所以一直很痛苦。

上帝说："我们再去天堂看看吧。"于是他们来到天堂，也是到了一个房间，他们看见的景象是这样：虽然天堂里的人手里的勺子也很长，但是他们都显出快乐又满足的样子。这个人很奇怪，因为这里和地狱没什么两样。

"感到奇怪吗？"上帝笑着说："你看下去就知道了。"

晚饭时间到了，只见这里的人围坐在锅边，用勺子把食物送到别人的嘴里，每个人都吃到了可口的食物。原来，天堂和地狱的分别，只是人们用勺子的方法有所不同。

如果我们每个人都只是为了自己的利益，而不去替别人着想，将永远喝不到一锅看得见的汤。只有互相帮助，相互扶持，才能够共同求发展。大舍大得，小舍小得，不舍不得。

三个故事的启发

这三个故事，都是资源整合、通力合作、追求共赢的典型案例。

做保险业务难免有低潮、有瓶颈，当有伙伴遇到业绩低潮，过来请教我的时候，我会跟他们分享这些故事。

走出业务低潮的唯一方法就是：放下自己的目的性，将心态归零，走近客户的身边，想想你可以为客户做什么，去聆听客户的故事与心声，去了解客户目前正在忙什么，为什么而忙，又因为什么而烦恼，有哪些担忧……

当你愿意放下自己，心中放着客户需求的时候，很多转机就出现了。只要你愿意把客户当朋友，客户就会愿意把你当朋友。当客户愿意帮你的时候，你的业绩自然就好了！

在保险行业，再大的困难，只要你坚持行动，三个月后一定会柳暗花明。如果说做保险很容易，也不至于容易得立竿见影，一个月或半个月就一定会出成效；如果说做保险很困难，也不至于难得只有付出，不见收获，坚持行动三个月后依然走不出业绩低迷的瓶颈。

这三个故事，不仅是让我们走出低潮的良方，更是从事保险行业的最高境界：只问付出，不问收获。广结善缘，水到渠成。

如何成为资源整合的高手

资源整合是什么？

就是释放自己潜在的、沉睡的资源，帮助别人得到他想得到的东西，你就可以得到你想得到的东西。

所有你缺的，这个世界都有。

让我们再看看这个故事吧：

一位优秀的商人杰克，有一天告诉他的儿子：“我已经选好了一个女孩子，我要你娶她。”

儿子回答说：“我自己要娶的新娘我自己会决定。”

杰克说道：“但我说的这女孩可是比尔·盖茨的女儿喔！”

儿子欢呼起来：“哇！那这样的话……”

在一个聚会中，杰克跟比尔·盖茨说：“我来帮您的女儿介绍个好丈夫。”

比尔·盖茨说：“我女儿还没想嫁人呢！”

杰克又说道：“但我说的这年轻人可是世界银行的副总裁喔！”

比尔·盖茨大吃一惊：“哇！那这样的话……”

接着，杰克去找世界银行的总裁，杰克说道：“我想介绍一位年轻人来当贵行的副总裁。”

总裁说：“我们已经有几十位副总裁，够多了！”

杰克说：“但我说的这年轻人可是比尔·盖茨的女婿喔！”

总裁叫道：“哇！那这样的话……”

最后，杰克的儿子娶了比尔·盖茨的女儿，还当上世界银行的副总裁。

这个虚构的故事很绕，很戏剧性，很理想化。但是，你从中悟出了什么？

任何一个从无到有、从小到大、从弱到强的销售人员或者企业家都是一个优秀的资源整合者，整合自己的时间、精力、智慧、情感，取得好的工作成绩，创造更大的经济价值与社会价值。

在同一个城市，在同一家保险公司，跟着同一个主管，同样的年龄，同样的学历，为何不同的保险销售人员创造的保费业绩相差那么大呢？这就体现了不同的销售人员资源整合的能力大不相同！

尺有所短，寸有所长；人无完人，金无足赤。保险营销人员务必深刻了解自己的长处与短板，然后把自己的优势发挥到极致。

在广州，我作为一个外省人，到今天我都不会讲广州话；从业之初，我就知道不是所有的人都可以成为我的客户。但我是特别喜欢学习的一个人，很容易跟热爱学习的企业主打成一片，我和他们有很多的共同语言，所以这种类型的企业主就很容易成为我的保险客户。而打高尔夫球、喝酒应酬显然就不是我的强项，我也不善于经营这类圈子。

资源整合就是要充分发挥一切可能的潜力，团结一切可以团结的力量，调动一切可以调动的资源。

资源整合，了解是前提，信任是关键。我们不能只想做生意，却不花时间去了解客户、去与客户建立信任。生意的功夫在生意之外，没有建立基础的信任，大生意是不会自己找上门的。

领导者就是整合者，创造资源很困难，整合资源却较容易。整合资源思维就是一种创业思维、一种无中生有的思维，是一种大局思维。几乎所有的领导者，都具备调动周围资源的最大主观能动性的能力。

举例吧，对于任何一个想突破业绩的保险同仁，都可以列出自己十个大客户的名字，以及这十个大客户的家庭状况，如收入、梦想、目标、烦恼、孩子爱好、籍贯、最好的朋友、其父母状况等。你知道吗？如果你连前十名的大客户都觉得不重要，那什么人是最重要的？你的客户迟早要被别人抢走！如果连这些都不知道，你又如何通过高效服务让对方满意，从而跟你介绍更多的准客户？

对于三年以上的保险营销员，提高业绩最快速的方法就是找老客户坐一坐。老客户的要求并不是很多，如果你老是不去找他们，他们会认为你根本不缺业绩，甚至认为你觉得他们已经不重要啦！坐一坐，才能互通有无，才能资源共享。

资源整合的本质是利他，资源整合就是人品大爆发，只有人品好的人，最终才吸引来最多的资源！厚德载物，上德若谷，讲的就是这个道理。

人品好的销售人员的路会越走越宽，拥有越来越多的资源；人品不好的销

售人员的路将越走越窄，拥有的资源越来越少。

保险营销员有两大核心资源。**第一个核心资源就是专业资源，**你的专业可以帮客户解决财务安全及风险保障问题，提供风险管理解决方案；**第二个核心资源就是附加资源（价值），**也就是你可以为客户做什么？专业资源可以同质化，而附加资源却非常个性化。不同的保险营销员，拥有不同的附加资源，这与保险营销员的家庭成长背景、所受教育、工作经历、兴趣爱好，以及所拥有的优势和人格特质有紧密的关系。

能够舍得，就是有德。先舍后得，你就是资源整合的高手！

夏笛心语

关于保险销售，我并不主张太多的“术”，真诚、专业、勤奋，足矣！只要你完整地阅读我的系列文章，你会发现我很多的提法是一脉相承的，这里并没有太多的“花招”，一招两式固然管用，但大道至简，了解了保险销售的本质，你会走得更稳、更远。

六、谈保险的三部曲

我只有“阳谋”，没有阴谋

我今天分享的是“阳谋”，而不是“阴谋”。

关于卖保险的流程我在我的保险团队讲了N年，我的“阳谋”是经得住我的客户以及我的团队伙伴考验的。虽然不敢称之“放之四海而皆准”，但这套理论，我自认为适用于大多数和我一样不是销售天才、资质普通的保险营销员，特别是保险新人。

请看看前不久我的“夏笛保险客户微信群”里面的一段对话：

客户：我认识某个做销售的，我很怕她微信的问候，试过几次，后面接着就是推销产品。我极度厌恶这样的推销。

夏笛：一次还是可以的，哈哈！否则业务员怎么活？

客户：一次是可以，次次这样就讨厌了。

夏笛：是的，套路太一致，让人反感。

客户：在别人有需要的时候能想到你，这销售的不是产品，不是公司，而是人，是人格魅力。

夏笛：说到底，己所不欲，勿施于人，不要用你自己都讨厌的方式去对待你的客户。没有人喜欢被推销，但人人喜欢买东西，人人喜欢被关心。

不知你从这段对话中，悟出了什么？

不了解客户 就不要去销售

谈恋爱，讲求循序渐进；谈保险，也要讲求循序渐进。

如果你是一个女士，走在街上遇到一个男人，他见到你，突然就说要娶你为妻，会不会把你吓得马上转身逃走？

很多传统的销售只是满足需求，交易就会发生。例如你需要一部车，去到4S店，销售员对你这个人的兴趣不会很大，他只关心他们的车是否能满足你的需求。

我曾经去过几家4S店看车，销售员都是以上的这种反应。

卖房子的业务员也是如此。因为客户对车、对房的需求是明确的。

而保险销售则大有不同！

保险销售一定要做到建立信任、挖掘需求、满足需求（提出方案），交易才能发生。

当你出现在客户面前时，客户内心对他自己会有三问：

1 我为何要跟你买保险？我们是朋友吗？或者你是我朋友信赖的朋友吗？

2 我为何要买保险？别人需要，我可不怎么需要，保险对我没什么用。

3 保险好复杂，我该怎么买？你有何专业建议？

保险公司对新人的培训，往往都停留在“挖掘需求与满足需求”上，对于新人“建立信任”的这一环节的提升，几乎无法靠短期的培训完成。这个过程

非一日之功，非数日之功，需要长年累月的强化。

很多保险营销员死就死在“太专业”上，一下就到了第三部曲。武术上有一句话说：谁先出招谁先死。不要轻易出招，不要轻易展示你的专业，因为你还不了解客户。

一般刚刚参加完成公司入职培训课程的新人，会恨不得向全世界的人告知：你应该买一份保险。心想：只要你给我一次机会，我就一定会说服你买保险。

但重点是，是不是每个客户都会给你这样的机会呢？客户是否给你展示专业的机会，比你是否专业本身要重要得多。

一个新人，抱着对销售保险的神圣使命感，见人就直接展示专业，宣讲保险的好处，如果入职三个月内他的业绩非常棒，只能说明他身上有两种特征：第一，他加入保险行业之前，做人很成功，积累了非常深厚的人脉，很多人愿意支持他。第二，他人见人爱，车见车载，具备非凡的人格魅力，人们一见他，就想与他交朋友。

有了这两点基础，再加上保险公司专业而到位的培训，简直天下无敌。

2000年夏天，我学到一种“画图讲保险”的方法，非常兴奋。我抓住这个新式武器，恨不得向每一个遇到的人，展示我的专业。

我在花园酒店附近的三茂铁路大厦做过随机陌生拜访。当时我敲门进入一个公司的财务部，见到一位坐在办公桌临窗的女性职员，我一开口就说：“小姐你好，我用5分钟的时间给你讲讲保险究竟能够为你带来什么好处，好吗？”

对方拒绝了我，但拒绝得不是特别的严厉，面带笑容，所以我就继续跟她软磨：“我只用五分钟时间就够了，还是听我讲一讲吧，听了买不买无所谓啦。”

然后我就站着她的办公桌旁边，跟坐在那里纹丝不动的她把这个斜坡图画完讲完了。她点了点头：“嗯，好吧，有需要再找你。”她就这样把我打发走了。

记住：**专业，只有在信任你的人身上才会发生威力。**如果客户和你之间的谈话只限于谈保险，而没有任何其他话题，这张单签下来的可能性几乎为零，因为对方没有把你当朋友。

你可以想象一种场景，客户坐在你面前，他对你说：来，你跟我讲一讲你们公司卖得最好的产品！然后你问客户任何问题，他都避而不答。这样，销售会产生吗？

谈保险的第一部曲：关怀篇

当客户坐在你面前，我们不能只谈保险，而要善于与客户闲聊，表达出你对客户的关怀。谈笑之间问一些看起来与保险没有直接关联的问题，可以不经意之间收集一些客户个人资讯，这也表示你愿意了解客户，你是对客户本人感兴趣，而不仅仅对“客户买保险”这件事感兴趣。

真正对别人感兴趣，真诚关怀客户，你才会交到更多的朋友。以下这些问题，表示你是真的对客户感兴趣，同时可表达你对客户真诚的关怀。

你可以问客户：

您住在哪里？

您是哪里人？

您来广州多久了？

您当初是怎么做这一行的？

您从哪里赶到这里（见面的地方）来？

您的工作忙不忙，负责哪些具体事务？

您结婚了吗？目前几个孩子？孩子多大啊？是男孩是女孩？

您太太在哪里上班？您太太是哪里人？

孩子谁带？

孩子（准备）在哪里读幼儿园（小学、初中、高中、大学）？

您春节（最近一个假期）在哪里过？

您平时有运动的习惯吗？

您平时有什么爱好？

……

谈保险的第二部曲：了解需求篇

没有保险需求，就没有推介险种的必要。以下这些问题开始与保险有一定的关联，有助于摸清楚客户对保险的态度，以及保险的意识到了哪个地步，而且通过以下的问题，还可以根据客户的反应为客户的保险意识打分，这样我们才能具体问题具体分析。

很多人不敢问这些问题，是因为心中有杂念，担心客户觉得自己推销的味道太浓了。其实当你以中立与关怀的态度出发时，你才会有底气问这些问题。我问你这些问题，并不等于你一定要在我这里买保险。

你可以问客户：

您有社保吗？您了解社保吗？

您买过商业保险吗？

（如果买过），请问您买的是哪一家？买的是什么险种？一年大概保费多少？那个保险业务员还在吗？您对他的服务满意吗？

您了解您买的保险的利益与保障范围吗？

您是怎么看商业保险的？

您住的房子是买的还是租的吗？一次性买的的，还是按揭的？一个月还多少房贷？

您有买股票吗？

您有买基金（定投）吗？有买理财产品（宝宝类）吗？

除了保险、股票基金，您还有什么投资？

这么多保险公司，您对哪一家的印象较好一些？

……

谈保险的第一部曲与第二部曲，涉及的很多问题，都是客户的隐私，千万不要像公安局审问犯人一样去询问，我们目的是为了更好地聆听客户、与客户互动，只有充分了解客户，我们才能为客户提供量身定做的保险方案建议。

在问问题之前，可以加一些谦辞，例如：您介不介意？我可不可以问您一个问题？您能否告诉我？把这些有礼貌的话，放在问句之前，整个气氛会显得不一样。

按照史蒂芬柯维的《成功人士的七个习惯》中的观点，提到聆听的五个层次：

设身处地的聆听，就是聆听的最高境界，目的是为了充分了解客户与理解客户。

客户最终选择跟你买保险，不是取决于他对保险懂多少，而是取决于你对他了解有多少。

谈保险的第三部曲：展现专业篇

到了这个环节，才是正儿八经与客户探讨保险，并有强烈的促成企图。无论是保险观念灌输、故事案例分享、一张白纸讲保险（PPT版），还是通过保单体检法以及需求分析法，你都可以尽情展示你的专业与功力啦！

谈保险的第一部曲、第二部曲，都是收集客户的资料，与客户建立信任，挖掘客户的需求。而以下这些问题，都是与满足客户需求、提供保险方案、尝试成交有关了：

您一个月家庭开销大概多少钱？

您一个月家庭收入大概多少？

专家建议，每年拿出不超过20%的年收入来买保险，您觉得年度保费预算多少比较合理？

重大疾病的保额，您认为多少足够且合理？

您认为意外、大病、身故，哪个才是人生最大的风险？

您觉得购买多大的寿险保额才能把持住您的保障需求？

专家建议，重大疾病或寿险保额，是年收入的3倍—5倍，您觉得合适吗？

孩子的大学教育金您计划每年准备多少？

您退休后希望每个月拿多少钱？

您对我的这份保险计划书满意吗？

关于这个方案，您还有什么其他问题吗？

……

以上三部曲的所有问题，并不需要我们一个个都问客户，能够抽出几个问题跟客户互动，就已经很不错了，在我们保险营销员的脑袋里要“库存”很多这样的问题才对，这样才能够随机应变，从容应对。

其实，问问题并不是一种技巧，而是一种态度。人们的注意力很容易放在自己的身上，这是本能。问问题，表示你愿意把注意力放在对方身上，从以自我为中心，转移到以对方为中心。

夏笛心语

以关怀为出发点，用中立与客观的态度，学会问问题。保持专业性的引导，循序渐进，让客户在购买保险的过程中，买得开开心心、买得明明白白、买得心满意足。

七、成交保单的两大关键

传统产品销售与保险产品销售的不同之处

很多人说，各行各业的销售理念差不多。我并不同意这个观念，很多行业的销售之道是相通的，而人寿保险的销售之道还真不一样。

最大的不同是传统产品的销售只需满足客户的需求，而保险的销售需要引导客户的需求。

引导需求的过程，需要保险营销员强大的耐心度、真诚度和专业度，这就是保险销售最有挑战的地方。

传统产品的销售人员，如果能够做到不让客户反感，待人接物落落大方，善于察言观色，具备基本的社交礼仪，有一定的表达能力，那他真的已经很不错了。

假设我去买一部新车，我对汽车品牌、车型、颜色、价格定位等等，往往心中有数，然后去几家4S店看看，比较一下优惠政策、售后服务之类的。

汽车销售人员在我面前如何表现并不是特别重要，他不要让我反感他就好了。我和销售人员之间并不存在交不交朋友的问题，我不会因为这个销售人员表现不好，而放弃购买我看好的某部车，大不了换一个销售员而已。

我也没有兴趣去了解这个汽车销售人员的很多私人情况，这位汽车销售人员也不会花太多时间了解我的私人情况。我们聊天范围往往仅限于购买汽车这件事情本身。

假设我去买房子，同样如此，最终买不买，与这个房产营销人员关系不是特别大。我在乎的是地段、户型、房产公司实力、物业管理水平和价位、装修、付款方式等等。

而买保险则大不同。

客户想买保险，找不同的保险营销员咨询，不同营销员的言行表现、专业展现，会给客户完全不同的感受，客户的购买方案会因为这个营销员的建议而定。

很多客户因为见到保险营销员后，而完全改变了对保险的认知。

何况，客户主动购买保险，这样的情形占比例偏低，更多的客户需要被保险营销员引导，才会有购买的意愿。这是保险销售最不同的地方。

大多数客户心中对购买保险只有模糊的认知，内心深处并没有明确的购买指引，例如对如何选择保险公司、如何选择保险营销员、如何选择险种类型，都不怎么明朗。

不过，80后、90后的年轻人，主动购买保险的趋势越来越明显。这是社会进步的一种表现，也是社会文明程度越来越高的标志。

成交保单的两大关键

保险销售有很多环节，毋庸置疑，成交保单是其中相当重要的一个环节。

如果把保险销售比作踢足球，成交就是进球。没有成交，一切都是空谈。足球运动员的场下训练、保持体重、心态调整、模拟对抗、长途跋涉、舟车劳顿，一切都是为了"赢"。

要想赢，必须进球。进球和赢球，代表了运动员的成就感、个人荣誉、团队荣誉、国家荣誉，甚至还有随之而来的“名”和“利”。

很多保险同仁喜欢问我：怎么成交某张保单？怎么处理某个客户的异议？等等诸如此类的问题。

我可以提出一些建议和思路，但成交本身是非常复杂的一个过程，是你和客户之间的双人舞，取决于你和客户两人之间很多个人的因素。

成交过程无论多么复杂，其规律还是有章可循的。

保单成交的决定因素无非是：你与客户关系是否到位？客户的保险观念是否到位？

我称之为成交保单的两大关键。

什么叫关系到位呢？

就是客户“喜欢”你、信任你。

客户“喜欢”你（这种喜欢，是一种整体的认可，不是男女之间的那种喜欢），表示客户愿意与你打交道，和你相处很愉快，大家可以像朋友一样交往和交流，而不是话不投机半句多的那种。

不可想象，客户与保险营销员，如果“互不对眼”，销售如何可能发生？

客户信任你，则表示客户认可你的人品与专业，认为你是一个靠谱的人，是一个负责任的人，是一个诚信的人，客户认为你的专业足够帮他解决保险的需求，也认为你会把保险长期做下去。

客户信任你的表现使他愿意跟你谈他真实的想法，甚至谈一些隐私的问题。

客户对保险营销员的信任，更类似于对律师、对医生等专业人士的信任。

如果客户保险观念到位了，而你与他的关系还没有到位，即使他要买保险，他也不会找你买，他会找他所信任的保险营销员购买。

当前这个网络时代，很多客户的保险观念在朋友圈被某些营销员成功地“教育”了，而他们却宁愿找他们另外所信赖的保险营销员购买。

这一点让你悟出了什么？

保险销售一定要有情感基础。

客户“喜欢”你、信任你，这就是广义的情感基础。

我们与客户之间可以是“一见钟情”——客户一见到你，就对你有很好的印象。

如果对方已有保险观念，又正好最近有保险需求，则客户有可能很快主动找你购买保险。

甚至客户本来没有保险观念，结果见到你之后，变得有保险观念了。很神奇吧！我展业过程中就经常遇到这样的案例。

还有一种情况，客户本来打算找你买保险，见了你、聊完天之后，有可能反而不想买了，或许对你的第一印象不怎么好吧，又或者相谈得不是特别对路。

广州有句话叫“人夹人缘”，是有道理的。客户见多了，我们也就明白了这个道理。我们的风格不可能适应每一个客户。客户买与不买，我们都要保持平常心。

我们与客户之间也可以是“日久生情”，很多客户需要你跟进一段时间，甚至很长一段时间，经过时间的考验，才对你慢慢信任起来。

在我二十年的保险生涯中，有些保单是见面一次之后就成交，也有些保单是跟进三年、五年、十年、甚至二十年才成交的，不一而足。

如何让客户信任我们呢？

我认为“真诚”与“专业”是建立客户信任的两大法宝。

但问题来了：每个营销员都认为自己是真诚与专业的。

在一次大型销售分享会上，我面对台下数百位保险同仁，问：你们觉得自己“不真诚”的请举手？无人举手。我接着问：你们觉得自己“不专业”的请举手？有少数新人举手。

所以真诚与专业，不是自己判定自己的一种特质，而是应交给“别人”判定的一种特质。

你是否真诚与专业，不是你自己说了算，而是你的客户说了算。

什么叫观念到位呢？

你要让客户感觉到保险是能够帮他解决财务问题的，而不是帮你解决业绩问题的。

如果你和客户关系到位了，而观念没有到位，即使他肯借钱给你花，他也不会跟你买保险。

我知道，很多保险营销员的亲哥哥、亲妹妹，甚至是父母都不一定找他买保险，关系够到位吧？很大的原因就是观念没有到位。

每个客户的心中对保险本来就有一种固有的认知，如果我们为客户的保险认知打分的话，有以下几种情况：

1.保险是骗人的。

这样的客户，既不会为自己买保险，也不会介绍朋友给你买，甚至还会阻止人家买保险。保险认知基本为0分（假设保险认知满分是100分）。

2.保险对我没有用。

这样的客户，无论是工薪阶层，还是大富大贵的人，一旦认为保险对自己没有用，他们自己一定不会买保险，但有可能介绍客户给你买保险。保险认知为10分。

3.保险有一点用。

这样的客户，碍于人情，会象征性的买一点点保险，保费预算不会超过年收入的5%。即使买了保险，还有退保的可能。保险认知为30分。

4.保险有用。

这样的客户，觉得保险可以解决一些大病保障、医疗报销、意外赔偿等问题，保费预算占年收入的5%~10%之间。保险认知为60分。

5.保险很有用。

这样的客户，不仅觉得保险可以解决一些大病保障、医疗报销、意外等问题，还可以解决生命保障问题。会买足额的大病保险、住院医疗保险、意外保险、终身寿险。保费预算占年收入的10%~20%之间。保险认知为80分。

6.保险非常有用。

这样的客户，非常喜欢买保险，认为保险不仅可以转移人生风险，也是一种理财工具，孩子的教育金、自己的养老金、财富的增值保值、家庭的财富传承，都可以依赖保险这个工具来解决。保费预算一般占年收入的20%以上。保险认知为100分。

这些认知无论是否从客户嘴巴里说出来，一定会存在于客户的心中。

改变一个人的认知是一件困难的事。有一句“名言”，说世界上有两件最难的事情：

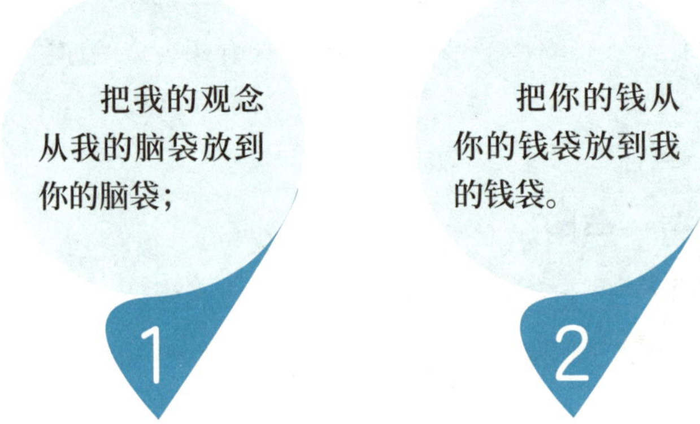

让人欣慰的是，**客户的认知无时无刻都是在变化的，没有一成不变的认知。**

时间，是最好的朋友。曾经认为保险是骗人的客户，有一天会认为保险是有用的；曾经认为保险有一点用的客户，有一天会认为保险非常有用。

所以，我们要有耐心。

有眼光、有胆识的保险从业人员，都是“明知山有虎，偏向虎山行”。志在攻克保险销售这一难关，把让客户拥有正确的保险认知，当作自己的工作使命，而不是浅尝辄止，三天打鱼两天晒网。

这是一个“双赢”的过程。

而反之，就是一个“双输”的过程。客户因为对保险没有正确的认知，会错过购买保险的黄金时机，这是最遗憾的事情。

我的一个老客户，十几年前一年缴几千元保费，去年申请加保一年几十万保费，结果来公司做体检后，被拒保了。

我多少有些愧疚，在长达十几年的服务过程中，我没有顺利说服他在健康的时候加保，也是我的过错啊。

如果我们去肿瘤医院咨询每一位癌症确诊者，大多数患者及其家人会后悔没有买保险，或者后悔买得不对，或者后悔买得不够，这与他们的财富状况无关。

没有买、买得不对、买得不够，这些都是因为保险观念不到位造成的。

怎样才能让客户的观念到位呢？如何引导客户正确的保险观念呢？这又是另外一个话题了，可以参考《通过财务需求分析法销售保险的六大步骤》。

夏笛心语

"关系到位"与"观念到位"是成交保单的两把钥匙，缺一不可。

八、人工智能时代，保险营销人员会消失吗

网传保险营销人员会被人工智能替代

请您设想一种场景：

有一天，客户想买保险，他就上网打开保险公司或者保险中介公司的网页，找人工智能网络营销员聊聊天，讲讲自己的保险需求，双方“相谈甚欢”，客户输入个人资料，例如性别、年龄、职业、家庭结构、已购买保险情况，甚至告诉人工智能营销员自己的资产、负债、年收入、年开销等数据。

根据客户的情况，人工智能营销员建议客户投保一套保险产品组合。

客户对方案表示很满意，再次确认个人资料，输入身份证号码，填写健康资料，银行卡信息，马上完成保费支付，随即保险公司完成核保，如果是标准件，马上生效！如果是非标准件，则立刻进入人工核保环节。

这是不是一件很美好的事情呢？保险营销员真的会失业吗？

这种事，会发生吗？**我认为人工智能可以部分解决客户的保险需求，但通过人工智能完全解决客户的保险需求，则几乎不可能。**

所谓人工智能，就是使计算机来模拟人的某些思维过程和智能行为（如学习、推理、思考、规划等）。

2017年，专门研究人工智能的北大学者在分析400多个职业后给出了以下这样的答案（见图示，资料来源于腾讯研究院）：

人工智能

1 人工智能比以往的技术冲击范围更广、力度更大、持续性更长，甚至可能导致极化。

2 程式化比较强的职业和需要投入劳动较多的职业比较容易被替代。

3 衡量一个职业是否容易被替代，从三个维度进行考虑：

第一个维度
行业所需要的社交智慧。

第二个维度
行业所需要的创造力。

第三个维度
行业所需要的感知和操作能力。

看看上面的研究成果，我们知道，的确有很多职业会被人工智能所取代，而那种需要社交智慧、创造力、人的感知能力的工作，则很难被人工智能所取代。

在保险行业，人工智能可以解决哪些问题？不可以解决哪些问题

无人超市、无人驾驶、无人银行、无人餐厅、无人工厂、网上教学等等，这一切正在影响零售、交通、金融、服务、生产、教育等等领域，很多行业此时此刻正在被人工智能冲击。

信息、知识与技术的获取，变得越来越方便，简单的产品讲解者、初级技术提供者以及重复简易的劳动者，会面临着失业的风险，例如餐厅服务员，路桥收费员、初级技工等业务。对于保险行业的销售这一领域，车险、旅游险、短期理财险等业务的销售人员，当然会被人工智能逐步替代。这些销售环节没什么技术含量，只是报价、产品讲解那么简单。

人工智能的出现会大大提升保险营运及管理环节的“效率”，包括精算、风控、核保、理赔、保全、培训、行政、财务、销售支持等等，而这些环节，正是保险公司内勤所从事的工作，内勤被人工智能部分替代倒很有可能。保险公司不需要那么多内勤人员了，透过人工智能提高效率、降低成本，自然降低了保险产品的成本，反过来还促进了保险销售。

人工智能可以优化除了“面对面营销”之外的任何环节，对保险营销员的精准营销、计划书制作、保险方案比较、售后服务、销售过程管理，都会大幅提升工作效率。

那为何“面对面营销”在人寿保险销售之中是不可替代的一个环节呢？

因为保险营销过程并不是纯粹解决技术问题的过程，而是一个激发客户购买意愿、了解客户资讯的过程。想买保险的客户，如果遇到一个不专业的销售人员，或者遇到一个不对味的销售人员，客户的购买意愿甚至会消失！

我们要了解客户，其实不仅仅是财务数据的了解，数据层面的了解人工智能也可以获取，每个人的个性化需求都是错综复杂的，如果再掺入个人的情感要素，则更为复杂。

男女恋爱有很多种途径，在建立恋爱关系之前，不管是聊QQ，聊微信，打电话，发邮件，寄快件都可以。但最终，一定要见面，才能确认恋爱关系，如果没有面对面，真正的恋爱永远不会发生。

销售人寿保险，无论你多么专业，多么优秀，对保险理解得多么透彻，是多么有经验的理财规划师，最终，你一定要跟客户面对面聊天，才能建立信任、收集资料、分析需求、提供方案，完成这个闭环。有资深从业人士说，这些动作在微信上都可以完成啊，那是因为客户与你之间早已经建立了信任。

互联网保险，都说要革传统保险的命，过去几年内，很多互联网财产保险公司，除了靠烧钱卖一些低廉的责任保险积累一些客户数据之外，貌似一直在亏钱。

要将短险客户名单变成寿险客户，不是互联网从业人员想象的那么简单。这里面的关键点又究竟是什么？

人寿保险销售的特点

人寿保险销售的特点是什么呢？面对这些特点，活生生的人与人工智能扮演的角色又分别是什么？

1.主动购买人寿保险的人占比比较低。

我们一早醒来，可能想去买一部车，可能想买一套房，也可能想去哪儿旅游，来一趟说走就走的旅行，而一早醒来想去买保险的可能性就比较小。人寿保险的销售往往需要人去推动的，即使主动来找你买保险的人，也往往是他被另外一些人推动，或者被媒体、身边发生的事情而推动，才动了购买之心。

2.每个客户都有复杂的个性化需求。

每个家庭的收入不一样，夫妻收入的占比不一样，负债情况不一样，家庭资产总额不一样，每个月开销不一样，是否有社保情况不一样……

消费偏好不一样，风险偏好不一样，已购买的保险情况不一样。夫妻的决策模型也不一样，有些是老公说了算，有些是老婆说了算，有些需要共同商定……

正是因为以上的种种不一样，导致保险的需求是非常个性化的，需要购买方与销售方反复协商才能确定。

3.需要财务核保与健康核保。

保险是一种非常特殊的商品。大多数的商品是有钱就可以买得到，不管是奢侈品，还是房子、车子、游艇、化妆品、服装、鞋子等等，只要你有钱，几乎都可以买，违禁品除外。

而保险的购买恰恰要依据你的身体情况和财务状况才能决定。首先要过身体这一关，超过一定额度就需要体检，身体有某些状况的也需要提供体检报告，或者再次体检。

而财务核保是指你所买的保额，要匹配你的身价与购买力。例如，一个年收入10万的人，怎么能买1000万的保额呢？即使客户东挪西凑，能够缴第一年保费，保险公司也不会把保险卖给这个客户。

所以每一份保单的销售都是需要双重审核的，而营销员就是第一关的审核人员，没有这道“护城河”，保险公司的风险会大大提高。

4.售后服务的长期性、复杂性与综合性。

长期性：保险公司提供给我们的佣金是基于我们要代表公司为客户提供后续服务才支付的，保单生效只是服务的开始，一个真正把保险行业作为终生事业的保险营销员是要做好为客户提供一辈子服务的准备的！我常常说：一张保单，一辈子的朋友。

复杂性：售后服务涉及哪些方面呢？除了基本的投保人及受益人更改、联络方式更改、理赔办理、保单贷款及还款、保单利益查询等之外，更复杂的就是保单的检视与调整、投连账户的账户类型的个性化调整，保险营销人士提供更多理财专业的建议以及其他高附加值的服务则是人工智能无法替代的。

综合性：保险营销员存在的价值不仅是在销售成交的“那一刻”，一个保险营销员透过一个满意的客户可以带来N个转介绍的新客户，客户也会随着收入的增加、家庭结构的变化、保险观念的加强而不断加保，所以保险营销员与客户之间的黏度是人工智能无法取代的。人工智能是冷冰冰的，保险营销员是有温度的，我们可以跟客户之间建立亲人般的情谊。详见《让我们成为客户生命中最重要的人之一》。

专业的保险营销员的哪些特质无法被人工智能机器人所模仿

不是随便一个人都可以做保险的。一个可以把保险做好的人，一定具备以下几个特点，而这些特点，人工智能几乎无法拥有。

1.高超的沟通技巧。

共情能力，就是让客户感觉到你很理解他们的一种能力。你没有高人一等，也不是低人一等，你会感受到客户的情绪，客户不管买不买保险你都可以接受人家。要特别善于聆听客户：聆听客户的故事，聆听客户的话外之音，聆听客户的内在需求！

而所谓沟通能力，就是你能够把事情谈清楚。无论是家庭理财规划，还是险种的条款和卖点，你都能够用最浅显的语言以客户听得懂的方式讲得让客户听得懂。

2.专业的理财规划水平。

对理财的六大财务比率指标、保险法、标准普尔家庭资产配置图……都要有深刻理解，不同年龄、不同收入家庭的资产配置策略不同，需要学习大量的金融理财知识、财经知识，对股票、基金、债券、房地产投资、银行理财产品等等各类金融投资工具都要有一定的了解。

3.综合的知识结构。

保险的条款相对比较复杂，涉及很多责任免除、冷静期、等待期、现金价值、投资回报率、替代率等等专业知识，而从业人员对税务知识、法律知识、合同知识、海外移民政策，多多少少都要有一定的认识。甚至对心理、管理、政治、历史、体育、亲子教育、旅游、养生保健、文学艺术、电影艺术都要有所涉猎。做保险的功夫在保险之外，学习这些综合知识有利于我们与客户的沟通，提高亲和力，从而迅速建立好感与信任。

4.较高的修养。

"保险不是人做的，是人才做的。"保险行业特别要求从业人员为人真诚正直，要有足够耐心和包容心。

这个行业要频繁与人打交道，情商一定要高，我们要耐心回答客户的问题，处理客户的一些枝枝节节的疑惑，这样才能给客户留下好的印象，保险才能做得长长久久。

如果你今天被这个客户投诉，明天被那个客户投诉，你自己也会觉得自己不是很适合这个行业，因为整个展业过程并不快乐。

人工智能时代，只会让我们与客户互动得更轻松、更畅通、更便利

依托移动互联网及AI等技术驱动的、知识型的新兴职业保险销售队伍将享受未来保险业钻石时代发展的巨大红利。人工智能还会赋能保险营销员，让人的潜能得到充分释放，解放“保险营销员”，专注做最有价值的面对面沟通，它所提供的大数据也能提高保险营销员的诚信公开度，更容易让优秀的保险营销员得到社会的尊重！

移动互联时代，手机简直成为人的器官的一部分。现代人已离不开手机，平均每天有16个小时对着手机，没有手机就像没魂一样。微信、App等大大提高了保险营销人员与客户的沟通效率。

我们不担心被人工智能替代，是因为人的情感无法替代，人的信用无法替代，人的能力无法替代，人的见识无法替代；人的专业价值、人的附加价值，更无法替代！

总之，不够专业的、产能不高的、兼职的保险营销员会逐步被时代所淘汰，而专业的、产能较高的保险营销员，借助移动互联网及人工智能这些工具，不但不会被淘汰，而且会有更高的产能与社会地位。

结语

本节的最后，我们再来设想一种场景吧：

某一家实力雄厚的大型保险公司，高薪聘请1000名理财规划师，清一色是硕士，甚至有博士。来到公司后经过3个月密集强化训练，通过考核后，开始上岗，每天坐在电脑前面专门回答准客户的保险询盘。

同时这家保险公司通过不同的媒体大量投放保险广告，吸引了一批准客户来咨询保险。

他们会把保险卖得很好吗？

多少会卖出一些保险，但我预测这个项目会最终以亏本而告终，连这些活生生、高质素的保险从业人员，我们都不担心，难道还担心人工智能会颠覆传统的保险销售模式？

人寿保险的独特性，注定了传统的保险销售人员很难被人工智能所替代。

夏笛心语

面对即将来临的人工智能时代，与其恐慌不会发生的事，不如专注让自己成为更专业、更有价值的保险营销人员。

九、夏笛致团队新人的一封信

在一次友邦中国营销员渠道全体总监会议上，来自友邦集团总部的一位从事保险工作30多年的高管问大家：保险行业成功的秘密是什么？

总监们纷纷回答：人品，坚持，用心，专业，行动力，合作精神，优质招募……

讨论了几分钟后，这位高管在投影屏幕上公布了答案：NO SECRET（没有秘密）！

是的，在保险行业取得成功最大的秘密就是没有秘密。保险行业是一个很注重分享的行业，无论是在海内外各种大型寿险论坛，还是在公司各种内部培训上，都可以看到保险精英或者前辈们很愿意分享自己宝贵的从业经验，知无不言，言无不尽。

这让我想起了一个故事：

美国一个地方每年都会举行南瓜大赛，汤姆的成绩相当好，年年获得冠军。得奖后，汤姆都会把种子分送给邻居。汤姆说这是因为把自己的优良品种分给邻居，可以防止蜜蜂在传授花粉的过程中，将劣种花粉传播到自己的优良品种上，可以避免优良品种的退化。

正是受这种“共好”理念的影响，保险行业是一个不藏私的行业，无论是台上嘉宾的当众分享，还是私下的请教交流，大家都很坦诚！

你有一个苹果，我有一个苹果，交换之后彼此还是一个苹果；你有一个想法，我有一个想法，交换之后彼此却有两个想法，这就是分享的魅力。

今天，我把我写给我的团队新人的一封信公开于此，敬请广大同行及前辈多提宝贵意见，也期待这封信对刚刚加盟保险行业的新人有所启发。

亲爱的某某某伙伴：

你好！

恭喜你加入友邦保险超越体系创业平台，成为我们平台的一分子。

你和我一样，官方身份均为：友邦保险有限公司广东分公司授权保险营销员。友邦与我们并不是雇佣关系，而是代理关系，只不过因为我加盟的时间比你早一些，级别暂时高一些而已。

所以我们都是独立的保险企业家，从加入友邦的第一天开始，你可以为你未来的保险团队取一个名字，就像开公司也要取名一样。

我是超越体系创业平台的联合创办人之一，恭喜你已成为我们平台的联合创办人。同时，你也是你未来团队（A级主管）或者家族（总监）的创始人，超越体系创业平台由N个团队及N个家族组成，目前拥有一个家族，四个准家族，二十个已建立的团队，以及近百个筹备中的团队，人力200余人。

超越体系，这是一个充满爱和鼓励、追求卓越的保险大家族。在这里，谦让、和谐、关怀、分享，似一家人的氛围。爱、拼、共赢是我们的团队精神，始终把对人的尊重放在第一位，是我们的核心价值观。

我们的团队使命是：打造学习型组织，帮助客户和伙伴拥有富而有爱的人生。

我们的团队愿景是：全人和业务总监的摇篮，世界保险舞台上的明星团队。

我们的招募宣言是：生命影响生命，超越成就超越。

俗话说："隔行如隔山"。沉舟之畔，千帆竞发；新的行业，新的起点；新的思路，新的改变。在这样的一个时刻，我很想与你分享两句话：

1.万丈高楼平地起。基础越深，高楼越高！如果你想建立自己的保险事业王国，请牢记要打好基础！所谓基础，就是终生从事保险行业的决心，坚守诚信、合规的原则，追求卓越的心态，过硬的专业知识，良好的工作习惯！

2."JUST DO IT"。保险行业崇尚"行动文化"，一勤天下无难事，遇到任何困难与挫折，只要积极面对，一定会"柳暗花明又一天"！"别人可以，我也可以”。这就是我1998年刚入行时对我影响非常大的一句话。

超越家族作为友邦中国的卓越白金团队，是公司发展最快的团队之一，在友邦拥有光荣的发展历史与厚实的团队文化，我们期望运用体系内强大的新人育成系统，培养每一位新加入的合伙人达到成功。

加入保险行业的前半年，是关键中的关键！好的开始，是成功的一半。为了使你少走弯路，一开始你就要用正确的方式，做正确的事，你的直属主管将为你提供：

· 主持直辖组每周的工作汇报会。

· 日常文秘办公事务的辅佐以及必要的资讯支持。

· 首半年内每周召开一次面对面的PEP会议（面谈）：检查每日记录，工作计划或案例探讨。

· 首半年内陪同作业3次，需要提前三天预约。

· 对你所提出的问题以尽快的速度回应，保持足够的耐心与专业度。

在超越体系，你务必把每周成交一张保单作为你的目标，这是我们体系最低的业绩标准；同时你要从一开始就养成优质人才引荐的习惯，在展业的同时，每两个月招募一个新的合伙人，期待你如期晋升，早日拥有自己的保险团队。

坚定的信念和明确的目标是成功的基础，祝你早日晋升为总监家族，在正处于钻石期的中国保险业能找到一片属于自己的天地。让我们一起为你未来的人生岁月喝彩，再次祝福你！

此致

敬礼！

夏笛

2018年8月1日

附录一：超越体系创业平台联合创办人夏笛简介

夏笛，任职业务总监，1972年出生于湖北孝感，1994年毕业于武汉测绘科技大学（已归并于武汉大学），工学学士。1998年5月10日加入友邦，时年26岁，师从雷永愉女士（目前为友邦广东的执行业务总监），27岁时晋升业务主管（1999年12月1日），33岁时成立了独立的营销服务部——超越家族（2005年12月1日）！

夏笛先生1998年从街头陌生拜访做起，打造了一支200余人的精锐保险团队，目前正大刀阔斧招兵买马，目标是2024年带领超越体系人力突破1000人。

夏笛先生是友邦广东五星级特许培训导师，国际NLP专业执行师，国家高级理财规划师，武汉大学广州校友会理事。

夏笛先生多次达标公司海内外高峰会议，带领超越家族获奖无数，多次受邀成为行内行外大型会议的演讲嘉宾。

夏笛先生育有两女，太太赵红艳女士在他的影响下加入了友邦保险，也拥有自己的保险团队。

附录二：超越体系创业平台的团队文化

1.团队使命。

打造学习型组织，帮助客户和伙伴拥有富而有爱的人生。

2. 团队愿景。

全人和业务总监的摇篮，世界保险舞台上的明星团队。

3. 团队精神。

爱，拼，共赢。

4. 团队八大行为准则。

诚信、守时惜时、欣赏和赞美、微笑、目标感、主动积极、家庭责任感、终身学习。

5.团队核心价值观。

始终把对人的尊重放在第一位，具体来说如下：

人生观——复杂的人生简单过，简单的事情重复过。

心态观——没有得到想要的，即将得到更好的。

荣誉观——荣誉是保险营销员的第二生命。

计划观——一天之计在于昨天晚上，一周之计在于周日晚上。

行动观——宁可白做，不可不做。

推销观——提倡以服务代替推销，贯彻保险界星级服务。

增员观——谈完保单谈增员，寿险经营更安全。

培训观——市场是最好的课堂，客户是最好的老师。

晋升观——晋升是保险事业的最好出路。

氛围观——谦让、和谐、关怀、分享，一家人的氛围。

附录三：夏笛保险营销基本理论

1.卖保险三部曲：关怀客户篇、了解需求篇、展示专业篇。

关怀客户篇：了解客户的基本情况，包括消费习惯，子女状况，住哪里，开啥车，职业或事业状况，家里老人状况，籍贯，朋友圈，个人爱好等等。

了解需求篇：了解客户对保险的认识，例如是否买过保险，拥有保险的状况；关键财务数据，如资产、负债、年收入、年开销。还要了解客户理财偏好，社保状况，是否有亲友做保险，如何看待做保险的人。

展示专业篇：按照标准流程来为客户做财务需求分析，确定保额、保费预算及险种组合，拿到客户的出生年月日和年度保费预算，制作保险计划书，进行销售面谈，缔结保单。

2.保单成交的关键。

（1）你与客户的关系是否到位？客户是否愿意与你交朋友，客户是否相当地信任你？

（2）客户的保险观念是否到位？客户是否认为保险是他的一项家庭财务解决方案？保险对于他的用处是什么？

关系不到位，保险观念再好，客户也不会找你买保险。

观念不到位，即使是你的亲兄弟，他宁愿借钱给你，也不会找你买保险。

3.客户了解险种的三个角度。

如何缴钱

一年缴多少保费，缴多少年？是返还型还是消费型？

如何赔钱

状况发生了怎么赔钱？状况指：意外、疾病、大病、残疾、烧伤、自然身故、疾病身故、意外身故等等不同的状况。

如何领钱

从何时开始领钱？领多少？怎么领钱？满期如何领钱？

4.向客户讲解险种的五个原则。

开场白	分几点	总结
要简单有力、涵盖卖点，有吸引力的开场白。	罗列出险种对客户的几大好处，3、5、7点均可，要清晰明了。	最后从另一个角度总结该险种的有力卖点，或者优缺点。

举例子	从简到繁
讲解任何一个险种，要举出具体的保额例子，例如30万，或50万，否则就是空对空讲解，谈到出险理赔时，要举出具体病例的例子，让客户感同身受。	从简单到复杂，从静态到动态，从单一到综合。例如等待期，责任免除，要等险种的框架与卖点讲清楚后，再做进一步说明。

5.让客户保险观念到位的五种方法。

第一个方法：保单体检法。

客户愿意把他家里的保单交给你检视，表示客户已经信任你了，愿意给你机会来对他的家庭保险方案提出修正和建议。保单检视的过程，是帮助客户拥有正确的保险观念的黄金机会。

第二个方法：故事案例法。

讲讲发生在自己周边的一些理赔案例，讲一讲发生在公众媒体的一些众所周知的故事，举某些热点人物的实例，引发对方的思考及危机感。

第三个方法：观念灌输法。

我们可以用一张白纸，或者IPAD上的PPT，通过图示来跟客户讲解保险的意义，保险的重要性。这样可以引导客户的注意力，充分跟客户互动，不失为一个有效的好方法。

第四个方法：险种推销法。

这种方法比较原始，也比较简单。就是告诉客户公司有一些畅销的产品，特别适合于他，要善于演绎产品的卖点。所以你对每一个常卖的险种，要讲得滚瓜烂熟，你的熟练和专业，会打动客户。

第五个方法：需求分析法。

通过问问题，激发客户需求。通过向客户提问一般问题、财务问题、目标问题、情感问题，了解客户的资产、负债、收入、开支，了解客户的梦想与担忧，了解客户目前的理财配置与理财偏好，让客户明白他们需要明确保额的必要性，在家庭收入中拿出明确的收入占比作为保费预算的必要性。

6.客户开拓的四大途径。

7.哪个群体是比较容易购买保险的群体。

孩子0~7岁的年轻妈妈

家庭开支的主导者；

（2）

对孩子的需求比较关注；

对理财话题比较敏感；

（4）

缺乏安全感，有较强的家庭责任感；

感性，容易被打动；

热心，比较容易扎堆，易传播。

8.超越体系创业平台合伙人的五大基本能力。

✓ 理财规划的能力。

掌握基本的理财概念，熟悉金融理财工具的特性和财务需求分析的整套流程。

✓ 一张白纸或PPT灌输保险观念的能力。

用白纸或PPT，比较容易抓住客户的注意力。

✓ 微信营销能力。

移动互联时代，要玩转微信，经营好微信朋友圈，让客户主动找你咨询保险。

✓ 资源整合的能力。

协助客户达成他想要的，你就可以得到你想要的。

✓ 把常卖险种讲解得滚瓜烂熟的能力。

熟练解读各类常卖险种，还包括掌握基本的核保规则、营运规则。

9.超越体系五大传家宝。

附录四：超越体系倡导的时间管理

周一到周五	
8:10—8:40	直属主管的小早会或联合小早会
8:40—9:30	公司或团队大早会
9:30—10:00	各直辖组二度早会
10:00—11:30	预约及拜访时间
11:30—17:00	拜访时间
18:30以后	家庭时间
周六	
半工作状态	出席公司或团队活动，参加必要的社交或学习活动
周日	
家庭时间	

附录五：超越体系创业平台的合伙人须知

习惯篇	（1）随时保持100个准客户名单和50个准增员名单，每天做工作记录（日记）；
	（2）坚持每日三访；
	（3）每晚做好第二天的工作计划，周日做好下周的工作计划；
	（4）每周主动和你的直属主管汇报一次工作。
目标篇	（1）了解新人的津贴制度，把拿到每月的新人津贴作为最基本的目标；
	（2）把每周签一张保单作为目标；
	（3）养成人才引荐的习惯，把每两个月引荐一人作为目标；
	（4）达标竞赛，如期晋升。
成长篇	（1）每月阅读心理、管理或财经书籍一本，或者聆听相关音频或App；
	（2）主动参加付费学习，拓宽视野，提升格局；
	（3）参与角色扮演，练习好销售的十大基本功；
	（4）出席超越团队或公司的大型会议或培训。

附录六：超越体系创业平台活动量汇报简易微信模版

【10月26日数据】	当日	本周累计	本周目标
客户预约	0	0	15人
客户转介绍名单	0	0	5人
拜访客户	0	0	10人
递送建议书	0	0	5人
需求或成交面谈	0	0	3人
签单	0	0	2人
FYP	0	0	20000元
增员预约	0	0	2人
增员面谈	0	0	2人

展业心得：

附录七：夏笛主讲的十堂新人课程

第一堂课：《移动互联网+时代的微信营销》

如何运用微信营销让你的收入递增。微信玩得转，业绩倍增；微信玩不转，举步维艰。揭示微信吸引客户的核心秘密。

第二堂课：《顶尖销售高手的十大基本功》

这里不讲理论不玩虚的，是功不是理，从公司介绍，到微信礼仪；从产品讲解到促成成交；从建立信任到赢得转介绍……十大基本功，招招见效。

第三堂课：《打造五星级的“赢销”人生》

为何有的人生越走越顺，一赢百赢？职业生涯的四项修炼，心态决定一切！学历、长相、出身都是外在，只有拥有五星级心态才能打造五星级人生。

第四堂课：《家庭理财的十大真相》

如何在复杂的投资理财市场以不变应万变？如何让家庭财富保值增值？如何规避家庭理财的常见误区？活生生的案例，真切切的感受，早学习早避免走弯路。

第五堂课：《高效沟通技巧与人际关系艺术》

如何与人快速拉近距离？如何达到高效的沟通效果？如何与家人或同事建立更和谐的人际关系？五大要素、五大原则、五大秘诀，这是一堂体验课。

第六堂课：《性格分析与职业规划》

“DISC性格体系”，不仅告诉你属于哪种性格类型，更可直接用问卷测试出你的性格中各种性格元素的占比。了解不同性格特征，掌握与不同类型的人打交道的技巧。人人可以被测试，部分来宾可以获得点评。

第七堂课：《NLP实用心理学基础》

面对困难，为什么有的人逃避，有的人勇敢面对？团队管理与人际关系，为什么有人一团糟，有人得心应手？成败由我不由天，谁在主导“我”？NLP十二条假设前提，条条威力无穷。

第八堂课：《资源整合与AF人脉系统》

人脉就是钱脉，资源整合可以激发你的人脉宝藏，让你成为人际关系蜘蛛网的核心点，而AF人脉系统，可以让你客似云来，主动找你的客户源源不断。

第九堂课：《理财基本概念以及家庭财务需求分析流程》

哪些是基本的理财概念与规则，如何为客户提供整套财务需求分析？这堂课可以教你如何确定家庭保障的保费、保额及险种。

第十堂课：《解密友邦及友邦基本法》

透彻理解友邦的历史、文化与系统，讲解友邦的薪酬制度与培训体系，解读友邦基本法，揭示在保险公司为何要打造一支团队，以及人才引荐的基本流程。

附录八：超越体系创业平台的人才引荐系统

1.人才引荐渠道。

客户、微信好友、缘故（朋友）、所在社区、各类社团、转介绍等。

2.面对人才引荐对象自问的四个问题。

（1）我相信他吗？

（2）我喜欢他吗？

（3）他有可教性吗？

（4）他能融入我们的团队吗？

3.我们要寻找哪些人。

（1）事业发展遇到瓶颈的优秀职业经理人。

（2）工作付出与收入不成正比，为此正苦恼着的中高层管理者。

（3）工作繁忙、无法照顾家庭的已婚已育女性。

（4）曾经很优秀的职业女性，回归家庭多年后想重出职场，再战江湖。

（5）销售精英，热爱销售，正在寻找更大的发展空间。

（6）私营企业主，企业已经稳定，不用过多亲自打理，想建立第二个永续的事业发展平台。

（7）私营企业主，企业因各种问题处于艰难维持中甚至濒临转业，正在想第二次创业。

（8）在职或曾任职律师、医生、教师、会计师、审计师等专业人士，想换一种活法，在金融行业谋求发展。

（9）各家机构的义工，充满爱心、乐于助人，热心公益与慈善的人士。

（10）海归派，有多年留学或工作背景，看好国内金融保险钻石时代的大发展趋势，愿意到世界500强的跨国公司大展身手！

4.人才引荐概貌——物色天生适合这一行的人。

软性指标	①诚实正直、自信，以目标为导向； ②爱学习，具有可教性； ③渴望财富； ④有客户市场或有开拓客户市场的意愿与能力； ⑤相信保险； ⑥有责任感； ⑦良好的自我形象； ⑧同理心； ⑨喜欢与人打交道，沟通能力强； ⑩拥有美好的笑容。
硬性指标	①25岁—50岁； ②大专学历以上，本科以上优先； ③已通过公司CC测试，拥有保单者优先； ④已拥有优质准客户； ⑤通过公司三轮面试； ⑥参加公司或团队至少两次活动。
不能引荐哪些人	①缺乏活力； ②缺乏自己的客户市场或者没有开拓客户市场的意愿； ③有个人的问题，例如：酗酒、酗赌、太懒等； ④财务纠缠，近乎破产； ⑤长期的健康问题； ⑥对钱财毫无兴趣。

夏笛心语

我写每一篇文章时，我都会问自己：当有新人加盟我的保险团队时，这些是不是我最希望跟他们分享的内容？

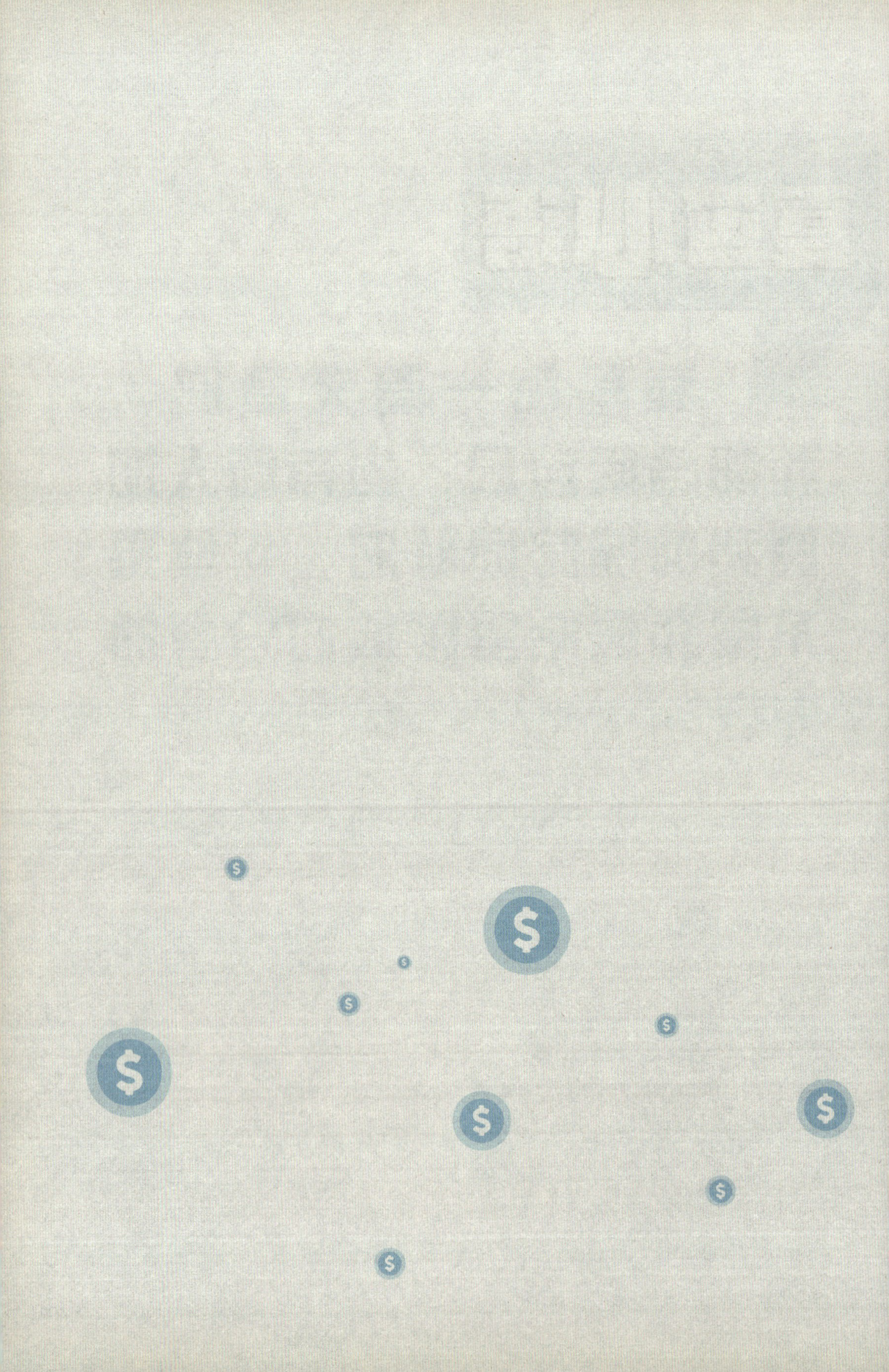

Chapter 5

第五章

家庭理财篇

一、保险是什么

有时候，最简单的问题最难回答，就像在书法中，最简单的字反而最难写一样。

如果有一天，客户让你演绎一下保险是什么？你如何回答得简单明了又入木三分？

我认为郑荣禄博士对“保险是什么”的解读深入浅出，通俗易懂，可以成为保险新人入门必读之经典之作，经郑博士同意，我把他的这篇演讲全文收录于此。

保险是什么

1.保险是一种科学的制度安排。

实际上保险制度是建立在大数法则基础上来应对人类所面临人生风险的制度安排。这种制度安排能够带来人类心灵上的祥和与安宁。怎样理解制度安排和非制度安排的差别？我这里解释一下二者关系：

在现代社会中，人类整体上面临着生老病死残各种风险。如果你是30岁、40岁的人，回忆一下你所认识的同事、朋友、亲戚中有没有人得过重大疾病（癌症）或者碰到重大伤害（车祸）？我相信90%甚至100%的人回答都是肯定的。这证明人类的风险是必然的。那么人类如何用一种最科学的制度来解决必然要面对的人生风险？——保险制度是“唯一”的科学解决办法。我们除了保险制度以外找不到第二种办法解决这个问题。

社会上经常会碰到这样的事情：一个人患了重大疾病，花50万医疗费就能把疾病治好，单位组织大家募捐。募捐这种做法不是一种制度安排，而且会带

来很多副作用。但是如果用一种制度安排，就是指在这个制度内自然会解决这些问题，情况就不同了。

我经常说：**“如果没有保险制度，会让没有面临人生风险的人也会造成财产损失。”**这句话很多人可能理解不了。比如你有100万现金，你是平平安安的，没碰到什么问题，但是也会有财产损失！为什么呢？

想象一个现实，如果你最好的朋友或者最亲的亲人里面，有一个人患了重病或者发生意外，需要100万现金，周围这几个朋友或亲人知道你手头有100万现金，只有你拿出100万现金来才可能解决问题。这100万虽然是你的多年积蓄，但是我相信很多人最后还是选择拿出来，至少会拿出一部分。所以说如果没有保险制度，任何人都会造成财产损失。因为你碰到的不只是你面临的人生风险，别人面临的人生风险都可能让你财产损失。但是，如果用保险制度来解决的话就不会。

所以，我的观点是除了自己要买保险，还要让身边所有的人买保险，才不会造成自己的财产损失。大家一定要相信：保险在市场经济最发达的国家存在了几百年，有理论基础和现实基础。

2.保险是尊严，是爱与责任。

尊严也好、爱也好、责任也好，在现实当中是比较抽象的东西。但当这些与保险产品功能相结合的时候，尊严、爱与责任都是很具体的。

我同样举一个例子：如果一个普通家庭中有人得了重大疾病，到医院以后医生的结论是：这是用现代医疗科学完全可以治好的疾病，但是医疗费用至少是50万。

不同的家庭面临这种情况做法是不一样的：要么是付不起50万放弃治疗；要么是借债治疗；要么是用家庭储蓄来治疗（假设你的家庭有100万储蓄）。无论用上述哪种方式治疗，当事人都会失去尊严。大家想想，如果当事人靠很多人捐款治疗，或者靠亲戚借款治疗，或者用家里给小孩子读书的费用治疗，或者用家里准备改善住房条件的款项来治疗，作为当事者躺在病床上肯定会想：我怎么那么倒霉，我得了一场病要向那么多人借债，或者要把全家人十几年的努力化为乌有！他会在一种愧疚和没有尊严的精神状态下接受治疗。反过来如果你是通过保险制度来解决高额的医疗费用，那你在医院里会非常乐观地接受这个事实，并庆幸现代医疗科学技术可以解决这个疾病问题。通过保险制度可以解决你的财务负担，让你生病都有尊严，这就是有保险制度和没有保险制度给你带来的巨大差别。

对一个老人来说也是一样。如果在年轻的时候做了保障规划，而在年老的时候能够按照自己年轻时的规划，拥有足够的养老金过上高品质的生活，而不给子女带来负担，这也是一种尊严。更不用说为了家庭成员做好人生风险规划，万一发生一些不可避免的灾难时，还能让子女和配偶维持高品质的生活。这就是保险制度以及保险产品能够带给人们心理层面的影响，我们叫作祥和与安宁。**世界上可以用钱来获得祥和与安宁的只有保险制度，因此我反复强调保险制度是唯一科学的解决方案，你想不出第二个解决方案。结合人类文明爱、责任与尊严仔细思考，你会发现保险产品是那么不可替代。**

3.保险就像是最讲信用的“活菩萨”。

“菩萨”大家都知道，很多人为了祈求平安去烧香拜菩萨，特别逢年过节去拜的人更多。拜菩萨实际上就是祈求心理上的安宁。

最讲信用的“活菩萨”呢？如果我们今天不谈保险，面对一群喜欢拜菩萨的人，我说：“各位朋友，我发现世界上有一座最显灵的‘菩萨庙’，我带你们去，你只要每年花5000或者1万元拜这个‘菩萨’，这个‘菩萨’一定讲信用会显灵，保证你这辈子几十年遇到‘9 · 11’的时候、遇到地震的时候、遇到飞机失事的时候，都能死里逃生，同时也不会得重大疾病。这是最显灵的‘菩萨庙’了，你愿不愿意去？”我相信那些虔诚的人肯定都愿意去，只不过不相信有这种地方而已。

保险公司就是这个地方，你每年向保险公司交一定的保险费，等于“保护费”，保险公司保护你不会出事情。为什么说最讲信用呢？如果保险公司没有保护好你，违约了，会有几十倍、上百倍的“违约金”给你。因此，可以很简单的理解为保险制度就像是最讲信用的“活菩萨”。

4.保险是一个大慈善。

我最近跟很多朋友交流，自己为什么从踏进保险业以后就深深地爱上这个行业，而且不愿意离开？因为我一直觉得保险是一个大慈善，保险公司特别是人寿保险公司是一个最大的“慈善机构”，而且也是最让人信得过的“慈善机构”。社会上很多人讲到做慈善的时候都愿意，但是讲到买保险的时候又都很抵触。其实保险也是一个大慈善，而且比一般的慈善机构还有更多的功能。为什么这样说？虽然我没有对慈善制度做全面的研究，但是我知道慈善机构需要具备的两个特点，保险机构也都具备了。

（1）慈善机构要能够募集到足够的资金，还要使得资金安全、透明、保值。

我们有时在看电视慈善节目的时候，很多人心里都有一个想去做慈善的念头，但是都没有真正去行动，因为大家不知道钱往哪里去。即使你在街上看到有这样的慈善机构，又担心他是骗子，你没有办法保证这个资金是透明的、安全的。

（2）慈善机构要能够把资金真正资助到你所愿意帮助的人手上。

这是所有慈善机构必须解决的一个问题。我们经常看到类似新闻，如果哪个机构公开说有多少亿的资金要资助，可能会有四面八方的求助来信。你坐在办公室里说该资助谁，不该资助谁，这样肯定会犯很多错误。所以想一想，大家就会知道做好慈善真是很不容易的。

我曾看到报道，步步高的原总裁段永平接受一个采访，他讲了一句话：“赚钱难，如何把钱花出去更难！”慈善机构也一样，募钱难，但是要把钱真正用出去更难。巴菲特和比尔·盖茨都是慈善家，你就理解为什么巴菲特把钱捐给比尔·盖茨。巴菲特是绝顶聪明的，他年纪大了，有一大笔财富要做慈善，就面临一个问题，到底这笔钱如何如他所愿地做慈善？这是一个非常重大的问题。后来他想出绝妙的方法，把钱给了比他还有钱的人。巴菲特把钱给比尔·盖茨后就解决了做慈善要解决的问题：安全性问题，比他更有钱的人不会把钱乱用；有效性的问题，比尔·盖茨因为年轻又热衷慈善，经常满世界跑，他知道哪个地方需要钱帮助。所以巴菲特解决了这个问题。

这样看来保险制度多么像“慈善机构”，而且它的范围比慈善还广。它通过交保费的形式筹集资金。保险资金的应用、收益以及理赔受到国家监管部门最严格的监管，而且这个规则是公开透明的，任何人都不能挪用这笔资金。所以保险制度具备慈善机构的特征，涵盖范围最广。保险公司拿出去的钱都是给客户满期给付和理赔金。我们很多客户说：我们交了保费没有理赔到就是不合算的。实际上如果你买的是保障性的保险，交了保费你虽然没有理赔，但是你的这些钱给了最需要帮助的群体。保险机构有一套严格的制度保证每个理赔都是真实的，保证这些款项及时送到需要救助的人手中，所以每个人购买保险其实都是在做慈善。保险比慈善还多一个功能，你如果购买后，当自己碰到困难时还会得到保护。

随着国民经济的发展和金融保险业的进步，保险产品越来越成为人们生活中重要的金融工具，我们需要正确认识人寿保险，并善加利用保险——这一人类最伟大的发明之一！

作者简介：郑荣禄博士毕业于复旦大学，获经济学博士学位后留校任教于国际金融系，美国哥伦比亚大学访问学者，曾任多家大型保险公司高管，现任前海中领国际管理咨询有限公司董事长，香港金融管理学院院长。

夏笛心语

一百个人对“保险是什么”就有一百个答案，深刻地理解了这个问题，我们在客户面前才能有效地解读。

二、旅游与买保险，都要趁早

你的梦想清单

这么多年来，我在不同的场所讲课，在调查梦想这一环节时，不同的朋友自然有大大小小不同的梦想，例如别墅豪宅、名车跑车、收入职位、写书演讲、家人安康、幸福家庭、儿女成才、回馈社会等等，不一而足。而其中有一个梦想，几乎都会出现在大家的梦想清单上，那就是：环游世界！

只不过有人打算把实现目标的时间放在退休以后而已，或者是“等怎么怎么后”再去旅游，例如等某个项目成功后，等公司上市后，等赚了大钱之后……特别是男性，具备这种心态的比较多。你见过一群女性朋友相约去旅游的，但极少见到一群男性朋友相约一起去旅游的吧！

旅游的最佳时机

我们去旅游，特别是带孩子去旅游、带老人去旅游，一定要趁早，45岁之前是最佳年龄。

孩子在幼儿园阶段，或者在小学的低年级阶段，是带他们出去旅游的最佳时机。一旦等他们到了初中或者高中，不是不可以，而是他们的学习任务加重了，或许没有那么多时间和闲情出去玩。而且学生放假期间，避开旅游高峰期也不容易，风景区到处都是人山人海。

孩子大了，学业也重了，不想跟我们玩儿了，即使出去玩，孩子们也可能和我们有了代沟。在青少年期他们更希望跟同学们一起玩，很多学生是以夏令营、冬令营的形式出去旅游。

我们中国人大都很有孝心，孝敬父母的最好方式就是陪伴，带父母出去走走，是很好的报答方式之一。我们这一代人的父辈出身于40年代、50年代，经历过物质特别匮乏的时代，大多数都非常节俭，舍不得花钱。特别是舍不得出国旅游。

老人家希不希望出去走走呢？其实大多数老人家还是想去看看世界。

带老人出去旅游的最佳时间是他们在55岁到65岁之间，这个时间段，是我们陪伴老人的最佳时机。这个时候我们在30~40岁之间，有了一定的经济基础，事业小成。等老人家65岁之后，再带他们出去旅游相对就比较辛苦了。过了70岁，还要提供体检报告才能坐飞机啦。如果你的父母，年过了70岁，身体还非常健康，那当然非常好。

即使我们自己出去旅游，也希望在能吃能喝的时候出去旅游最好。而不是这也不能吃那也不能吃，上个山坡都会很累的时候再去，那样你享受风景看世界的心情，就会大打折扣。如果罹患一些慢性病，那就更加麻烦了。多吃蔬菜、水果等清淡食物；少吃海鲜、肉类、动物内脏等高脂肪、高胆固醇食物，似乎是对所有亚健康者的忠告，可这样还哪有心情享受天下的美食？

由于工作的原因，我这20年以来，公司奖励了我们去国内外的很多地方旅游。我们家人每年也有一到两次的国内外旅游，我对自己的期许是在55岁之前我们能够环游世界。60岁之后，也会出去旅游，可日程不会安排得那么紧了。

买保险与旅游一样，一定要趁早

近三年来，我接受很多老客户递交加保申请时，被拒保的概率很大。其中一位刘先生（化名），48岁，我们认识15年了，早期象征式的在我这里买了一些重大疾病保险以及住院保险，还办过几次理赔。

前不久他递交加保申请，因为有某种病史，就被我们公司直接拒保了。坦率地说，我们这一批45岁以上的人，属于很容易被保险公司拒保的一个群体。等他们想通了需要追加买保险的时候，许多人却不能再买了。

有一位大学校友曾经诚恳地对我说：夏笛，等我赚了大钱了，一定跟你买一份大单。我只能呵呵了，因为**“保险不是你想买就能买的”**。

2018年底，我自己加保时，因为某一个健康指标在临界点，差一点需要加费才能承保。幸运的是，最终我还是以标准件承保了，这件事让我倒吸了一口凉气。

很多朋友告诉我：“夏笛，我买了很多保险，已经买够了。”什么叫“买够保险”？保险公司认为你不能再买了，无论是保额，还是保费，已经到了买保险的最大值了，这时候就表示你买够保险！

你应该有一些东西，即使你现在并不是很想要；当你很需要它的时候，你就可以用了。准备好了不需要，要好过需要时而没有准备好。例如：**灭火器、家里的必备药，还有保险。**

保险可以一生不用，不可一日不备

没有做好保险规划和旅游规划，是经济能力还是观念问题？之所以你没有把旅游排上日程，是你觉得可有可无，等你什么时候发达了再陪家人出去走走？这纯粹属于观念问题。

而人生往往不能等，今日不知明日事，享受人生要及时。做保险做久了的人，特别豁达。看多了生离死别，办了不少理赔，如同医生一样，早已习惯，所以更愿意享受人生。“人生得意须尽欢，莫使金樽空对月。”合理的享乐主义并没有错。

人生最大的谎言就是等我今后到了什么地步之后才开始享受人生，其实是你忘了奋斗过程中也可以“自得其乐”。

大多数人不去旅游的真实原因不是没有钱，而是觉得旅游不重要，就像买保险，不是没有钱买保险，而是觉得保险不重要，不划算，不急着买。

其实无论是保险的钱，还是旅游的钱，都是可以省出来的。我所认识的一些企业主，他们的钱是足够去旅游或者买保险的，但却偏偏没有这样做。而外企的高级白领、金领相对来说就比较会追求平衡人生，一方面因为他们拥有稳定的收入，另一方面就是他们的人生观、价值观、消费观更重视生活多一点。

钱从哪里省出来呢

你会问我：你说得这么轻松，钱究竟从哪里省出来呢？

从消费观念里面省出来。中国目前依然属于快速发展的发展中国家，面子消费占了很大的比例，凡是要面子的地方，就舍得花钱。面子足的更舍得，就像国外的人对手机的更新换代，没有中国人那么快一样。

而买保险可不是面子问题，而是“里子”问题。区分“想要“和“需要”，适当减少一两个奢侈品的包包和控制网购买买买，这些都是可以通过性价比更高的方式将财务更合理地运用且不影响生活品质。

从风险系数高的投资中省出来。你想一想，错误的投资让你亏了多少钱？买股票，合伙做生意，钱借给别人还没还，甚至还有把钱放在银行一动不动让它贬值，还有创业亏的钱……都足够你买很多保险，也足够你去很多地方旅游。

从“不合理的资产配置而少赚的钱”中省出来。因为你没有做好合理的资产配置，让你的资产缩水了，不是亏，是少赚。通过合理的资产配置而赚来的钱，足够你去旅游或者买保险了。

举个简单的例子吧，因为你没有在房价低的时候购买房子，而后来你购买房子多付出的30万、50万的投入，足够你买很多保险，也足够你去几次欧洲游。

趁早买保险的核心理由是：要提前规划安排人生。

趁早去旅游的核心理由是：要活在当下享受人生。

买保险的最高水准是买到不能买为止

及早转移风险，趁身体还好的时候，把保额买足。一旦身体发生了变化，想买保险都来不及了，保险是唯一的你拥有足够的钱但却可能买不到的一种特殊商品。

因为每一份保单，都需要通过两种核保。一种是健康核保，就是身体出了状况会导致健康保单核保通过不了，你有钱保险公司也不让你买；另外**一种是财务核保，**就算你缴得起第一年的保费，如果你买的保额超过你的赚钱能力所对应的保额，或者保费预算超过了你的年收入所能承受的范围，保险公司也不会卖这份保险给你的，即使你身体健康也不会卖给你！

保险公司不是慈善机构，它是一个商业机构，不做亏本的生意。所以我们一定要在自己身体健康的时候把保险买到位。

保险公司的险种推陈出新，更新迭代，貌似一年比一年好。其实，再怎么好，也不如你年轻的时候买保费那么便宜，也不如当风险来临的时候，保险已经为你承担了高昂的治疗费用那么划算。

我在建议客户买保险的同时，常常顺便建议他们多陪家人一起出去旅游。出去旅游，是加深与家人感情的好机会。一起去过的山山水水，会永远留存在家人美好的记忆当中。

夏笛心语

中国的保险行业与旅游行业都属于朝阳行业，随着经济越来越发达，文明程度越来越高，人们对保险、对旅游的需求就越来越旺盛。

三、防骗必读：捂紧你的钱袋子，远离投资理财的陷阱

豪宅之约

2018年夏天，我接到一个电话："夏笛，我是刘小强（化名），好久不见，你来我新开的会所看看好吗？我介绍一个大老板给你认识一下！"

刘小强是我认识十来年的朋友，曾经还是我的客户。十年前他关掉了小本经营的装修公司，改行做"消费金融"新生意模式（就是通过消费返现还可赚取收入的那种），一时做得风风火火。那家公司鼎盛时，曾经在佛山召开过5000人的大型论坛，但由于某些原因，最后还是被查封了。

我对这些东西一直不感冒，更不会参与。事后我只听他说：这个事情本来很好，但是树大招风，上级部门不批准。

老朋友邀请，我当然没有直接拒绝，毕竟他曾经信任过我，还给我介绍过几个客户，见见面还是应该的。

我赴约来到他所在的会所，是郊区的一栋别墅。别墅院子里停了两辆宝马和奔驰，看起来到了不少高朋。

别墅大厅里坐着五六个中年男女，大家一起喝喝茶，吃着点心，聊了一下彼此的职业。有以前在粤剧团做演员的，有正在开餐厅的，其中有位矮胖的女性还是某大学教授呢……看起来可都是有经历有身份的人物。

别墅大厅的落地玻璃窗外面，是一个很大的院子，院墙之内郁郁葱葱。进门后车道左手边是一个高尔夫球练习场和半个篮球场，车道右手边是一个游泳池，泳池旁边还有一个亭榭，里面是喝茶的地方。这么看来，屋主的品位似乎也还不错。

一帮人聊了半个多小时，小强所说的大老板终于出现了。他刚刚健完身，从楼上缓缓走下来，神清气爽，修长挺拔的身材，50岁左右模样。坐下后，我请教了他的职业，他说目前正在做“投资理财”。

我眼前一亮，以为遇到行家，投资理财？无非是证券、银行、私募、炒房，或者投资公司吧。我是国家高级理财规划师，对投资理财的工具、形式、渠道及未来经济形势，还是很有兴趣一起切磋的。职业本能，让我不断探索下去。

然后他开始讲故事，讲他从前是开工厂的，生产牛仔裤，实业如何不好做，生意如何萎缩……

一年前，他们夫妇了解到来自东西亚某国家的XYZ（化名）的生意，老板后台很大，跟他们总理出访过中国。此模式进入中国市场三年，火了三年，他太太先试水的，现在周薪已2万，比实业强得多，所以他的工厂已交给别人打理。

这时候，又来了一对夫妻。看到来宾基本到齐，刘小强推出一块准备好了的大白板，为“大老板”递上白板笔。

大老板在白板上边画边讲XYZ这个生意的赚钱模式，显然他非常熟练，环环相扣，逻辑性很强，板书很清晰。

“投资3.8万，再发展两个代理，每月派息，一年拆分一次，年化收益率高达72%”。这就是XYZ生意模式的精髓。

这种故事，这20年我在广州不同的场合听了不下30次。平均每年有一两个人向我兜售这种暴利模式，产品不一，模式各异，核心在于：参与者先要缴一笔钱，几千元至几万元不等，也有一次投资80万的，再发展2~3个下线（代理），然后坐等发达，月薪5万至50万，甚至月薪可达100万。

每次我听到这样的赚钱模式的时候，我脑袋里面思维就自动熔断，我根本听不下去了。我表面还在点头，人却神游……“资本运作、钱生钱、把握先机、拆分盘、上涨、绿色经济……”我实在受不了，提前告退了。

我对这些暴利模式有自动的免疫功能，首先要感谢我的父母，从小教育我不要贪，要勤劳致富；其次可能与我读过的书、交过的朋友和经历的事情也有关系吧。

走上社会，首先要学一堂“防止财富流失”课

活在世界上，特别是走上社会后，谁要说自己没有被骗过，那简直是神。我们都是在被骗中长大的。

被骗肯定不是一件好事，能够防止就要尽量防止，损失的是财务，受伤的是身心。把受骗当作一件好事，显然有点“过度鸡汤”。

当你口袋有2000元闲钱的时候，你就要防止财富流失。

先看看这个公式：**净收入=纯收入+财富流失**

一个人纯收入再怎么高，结果口袋里没有多少钱（净收入），说明财富流失太大。举例，你一年的年薪20万，到年底还欠信用卡5.5万，这中间到底发生了什么呢？

从你拿工资的第一个月开始就要防止财富流失，防止财富流失是一辈子的事情。

好不容易在银行存点钱，因为一场病一场意外，把钱送给医院，这是财富流失。你所见到的“轻松筹”，他们原本是可以通过投保健康保险来规避的。

过度消费，狂买乱花，“豪”无节制，这是一种财富流失。“卡奴”，高消费主义者，死要面子活受罪的人，月光一族，大抵如此。把钱借给别人，种种原因，人家还不了，这是财富流失。赌博输掉，也是财富流失。“被骗”，更是财富流失。被骗的根本原因在于“过度贪婪”与“轻信他人”。贪婪与善良是人的天性，但一旦过度，就是错误，需要用“智慧”来把关。

请你闭上眼睛30秒，回顾一下自己“被骗的经历”，是不是每一件都与“贪”与“轻信”有关？

赌博输掉，不算被骗，因为你明明知道那只能靠运气；炒股即使亏得一塌糊涂，只要是自己操盘的，也不算被骗。因为“股市有风险”，只是你抱着侥幸心理才会越亏越多。

如何防骗是一个很大的话题，简直可以写一本书。这篇小文，只谈谈像我这样的普通人，如何防止被骗，避免财富流失。

非法传销的本质

我们这个行业，整天跟人打交道，会遇到形形色色的人。

遇人不淑，是被骗的起点。

有人主动约见我们，而且很熟悉，我们一般不会拒绝。正因为如此，很多人甚至不法分子，盯上了我们保险行业的伙伴，特别是那些定力不足的伙伴，容易被诱惑，错误投资，甚至导致改行。

网络时代，特别是这几年的微信时代，我的微信朋友圈，几乎每两到三个月，就有人邀约我进不同的财富群、项目群，或者在朋友圈开始发一些类似传销的东西。也就是说，平均每两三个月，就至少有一个人会中招。

每个人心中，都有贪婪的部分。当这种贪婪，被激活与放大的时候，威力是巨大的，几头牛都拉不回，很容易让人走火入魔，甚至六亲不认。这也是为什么非法传销长期存在、屡禁不止的原因。

市场上有很多合法的直销公司，他们本身在中国持有牌照，国家政府认可，经营模式规范，这样的公司，不在我描述之列。

其实我判断生意模式是否属于“非法传销”，有一个很简单的标准，就是是否鼓吹“暴利”？是否鼓吹“不劳而获”？

暴利的来源很简单粗暴，就是你要交一笔钱，有没有产品不重要，随后发展两到三个下线（代理），然后坐等发财致富。

非法传销的四件外衣

为什么这么多人被诱惑，误入歧途？因为它披着四件外衣。

第一件外衣，就是产品的外衣。

他们的产品“非常好”，功能很强大。如果是保健品，往往包治百病，无所不能。很多日常用品，很容易被传销公司所利用。日常用品，反正每个人都要用，自己既要用，又可赚取高收入，何乐而不为？一般就是这套理论。

第二件外衣，就是标签的外衣。

他们会套用很多新词汇作为自己的标签。什么国家扶持项目、连锁经营、电子商务、消费返现、会员制、微商、资本运作、投资理财……这些名词本身没有错，但是一旦被非法传销分子贴为自己的标签，就是挂羊头卖狗肉。

万变不离其宗，即使改头换面，我们一定要有一种透过标签看本质（模式）的能力。

第三件外衣，就是合法的外衣。

有些公司往往本身就有直销牌照，非常有实力，有很大的厂房，董事长名气很大，是国家级名人，拿到很多国家级或国际级荣誉。

这些名气很大的公司，由于监管不力，你甚至对遇到的这个人是不是真的是那家公司的，这个人讲的模式是不是这家公司允许的模式，也不得而知。

这种模式要求交纳巨额的代理费，进行囤货，层层囤货，层层抽成，产品本身只是媒介，销售产品不是目的，这其实是一种伪金融，变相非法集资。

第四件外衣，就是名人的外衣。

标榜着一些德高望重的专家，影响力很大的一些企业家、明星等，为他们站台。你根本无法判断这些名人是真参与还是假参与，无从考证。

我曾收到一个资深注册会计师的来电："这个项目，是中国知名企业家某某参与的，是引进外国的经验刚进入中国的，保证每年投资回报率80%以上。"当我听到这样的数字的时候，第一反应就是不对劲。我也根本不会去考证这个知名企业家是否真的参与，就算他真的参与了，那又如何？

高收益陷阱

上面讲的都是传销暴利诱惑，还有一些"高收益暴利诱惑"，例如臭名昭著的庞氏骗局、隐藏很深的非法集资、包装成投资产品的超高利率产品……无论什么样的产品或模式，一旦告诉你，它有超乎寻常的收益，年化收益20%以上而且保证100%安全，你就一定要打上一个大大的问号。

高风险与高收益一定是孖生兄弟，任何形式的背离都是很危险的。例如，在我们保险行业，如果有保险营销员告诉你：分红保险，未来预期的收益一定比高档的示范表还要高！如果有保险营销员告诉你：万能保险，年化收益保证在8%以上。如果有保险营销员告诉你：投资连结保险，投资账户的钱不会亏。那么，这个保险营销员要么在忽悠你，要么不专业，你要万分小心。

理财类保险的真相是：**分红收益是不确定的；万能保险的保证收益率是没有那么高的；投资连结保险中的账户的年化收益率有可能是负数的。**

什么叫被骗？就是明明有风险的东西，人家告诉你没有风险，而你信了。明知有风险，而去做，就不叫被骗，那叫风险投资。

大家对传销与非法集资非常警惕，而一旦被“变相”，就容易中招。

避免投资失误、避免误入歧途（行业），你的人生会少走一些弯路，少受一些伤害。

无论是马云，还是雷军，他们都是脚踏实地，都是一步一个脚印，经过多年的累积，才成就了他们的事业王国。而不是靠发展几个下线，就可以建功立业的！

夏笛心语

人性当中，都隐藏着贪婪的本能，我们尽量要把它转化为：劳动致富、多劳多得、不断进取，而不是把它转化为：追求捷径、一劳永逸、坐等发达。

四、购买保险的五个原则（问答篇）

购买保险的误区

保险的买法有千样百种。自从1993年友邦保险把保险营销员制度引进到中国以来，这个行业的发展还不到30年的时间，保险行业依然属于年轻的行业。中国人的保险观念也一直在被培育，保险市场是一个不断发展、完善的市场。

很多时候，人们买保险都是一时兴起。或许是人情保单、原来购买的保险产品停售，或新的保险产品推出等等原因。这样的买法不够全面和系统，东买一点，西买一点，难免会有一些漏洞。

例如，常见的家庭保单误区如下：

1.健康裸体：买一堆理财险，就是不买健康险、医疗险，当因病住院时，发现得不到理赔。

2.保额短缺：只买了5万、10万保额，觉得保险有点就行了，一旦理赔，才抱怨保险赔得太少。

3.保险错位：只给孩子买，作为顶梁柱的大人却什么险都不买。那么，万一大人出了什么问题，谁来继续照顾孩子呢？

4.保险裸体：有社保就行，商业保险无用论。就拿社保当中的医保来说，很多疗效好、副作用小的进口特效药及其他特殊药品，医保都是不报的。

所以，我们要定期为自己的家庭保单做全面检查，查漏补缺，尽量让自己的保单更全面一些。就好比我们已经花钱买了伞，就要检查好伞的质量，有没有漏洞，够不够大，避免打着伞却还被雨淋着的窘境。

那么，如何购买保险？购买保险基本的原则和顺序是什么？如何确定自己的保费与保额？一年该拿出多少钱来买？保额定多少比较合理？

下面我将以一问一答的形式，跟大家分享我的基本观点。

买保险之五问五答

1.客户：买保险首先应该帮人买，还是先帮财产买？

夏笛：先人后财产，这是买保险的第一个原则。

很多家庭，为自己的爱车买了保险，为自己的企业、厂房、仓库、住宅买了保险，就是没有为自己或家人买人身保险。

是人值钱，还是车值钱的呢？是人容易受伤（生病）还是您的爱车容易受伤呢？

人，才是家庭中最宝贵的财富。如果人都没买保险，而先给车买了保险，就是本末倒置。但事实上，很多中国家庭，特别是有车的家庭，几乎100%的车主都为车子买了保险，而不一定为自己或家人买了保险，这就是一个很大的漏洞。

2.客户：帮家人买保险，是先帮老人买？先帮配偶买？还是帮孩子买？

夏笛：先帮经济支柱买，再帮次经济支柱买，然后帮纯消费者买，这是买保险的第二个原则。

一个家庭应该先为青壮年买保险，再为孩子和老人买保险。因为家里赚钱靠“劳力”，一旦“劳力”有闪失，家庭收入就会中断，而保险的一个重要功能就是“收入中断之后的补偿”——好比你给一台印钞机买了保险，即便机器出现故障，还有“保险”这台大机器保障你所需钞票的持续输出。

如果谁能保证自己这辈子没有意外、不会生病、不会老、不会死……当然

就没有必要买保险。

即使为家里的经济支柱买保险，夫妻两人谁赚的钱多，就应该帮谁买额度更大一些的保险，因为他（她）是家庭经济的主要来源。

中国的很多家庭还是习惯于先帮孩子买保险。这样的做法虽然爱心满满，但显然不合理。如果一定要帮孩子买，记得一定要附加豁免投保人保费的附加险，甚至还可附加父母双豁免的附加险，就是父母有一方或双方出现不测，保费就不用再交了，而保障继续有效。

3.客户：险种琳琅满目，如果我从来没有买过保险，我究竟应该先买什么类型的保险？

夏笛：A、意外险 B、住院保险 C、重大疾病保险 D、人寿保险 E、分红保险 F、万能保险 G、投资连结保险。按照以上顺序购买，这是买保险的第三个原则。

以上的分类有点简单粗暴，毕竟这里面有一些可能有交集的险种，甚至有些复合型的险种存在。例如，重大疾病保险与人寿保险就可以二合一，分红保险与人寿保险也可以二合一，还有更复杂的组合。我如此分类，购买者比较容易看得懂。

买保险要先解决保障问题，再解决收益问题。

保障是保险的主要功能，生老病死，风险转移，以上罗列A、B、C、D类的险种可以解决。收益是保险的衍生功能，教育金、养老金、备用金……以上罗列E、F、G类的险种可以解决。

在金融产品中，只有保险可以解决人身风险转移的问题，而追求收益回报的问题，很多保险之外的金融产品或投资也可以解决。所以，保险是解决人身风险转移问题不可替代的工具。

人的一生历程中，在退休之前，如果不出现大的意外以及大的疾病，人的赚钱能力是没有问题的。而一旦出现意外，人的赚钱能力就会遭受大损失，额外的医药费会让家庭的财富缩水，收入中断更让家庭状况雪上加霜，所以，保险先要解决家庭基本保障问题。

像意外险、住院险都不贵，一年几百元、几千元都已经可以解决很大的医疗基金问题，发挥较大的杠杆效应。如果家庭经济紧张，可以先购买意外险及住院险，或者配备足额的重大疾病保险，养老金或者教育金则可以迟一点再来布局。

4.客户：我究竟一年拿多少钱出来买保险比较合理？

夏笛：这就涉及买保险的第四个原则，确定保费的原则，我要慢慢道来。

家庭保费开支不能太大，以免有经济压力，影响生活品质；保费开支又不能太小，那样根本解决不了问题，因为买保险毕竟不是买来当摆设的，要有合理的比例。

我们现在讲一讲国际上通用的标准普尔4321家庭资产配置法则。大家先看以下这张图。

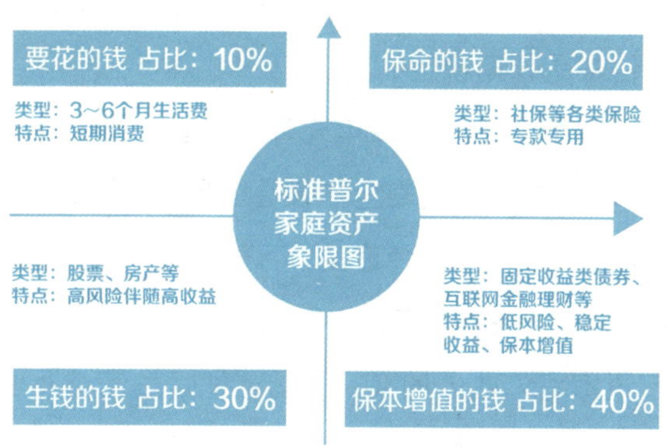

第一个账户是日常开销账户，“要花的钱”，一般占家庭资产的10%，是家庭3~6个月的生活费。

这个账户很好理解，就是随时可以拿出来用的钱。大都以活期存款或这宝那宝（货币基金）的形式存在，存取灵活，随时支取，以备不时之需。如果这个账户的资金放得太多，资金的运用率就不是很高。

第二个账户是杠杆账户，“保命的钱”，一般占家庭资产的20%。

这个账户保障在家庭成员出现意外事故、重大疾病时，可以获得赔付，有足够的钱来保命。

这个账户主要是由意外伤害保险、住院保险和重疾保险等构成，因为只有

保险才能以小博大，用小钱换大钱，平时不占用太多钱，关键时刻又有大笔可以用的钱。这个账户平时看不到什么作用，但是到了关键时刻，只有它才能保障您不会为了急用钱而去卖房、卖股票套现，或者到处借钱筹款。

第三个账户是投资收益账户，“生钱的钱”，一般占家庭资产的30%。

这个账户为家庭创造高收益，包括股票、基金、房产、企业、股权或者其他风险投资等。

这个账户关键在于合理的占比，要赚得起也要亏得起，无论盈亏对家庭不能有致命性的打击，这样您才能从容的抉择。

第四个账户是长期收益账户，“保本升值的钱”，一般占家庭资产的40%。

这个账户为保障家庭成员的养老金、子女教育金、留给子女的钱等。

这个账户一定要保证本金不能有任何损失，并要抵御通货膨胀的侵蚀，所以收益不一定高，但却是长期稳定的。

这个账户不能随意取出使用，每年或每月有固定的钱进入这个账户，才能积少成多。本账户保本升值，本金安全，收益稳定，持续增长。以债券、信托、养老分红险、子女教育分红险、基金定投、万能保险、投连保险等形式构成。

综上所述，考虑到以上的第2和第4个账户，保险在其中分别可以担当一定的角色，拿出不超过家庭年收入的30%来配置保障型保险及投资理财类保险，才能进可攻，退可守。

5.客户：什么叫保额？我该买多大的保额？

夏笛：这就涉及买保险的第五个原则，确定保额的原则。不是人家买多少我也买多少，随波逐流；更不是随心所欲，凭感觉购买。

首先解释一下什么叫保额？

保额，全称保险金额，是指保险公司为承担赔偿或者给付保险金责任的最高限额，通常是保险单上载明的保险金额。也就是保户缴纳一定的保费而获得一定的保额，同时也是计算保险费的主要依据。通俗地说，保额是出险保险公司所赔付给被保人或身故受益人的金额，也通常是满期时客户可以拿回的金额。

到底我们应该买多大的寿险保额呢?

第一个计算依据：理财先理债。

例如，有位客户先生，如果他欠银行200万，那么他的寿险保额一定要大过200万，当风险发生时，客户家里的房子才不会被银行收走，老婆孩子还有地方住。就是说你买的保额至少要覆盖你家庭的负债额度（一般指房屋按揭）。

第二个计算依据：留爱不留债。

你买的寿险额度至少是你家庭经济支柱年收入的3到5倍。举个例子：家庭主要劳力——夫妻的收入是30万，那这两夫妻的寿险保额至少要是90万甚至150万，这样家里的经济支柱有任何变故的时候，**赔付的额度可以维持家庭3到5年的生活，**让家庭维持以前的生活水平，不至于失去尊严。三五年后，家庭恢复元气，可稳定在一定的生活水平。

具体家庭具体分析

购买保险就是要在保费与保额之间取得一个平衡，谁都希望以最小的投入能换来最大的产出。如果你觉得按照以上的规划出来的保费预算超出了你的承受能力，你可以选择先买一部分，没有必要一步到位。无论是观念上，还是经济预算上，接受这套原则需要一段过程。

买不买保险产生的差异远远大于买多买少产生的差异。买多买少，决定赔得多还是赔得少；买和不买，却直接导致有得赔还是没得赔。买多买少是能力问题，买与不买则是眼光问题。

需要强调的是，以上购买保险的五个原则，只是购买保险的入门课。每个家庭的人员构成、经济结构不一样，所在单位的医疗福利不一样，已经购买的商业保险不一样，心理承受及风险偏好不一样，解决方案当然也不一样。

以上我的回答是以保障优先为前提，如果涉及教育金、养老金、资产传承、现金流管理、避债、规避遗产税、海外移民等，则需要具体问题具体分析，需要客户与保险营销员双方不断探讨、不断修正，才能提供出让客户满意的保险方案。

夏笛心语

购买保险，自行比较险种难免会有所遗漏与偏差，不如找一个经过严格训练且您足够信赖的保险专业人士帮助您分析。

五、家庭理财，首先要有比例意识

立场与比例

家庭理财是一个复杂的话题，很难有统一的标准。“家家有一本难理的账”，理财观除了跟人们的三观（世界观、价值观、人生观）息息相关之外，还会涉及人们的消费观、生活观、工作观。

所谓“观”，就是对事物的看法。

不同的人，有不同的“观”，世界上最难的事情就是改变一个人的“观念”。

就理财工具而言，银行存款及理财产品、保险、股票、基金、房产、其他高风险类投资等不同的工具，一百个人就有一百个观点。各大媒体充斥着对这些理财工具的预估、分析甚至争论，不同的财经专家、理财专家，站在不同的立场，拥有不同的知识背景与认知，各种五花八门、光怪陆离、自相矛盾的观点都有，即使都是大咖、专家……得出的结论也可能截然不同。

其中典型的观点有：房价今年还会升，房价今年会跌；股市今年会升，股市今年会跌；保险没有用，保险产品收益太低；基金不划算；银行理财产品收益太低；银行理财产品收益还靠谱；这年头现金为王；经济形势今年会很好；经济形势今年会很差等。

谁对谁错，如果你根据以上某个观点而做出单一的理财决定，理财失误将是大概率事件。

真正做了资产配置的人心态都较平和：

股市升，很好，股市跌，也好；

房价升，很好，房价跌，也好；

银行升息，很好，银行降息，也好；

买了保险，出了事，有得赔，没出事，更好。

这绝不是什么自我心理平衡，而是科学合理资产配置后的必然结果，也是财富保值增值后的自然心态。

风险对冲、风险分散、风险转移的资产配置法，既不会太进取，只追求收益最大化；也不会太保守，而导致收益最小化。而是收益平均化，不偏不倚，中庸之道，比上不足，比下有余。

如果在理财工具的选择上立场不清，最好的方法是在配置比例上做文章。

鸡蛋不要放在同一个篮子里

美国经济学家马考维茨（Markowitz）1952年首次提出投资组合理论（Portfolio Theory），并进行了系统、深入和卓有成效的研究，他因此获得了诺贝尔经济学奖。

任何合法的理财工具或值得投资的商品，都有一定的合理性。包括房产、黄金、外汇、定期存款、债券、基金、股票、保险、短期理财产品、P2P、PE、艺术品、红木家私、红酒、古董古玩等等，一定是各有利弊，没有绝对的好，也没有绝对的坏。

而鸡蛋什么时候放？放在哪几个篮子里？各自放多少？其安全性、流通性、增值性分别如何？都值得考量。

这几年上证指数一直在3000点左右震荡，很多人都蠢蠢欲动，会继续攀升还是下跌呢？究竟要不要入市？要不要追加投资股票？要不要逃离股市？人总是追涨杀跌的，股票上涨，开户和追加投资的人一定会越来越多，这就是人性。股票下跌呢，则反之。但是，这符合“低吸高抛”的炒股原理吗？

从股评专家及经济学家预测的记录来看，所谓预测大都以算命式的语言出现，捉摸不定，圆滑有余。不信，你可以翻阅任何一本财经杂志或期刊过往专家们对股市的预测，然后拿出之后真实的成绩单对比，都几乎“找不着北”。连对房价趋势的预测，也是如此。

如果你也真诚地承认看不清趋势，同样，最好的方法是在理财工具的配置比例上做文章。

家庭理财 让生活更美好

每一个人都在追求幸福的路上行走着。幸福，就是按比例生活。这个比例，就是“平衡”。比例不仅指财富，也指时间，甚至指感情。

合理的家庭理财规划，首先要解决一个资产配置的比例问题。

人生不要等，我们不知道何时离开这个世界，活一天，就该享受一天。把要规划的事情规划好，该花的钱要花，该存的钱要存，该投资的钱要投资。最好的理财规划是一个人任何时候离开这个世界，他都不会后悔。这与其说是理财规划，不如说是人生规划。

可口可乐公司执行总裁布莱恩-迪森曾经在一所大学的毕业典礼上讲道：“想象生活是一场双手不停地向空中抛掷5个玻璃球的游戏。5个球分别名为：工作、家庭、健康、朋友和心灵，你努力不让任何一个球落地。”而家庭的财务健康，是不让任何一个球落地的基础保障，一旦家庭财务出现危机，所有的玻璃球都会摔碎。

俗话说，你不理财，财不理你。所谓“理财”，其实就是打理好自己的收入与财产，实现人生各阶段的目标和梦想。理财的最高境界是财务自由。

财务自由，是指通过理财获得的现金流收入持续稳定，且远大于个人或家庭年总支出。说得简单一点：你躺在家里不动都能产生收入（被动收入），而且该收入远远足够支付你的总开支时，你就财务自由了！被动收入包括很多方面：存款利息、股票基金的收益、股权收益、保险的年金和分红、版税、房产租金收入等等。

完整的家庭理财，包括八大规划：**现金规划、消费支出规划、教育规划、风险管理与保险规划、税收筹划、投资规划、退休养老规划、财产分配与传承规划。**

家庭理财规划秉承六大原则：整体规划，提早规划，现金保障优先，风险管理优于追求收益，消费、投资与投入相匹配，家庭类型与理财策略相匹配。

说得接地气一点，就是您每年的税后收入是按照什么比例来进行分配的？消费、储蓄、投资、保障各占多少比例？其中每一部分中选择的理财工具比例又各占多少？

理财的关键

以两个总收入完全一样的工薪家庭为例，善于理财与不善于理财，假以时日，会导致两个家庭总资产相差数倍。比如身边的实例，十年前两个家庭都平均年收入30万，善于理财的家庭资产目前已突破1000万，而不善于理财的家庭资产目前只有200万。而往后的时间越长，差别会越大。

你的家庭财务是健康的吗？例如，最常见的不健康的理财做法是一个家庭资产的百分之八十都集中在股票，或者百分之八十以上都集中在房产，或者百分之八十以上都集中放在银行，或者不欠银行一分钱、毫无负债，这些做法都很冒进，“月光一族”当然也属于冒进的一种。

理财组合比例比理财工具更为重要，理财纪律比理财技巧更为重要。理财工具、理财技巧都是技术层面的问题，而理财组合比例、理财纪律是观念、意志力、原则、眼光和格局层面的问题。

结合我的实战经验，以下我给出一些书本上比较流行的理财理论中的比例数字，再加上我的个人调整建议，供大家参考。

资产配置中的理财工具比例

1.从每月净收入角度分配的4321法则（标准普尔版本）。

家庭每个月的总收入，扣除每月的房贷、车贷以及生活所有必要开销之后，按照以下比例来分配：

要花的钱，用于短期消费，占家庭净收入的10%。大都以活期存款或这宝那宝（货币基金）的形式存在。

保命的钱，用于风险转移，占家庭净收入的20%。这个账户主要是由意外伤害保险、住院保险、重疾保险和人寿保险等构成。

生钱的钱，重在获得高收益，占家庭净收入的30%。这个账户主要由股票、基金、房产、企业投资、股权、投连保险，或者其他风险投资等构成。

保本的钱，重在安全、稳定和长期性，占家庭净收入的40%。这个账户以定期存款、债券、信托、养老分红险、子女教育分红险、万能保险等形式构成。

2.从每月总收入分配角度的4321法则。

家庭总收入的40%用于供房及其他方面投资。除房贷车贷外，其余可以作为各类投资，含房产、股票基金、非保障类的保险（分红保险，万能保险，投连保险）以及各类风险投资等等。

家庭总收入的30%用于家庭生活开支。衣食住行、孩子教育、休闲旅游、赡养老人、夫妻继续教育等方面的支出。

家庭总收入的20%用于银行存款，货币基金（宝宝类）以备应急之需，要包含3~6个月的生活费。

家庭总收入的10%用于保险。主要是由意外伤害保险、住院保险、重疾保险、人寿保险等构成。

3.80股票投资法则。

股票等权益类金融资产占家庭可投资资产的合理比重等于80减去你的年龄，除以100。

比如，30岁时股票等产品可占家庭可投资资产的50%，就是说在30岁时可以用50%的资产投资股票，其风险在这个年龄段是可以接受的，而在50岁时则投资股票占30%为宜。年纪越大，股市里的钱的比例要逐渐减少，一颗老心脏，受不了大起大落啊。

假设一个年龄40岁，拥有500万可投资总资产的人，其股票资产不要超过200万。

我个人认为以上这个股票比例，显然过高。如果是我来修正，我觉得把以上公式，再乘以60%比较合理。股票等权益类金融资产占家庭可投资资产的合理比重等于80减去你的年龄，除以100，再乘以60%。即假设年龄40岁，拥有500万可投资总资产的人，股票资产不要超过120万；假设年龄60岁，拥有500万可投资总资产的人，股票资产不要超过60万。

4.家庭保险双10法则。

家庭保险设定的寿险额度应为家庭年收入的10倍，保费支出的适当比例应为家庭年收入的10%。理财规划中关于保险的双10原则，是通行的国际惯例，已经写在国家级理财规划师的教科书中了，即拿十分之一的年税后收入，购买年税后收入10倍的寿险保额。

按照这个比例，年收入50万的家庭，应该拿出5万的保费，买500万的寿险保额。

这个比例在现实中操作起来几乎不可能，主要原因预算年收入的10%几乎无法购买10倍家庭收入的终生寿险保额，除非购买短期的定期寿险。

多年实践经验告诉我，结合客户对保险的重视程度、对风险的心理承受程度、不同被保人的年龄，**拿出年收入的15%左右，购买年收入5倍的寿险保额，更具有可操作性。**关于如何确定保额与保费，建议阅读《购买保险的五个原则》。

按照这个比例，年收入50万的家庭，应该拿出7.5万左右的保费，配置250万的寿险保额。

读者不妨马上用这两个比例，来自测一下自家的保险预算和寿险保额，是否合理。

5.房贷31法则。

每月房贷负担金额不要超过家庭月收入的三分之一。银行在发放住房借款时考虑家庭负担也是用这个标准来衡量，这样，每个月还贷才会轻松，不会影响生活质量。例如家庭月收入3万，房贷就不要超过1万。

疏通客户的观念，让客户接受“比例意识”是第一步，让客户认识到理财应该有比例意识，等于放弃固化、极端的某些立场，从而在理财方面变得更加灵活。

其次才谈得上与客户探讨“比例是否合理”。具体的比例要结合每个客户个性化的理财偏好、对风险的心理接受能力、年龄大小、理财经验等因素而决定，不是靠一套软件或一个公式就可搞定。需要一对一的财务需求分析后，才能提交量身定做的理财方案，这也是我们保险营销员（理财规划师）存在的价值所在。

夏笛心语

大道至简。无论是获得诺贝尔奖的经济学家的理论，还是“鸡蛋不要放在同一篮子里”的为人熟知的投资原则；无论是标准普尔国际机构的资产配置建议，还是本人多年的理财实战经验，都说明了同一个观点：理财工具的配置比例是最重要的！

六、通过六大财务比率自测你的理财规划是否合理

国家理财规划师必考的个人（家庭）理财规划的六大比率指标是什么？

如何利用这六大比率指导我们为客户提供专业的理财规划？

这六大财务比率指标与保险的关系如何？

理财规划师在分析客户财务状况过程中经常运用这六大比率，从不同角度反映了客户的财务状况及相关信息，这对于保证理财方案的科学性和合理性具有十分重要的意义。

所谓理财规划，通俗地解释，就是你把每月的收入如何进行再分配？

消费多少？还贷多少？存银行多少？投资多少？短期、中期、长期的理财工具如何配置？不同理财工具的安全性、流动性、收益性又是如何？

六大财务比率指标，是理财规划的入门知识。我在此尝试用通俗易懂的语言与案例来解读这些理论，理论为了体现其普遍适用性，很容易进入枯燥的窠臼，好在理财规划与我们每个人、每个家庭的财富息息相关。

下面我在分析这些比率的时候，读者不妨结合自身的理财实际状态来进行自测，把自己目前的各项真实财务数据放在六个公式中，就会很容易理解这些指标。虽然暂时达不到合理的指标水平，但至少知道自己的财务差距。

千万不要把这些理论束之高阁，将它们运用到我们现实生活中来指导我们的理财行为才更有价值。

结余比率

结余比率是客户在一定时期内（通常为一年）结余和收入的比值，它主要

反映客户提高其净资产水平的能力。

公式：结余比率=结余÷税后收入

年结余比率的参考数值一般在30%左右。一年忙到头，银行剩下多少钱？剩下来的钱占你总收入的多少比例？10%？30%？70%？90%？是10万，100万，1000万，还是王健林的一个小目标？还是一场空？

例如，一个夫妻双方税后年收入50万的家庭，扣除日常开销、房屋按揭月供、保险支出等等支出，如果能存下15万元，则结余比率为30%。这意味着该客户在支出之后留存了30%的税后收入，这一部分钱可以用于继续投资，增加该客户的净资产规模。

结余过多，说明过往的资金分配有问题，可能投资太少：没有房屋按揭、没有股票；也可能消费太少：生活质量不高，不敢消费。

如果既没有供房，又没有供车，平时节衣缩食，每年剩下40万，存五年有200万，五年后用这200万在郊区买了一套100平方米的两居室。假设这对夫妇在五年前就开始按揭买房，同时适度消费，结果五年后可能拥有一套250平方米价值400万的房子。既有增值的资产，又享受了高质量的生活，最终的家庭资产还会超过节衣缩食的那种方式。不同的是，每个月多了供房的还贷压力。

需要特别说明：这个案例只适合过去，2018年之前都适用，2019年及以后就不得而知了，这取决于房价的走势。

结余太少，说明过往的资金分配也有问题，有可能投资太多：例如买了太多股票、基金、房产，也可能高消费的原因。这两种原因导致的结余太少，后果会不同。第一种原因隐藏着投资失误的风险，也可能有可观的高回报；第二种原因，生活质量虽然颇高，但似乎是坐吃山空，缺乏继续投资的财务能力。

合理的结余，是进一步理财规划的基础，否则，巧妇难为无米之炊。

流动性比率

流动性比率是流动资产与月支出的比值，它反映客户支出能力的强弱。资产流动性是指资产在保持价值不受损失的前提下变现的能力。

公式：流动性比率=流动性资产÷每月支出

通常情况下，流动性比率应保持在300%~600%左右。流动性资产包含货币基金、活期存款等，网上卖的“宝宝”类理财产品，大都是货币基金。

例如，一个家庭月开销2万元，月开销包括生活成本、教育费用、旅游费用、理财与保障支出、房贷与车贷等等，那他们的现金储备就应保持在6万元至12万元之间。

比率过高，表明资金相对闲置；比率过低，则给正常的生活保障带来风险。对于工作稳定、收入有保障的客户来说，资产的流动性并非其首先要考虑的因素。因此，可以保持较低的流动性比率，而将更多的资金投入到扩大投资，从而取得更高的收益。

而对于那些工作缺乏稳定性、收入无保障的客户来说，资产收益性的重要性倒在其次，而应该保持较高的资产流动性。例如，公务员、教师、医生、律师、保险营销员等职业，流动性比率可以适当低一点；而文员、民营企业的职业经理人、个体户、自由职业者，流动性比率就应该高一点。

流动性强的资产能够迅速变现而价值不受减损，流动性弱的资产不易变现或在变现的过程中不可避免要损失一部分价值。现金及现金等价物的变现损失为零；而房产、股票甚至保险，即时变现时价值都会有所损失；日常用品类资产的（例如车子、家电）流动性显然更弱。

另外，资产的流动性与收益性通常成反比。即流动性较强的资产收益率较低，而收益性较高的资产其流动性通常往往欠佳。

清偿比率

清偿比率是客户净资产与总资产的比值，这一比率反映客户综合偿债能力的高低。总资产减去总负债，就是净资产。总资产包括家里值钱的东西，房子车子、证券类（股票、基金、PE）、保险类（只计现金价值）、银行存款与短期理财产品类、艺术品古董等等。负债包括欠金融机构，或个人或团体的资金等。

公式：清偿比率=净资产÷总资产。

一般来说，客户的清偿比率应该高于50%，保持在60%~70%较为适宜。

例如，一个家庭的总资产是1000万，负债不要超过500万，净资产超过500万比较合适。换句话说，就是把净资产全部去还债，最好还有得多，至少要刚刚好。这样做，可以避免资不抵债，远离破产。

如果客户的清偿比率太低，就说明对外债务是其拥有资产的主体，甚至其日常开支也依靠借债来解决，压力会很大。

清偿比率也不宜过高，过高的清偿比率意味着客户负债很少或几乎没有负债，这说明客户没有合理利用其应债能力提高个人资产规模。

假设客户总资产2000万，清偿率为100%，全部都是净资产，这说明其资产增加的速度并不够快。假设客户的净资产2000万，而清偿率为70%，则总资产为2857万。假以时日，资产一旦增值，两种情况下的财富规模就会相差很远。

负债比率

清偿比率+负债比率=100%，知道其一的数据，必知其二的数据。

负债比率是客户负债总额与总资产的比值，它也是用来反映客户综合偿债能力的高低。

公式：负债比率=负债总额÷总资产

一般来说，这一比率要控制在50%以下。负债占家庭资产超过50%，稍有不慎就会引发家庭经济危机。

例如，一个家庭的总资产是600万，负债不能超过300万，如果超过300万元，就资不抵债，现金流一旦断裂，就容易处于破产边缘。对于普通家庭而言，房贷与车贷是家庭的主要负债部分。

我国居民特别是南方居民，大多数人仍不习惯通过负债扩大消费或扩大投资，崇尚“无债一身轻”。即使有房贷车贷，恨不得一下子还清。我所见到的负债率为零的家庭比比皆是，这也反映了中国人对拥有持续稳定收入的不安全感。

关于负债比率的高低，这是一种理财观。理财观一旦与自己的心理承受能力挂钩，我们无法评断对错。我们不能建议一个一旦负债就睡不着觉的人非要去负债不可，这也是理财规划师的灵活之处，具体问题需要具体分析。

财务负担比率

财务负担比率又称作债务负担比率，是到期需支付的债务本息与同期收入的比值。它是反映客户在一定时期财务状况是否良好的指标。说得通俗点，就是你每月还贷的金额除以你的税后收入的比率。

公式：财务负担比率=债务支出÷税后收入

负担比率的临界点，过高则容易产生财务危机。债务偿还比率尽量小于40%，控制在33%之内比较合理。如果税后月收入的50%以上都要用来还款，生活品质严重堪忧，也会有很大的经济压力，容易捉襟见肘。

然而，对于年轻人来说，财务负担比率稍微高一点，也不是坏事。记得我在30岁时，“不稳定”的月收入大概在8000元左右，我对我未来的赚钱能力有莫名其妙的一种信心，2002年就在番禺供了一套70万元的房子，首付3成，月供3300元。因为每个月有还款压力，工作自然不敢掉以轻心。事实上，当初对自己狠一点，钱就通过买房子的形式存了下来。

例如，一对年轻夫妇税后月收入是2万元，那么他们供房供车的按揭还款比例不应超过8000元，否则压力会太大。不过我见到更多的年轻夫妇，都不愿有还款的压力，以把按揭房款尽快还清为目标，这从财富增值的角度来说并不合理，从心理接受能力来说就无可厚非。可以采取中庸之道，就是保持一定低比例的负债，例如10%~15%左右，一个总资产为1000万的家庭，负债100万是安全的。

担心收入不稳定，是很多客户不敢负债的重要原因。

投资与净资产比率

投资与净资产比率是投资资产与净资产的比值，它反映客户投资意识的

强弱，反映客户通过投资提高净资产规模的能力，是衡量客户是否实现财务自由的重要指标。通俗地说，投资资产就是可以产生现金流带来净资产增加的资产，例如出租用的房子、股票、基金、定期存款、理财产品和投连险、万能险、分红险或年金等保险产品，企业股权等等。

公式：投资与净资产比率=投资资产÷净资产

这一比率保持在50%或稍高是较为适宜的水平。

为了实现财务自由，我们要尽量提高家庭的投资资产的规模。例如，一个家庭的净资产是400万，那么他们的投资资产就应该超过200万，说明他们的家庭通过非劳动收入提高净资产的能力比较强，实现财务自由的时间也越快！

如果一个家庭拥有一套自住房价值2000万，按揭部分1200万（负债），净资产是800万，结果几乎没有拥有任何投资资产。资产雄厚，即使净资产很庞大，也不具备“生蛋”的能力，没有一笔可以产生现金流的资产，离财务自由还远着呢。

相反，如果一个家庭拥有一套1000万的房子，按揭部分600万（负债），净资产是400万，另外拥有1000万的可投资资产，包括一套500万的公寓、200万的股票，100万的基金，200万（现金价值以及账户价值）的保险，这些投资资产类似是“生蛋”的鸡，可以产生源源不断的财富（现金流），这样离财务自由就越来越近。

仓中有粮，心中不慌。投资资产（非劳动收入）产生的现金流大于你的家庭支出，甚至比你的工作收入还高，就属于实现了财务自由。《穷爸爸富爸爸》这本书表达的观点是，非劳动收入大于家庭开支就属于财务自由；我的观点是非劳动收入大于工作收入，才属于财务自由。

至于投资资产，究竟由什么理财工具组成比较合理呢，大家可以参考我的文章**《家庭理财，首先要有比例意识》**。

谈了这么多，奇怪的是，这六大财务比率指标与保险表面上看起来似乎没有太大关系。其实还是有很多潜在关系的：

1.在清偿比率、负债比率、财务负担比率这三个指标中。

负债额度这个数据就是计算家庭主要收入来源的人寿保险额度的依据，当发生人身风险而导致收入丧失的时候，保险的赔付可以偿还债务，而不至于净资产被清偿，甚至破产。

而保单的现金价值以及投资保单中的账户价值也是“净资产”的重要部分，很多客户忽略了这一点，甚至没有把保险资产归于净资产。1997年香港金融危机时，保险资产挽救了很多香港人于破产的边缘，因为保单的“现金价值”是可以借款或退保的，投资保单中的“账户价值”是可以部分或全部提取的，解决了现金流紧张的问题。

2.在结余比率和流动性比率这两个指标中。

结余资金充足，才有购买保险的预算，如果因为投资或消费，成为月光或年光一族，用哪些钱来买保险?

而流动性太高，现金资产太多，却没有配置保险的话，当风险来临的时候，伤害最大的就是一个家庭的现金资产，可直接导致现金资产的大量流失，甚至还需要变卖“净资产”，来解决家庭因为“人身风险”而导致的经济损失。例如，存款太多而保单不足，就属于这种情况。

3.在投资与净资产比率这个指标中。

投资资产的范畴包括投资类保险。如果把能够产生现金流的保险都统称为投资类保险的话，那么万能保险、年金保险、分红保险、投资连结保险等是构成投资资产的重要组成部分，投资资产越多，非劳动收入就越多，所以提高投资与净资产比率，是通向财务自由的必由之路。

请大家踊跃自测，调整并修正自己的理财规划，让自己的资产配置更合理。

（本文的写作基础来源于：《理财规划师的基础知识（第五版）》，中国就业培训技术指导中心组织编写，中国财政经济出版社出版。）

夏笛心语

知识就是力量，你不理财，财不理你。如何赚钱固然重要，但如何花钱、如何投资也很重要。

七、通过财务需求分析法销售保险的六大步骤

保险营销只有三个重点，不要搞得那么复杂

保险营销有三个重点（见下图）：

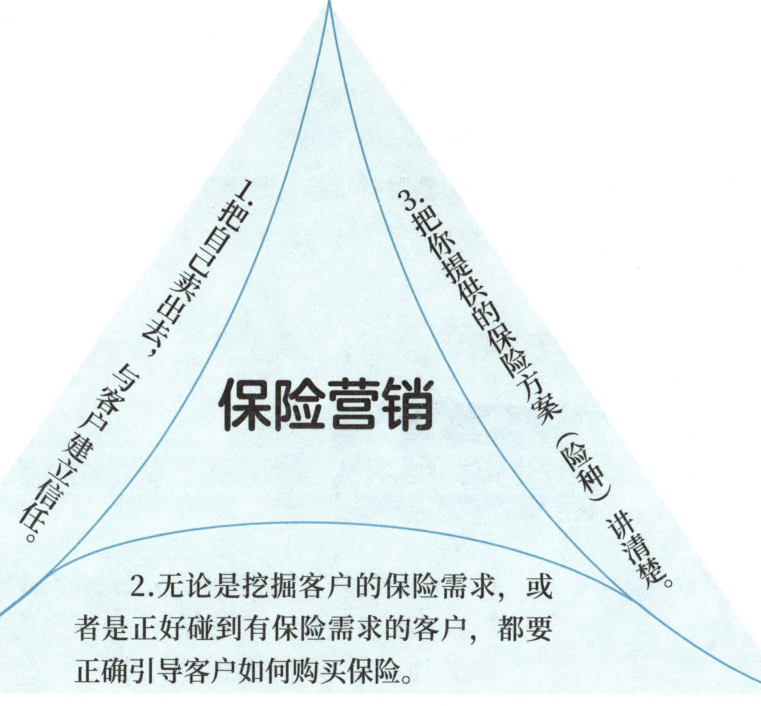

其中第二点是讨论的重点。“挖掘客户的保险需求，正确引导客户如何购买保险”，有很多种方法，这里和大家分享一下财务需求分析法。

财务需求分析法是以客户为导向的，是建立在了解客户需求基础上的一种销售保险的方法，有比较强的知识性、互动性与逻辑性，最能体现保险营销员

（理财规划师）的专业水平。

既然是面谈内容，就不可能死搬硬套，两个人面对面的沟通是非常复杂的一件事情，具体情况需要具体分析，我分享的这六大步骤的模板，请大家结合每一个步骤最后的“面谈要点”（温馨提示），灵活掌握并使用。

第一个步骤：开场白

我今天过来不是跟您简单介绍险种的，我是想站在财务的角度，为您整个家庭提供理财规划和保障规划。

我先跟您做一个简单的自我介绍（略）

我也介绍一下我们公司，我们公司是……（略）

下面我能否问您一些问题，如果您觉得涉及隐私的话，您可以不告诉我。如果您告诉我，我会为您严格保密。

我之所以要了解你们的家庭财务状态，是为了为您提供量身定做的个性化保险方案，而不至于滥开“处方”。我了解得越多、越细致，为您提供的方案就越科学、越合理。

这样，我们可以开始吗？

面谈要点

1.以与众不同的自我介绍以及公司介绍开始。
2.强调为客户的私人资料保密。
3.解释询问家庭财务数据的原因。
4.经客户同意后，问问题的环节才开始。

第二个步骤：了解客户以及询问家庭关键财务数据

1.您能简单介绍一下您（资产）的情况吗？

2.您夫妇二人的月收入大概是多少？

3.您的家庭一个月的生活开销大概是多少？

4.您的家庭有按揭贷款吗？总按揭额度是多少？每月还款多少？

5.您的家庭资产有哪些？资产包括：房产、股票基金、银行存款、理财产品、保单现金价值以及任何其他有价值的资产。

6.您是如何规划孩子教育的，教育金储备如何？目前的缺口是多少？

7.您是如何规划您夫妇二人养老生活的，养老金储备如何？目前的缺口是多少？

8.近期您是否有大额开销的预算？

面谈要点

1.态度诚恳 、轻松愉快 。

2.允许双方在一些问题上展开互动。

3.客户的回应需要你的认同与肯定。

4.问题不一定要全部问完，更不能像审讯似的。

第三个步骤：过渡转折词

谢谢您对我的信任，告诉我您家里的这些财务情况，这些数据，待会儿我会用到的。

（以下问题为任选）

您听说过国际标准普尔的家庭资产配置象限图吗？

或者，您听说过购买保险的五个原则吗？

或者，您听说过保险的七大功能的吗？

面谈要点

1.强调数据待会儿会用到。

2.通过询问的方式引导出财务需求分析的方法。

3.财务需求分析方法的版本，还有保障金三角、草帽图、爬坡图、鱼骨图、表格法、保单整理法等，选择你最熟练的使用就行。

第四个步骤：三种版本的财务需求分析方法

第一个版本：基于标准普尔资产配置象限图的财务需求分析方法

1.切入。

资产象限图被誉为世界上最牛的资产配置图，它是在调研了全球十万个资产稳健增长的家庭，分析总结他们的家庭理财方式而得到的。

“标准普尔家庭资产象限图”把家庭资产分成四个账户，这四个账户作用不同，所以资金的投资渠道也各不相同。只有拥有这四个账户，并且按照固定合理的比例进行分配，才能保证家庭资产长期、持续、稳健的增长。

2.“标准普尔家庭资产配置象限图”解析。

第一个账户是日常开销账户，也就是要花的钱。一般占家庭资产的10%，为家庭3~6个月的生活费。

一般放在活期储蓄的银行卡中。这个账户保障家庭的短期开销，日常生活，买衣服、美容、旅游等都应该从这个账户中支出。这个账户您肯定是有的，但是我们最容易出现的问题是占比过高，很多时候也正是因为这个账户花销过多，而造成没有钱准备其他账户。

划重点：短期消费，3~6个月的生活费，一般放在银行活期存款、货币基金中。

第二个账户是杠杆账户，也就是保命的钱。一般占家庭资产的20%，为的是以小博大，专门解决突发的大额开支。

这个账户保障突发的大额开销，一定要专款专用，保障在家庭成员出现意外事故、重大疾病时，有足够的钱来保命。这个账户主要是意外伤害和重疾保险，因为只有保险才能以小博大，比如5000元换10万，平时不占用太多钱，用时又有大笔的钱。

这个账户平时看不到什么作用，但是到了关键的时刻，只有它才能保障您不会为了急用钱卖车卖房，股票低价套现，甚至到处借钱。如果没有这个账户，您的家庭资产就随时面临风险，所以叫保命的钱。您有这个账户吗？

划重点：意外重疾保障，专款专用，解决家庭突发的大开支。

第三个账户是投资收益账户，也就是生钱的钱。一般占家庭资产的30%，为家庭创造收益。

这个账户为家庭创造高收益，往往是通过您的智慧，用您最擅长的方式为家庭赚钱，包括您投资的股票、基金、房产、企业等。

这个账户您肯定有的，相信以您的智慧，收益也很高。这个账户关键在于合理的占比，也就是要赚得起也要亏得起，无论盈亏对家庭不能有致命性的打

击，这样您才能从容的抉择。

划重点：重在收益。这个账户最大的问题是偏向性，主要包括股票、基金、房产等。但投资≠理财，很多家庭买股票第一年占比30%，看得见收益就看得见风险结果赚了很多钱，第二年就用90%的钱去买股票了。

第四个账户是长期收益账户，也就是保本升值的钱。一般占家庭资产的40%，为保障家庭成员的养老金、子女教育金、留给子女的钱等，还包括一定要用，并需要提前准备的钱。

这个账户为保本升值的钱，一定要保证本金不能有任何损失，并要抵御通货膨胀的侵蚀，所以收益不一定高，但却是长期稳定的。

这个账户最重要的是专属：

（1）不能随意取出使用。养老金说是要存，但是经常被买车或者装修用掉了。

（2）每年或每月有固定的钱进入这个账户，才能积少成多，不然就随手花掉了。

（3）要受法律保护，要和企业资产相隔离，不用于抵债。我们常听到很多人年轻时如何如何风光，老了却身无分文、穷困潦倒，就是因为没有这个账户。

划重点：保本升值，本金安全、收益稳定、持续增长。以债券、信托、分红险的养老金、子女教育金等。

这四个账户就像桌子的四条腿，少了任何一个就随时有倒下的危险，所以一定要及时准备。您看您现在还缺少哪个账户，或者说您最想赶快准备哪个账户？

3.总结。

这个家庭资产象限图的关键点是平衡，当我们发现我们没有钱准备保命的钱或者养老的钱，这就说明我们家庭资产配置是不平衡的、不科学的。这个时候您就要好好想一想：是不是自己花的钱太多了，消耗钱的速度大于赚钱的速度呢？或者是您将资产过多地投入了股市、投入了房产呢？

特别提醒一下，进入这四个账户里的钱是扣除了日常生活开销以及按揭还款等等之后的净收入分配比例。

由于第四个账户保本的钱有一部分是通过保险来实现，也就是应该拿出家庭净收入的40%左右，或者总收入的15%左右的比例配备家庭年度保费，才比较科学合理。

第二个版本：基于“购买保险的五个原则”的财务需求分析方法

我先跟您讲讲常见的家庭保单误区。

· 买不齐：买一堆理财险，就是不买健康险、医疗险，当因病住院时，才发现得不到理赔。

· 买不够：只买了5万、10万保额，觉得保险有点就行了，一旦理赔，才抱怨保险赔得太少。

· 买得不合理：只给孩子买，作为家庭经济顶梁柱的你却什么险都不买。那么，万一大人出了什么问题，谁来继续照顾孩子呢？

我再跟您讲讲购买保险的五个原则（自问自答，详细版本见《购买保险的五个原则》，以下只是重点纲要。

· 买保险首先应该帮人买，还是先帮财产买？

先人后财产，这是买保险的第一个原则。

· 帮家人买保险，是先帮老人买？先帮配偶买？还是先帮孩子买？

先帮经济支柱买，再帮次经济支柱买，最后帮纯消费者买，这是买保险的第二个原则。

· 险种琳琅满目，如果从来没有买过保险，究竟应该先买一些什么类型的保险？

买保险的类型顺序如下：A、意外险　B、住院保险　C、重大疾病保险　D、人寿保险　E、分红保险　F、万能保险　G、投资连接保险。按照这个顺序购买，这是买保险的第三个原则。

· 究竟一年拿多少钱出来买保险比较合理？

这就涉及买保险的第四个原则，确定保费的原则，我要慢慢道来。请参照

《家庭理财，首先要有比例意识》一文中的“4321原则”。

·什么叫保额？应该买多大的保额？

这就涉及买保险的第五个原则，确定保额的原则。不是人家买多少我就买多少，随波逐流，更不是随心所欲，凭感觉购买。

专家建议，保额至少覆盖负债或者是家庭年收入的3倍到5倍。

第三个版本：基于“保险的七大功能”的财务需求分析方法

1.身故保障

2.医疗无漏洞

3.大病补偿

4.子女教育

5.养老规划

6.法律传承

7.资产配置

保险七大功能

面谈要点

1.无论使用什么版本，逻辑上是相通的，都是让客户知道：保险是什么？为何买保险？怎么买保险？

2.财务需求分析务必结合家庭财务的具体数据。

3.面谈中要有感性的案例与语句，以激发客户的风险意识。

第五个步骤：再次确认保费预算与保额

结合您刚才提供一些家庭财务数据，以及我刚才的分析，建议您家庭的保费预算是XX元？保额大概是XX元？您看，这样的预算可以吗？

面谈要点

1.这一步骤的结论源于第二步骤的客观数据与第四步骤的理性分析。

2.用协商的方式确定保费预算和初步的保额。

第六个步骤：初步确认险种组合

根据我们刚刚确认的保费和保额，我建议您做这三大部分的保险套餐组合……具体我回去给您设计一套完整的保险计划书。

当然，我的方案也不见得是最完美的，仅供您参考。您可以全部采用，您也可以部分采用，先购买一部分。您看您是下周三有空还是周五更方便？我与您确定一下咱们下一次面谈的具体时间。

面谈要点

1.结合自己对公司险种的了解做初步的口头规划，险种的性质与结构要清晰，险种名称倒是其次。

2.对保费与保额之间的对应关系要有基本认知。

3.最好能确定下一次见面的时间。

以上这六个步骤，需要反复练习，才能熟练掌握。仅仅是阅读本篇文章，并没有多大的帮助，因为看十次，不如练习一次。

夏笛心语

先诊断，再开处方，是门诊医生的基本作业流程，运用财务需求分析的销售保险的方式也是如此：要了解你的客户。

Chapter 6

第六章

从业心态篇

一、“糖果延迟满足实验”的十大应用性解读

糖果实验效应

1960年，美国斯坦福大学心理学教授沃尔特·米歇尔（Walter Mischel）设计了一个著名的关于“延迟满足”的实验。

研究人员找来数十名儿童，让他们每个人单独待在一个只有一张桌子和一把椅子的小房间里，桌子上的托盘里有一些儿童爱吃的东西：棉花糖、曲奇或是饼干棒。研究人员告诉他们可以马上吃掉这些糖果，或者等研究人员回来时再吃，还可以再得到一颗棉花糖作为奖励。他们可以按响桌子上的铃，研究人员听到铃声会马上返回。

对这些孩子们来说，实验的过程颇为难熬。有的孩子为了不去看那诱惑人的糖果而捂住眼睛或是背转身体，还有一些孩子开始做一些小动作——踢桌子，拉自己的辫子，有的甚至用手去打糖果。

结果，大多数的孩子坚持不到三分钟就放弃了。一些孩子甚至没有按铃就直接把糖果吃掉了；另一些孩子盯着桌上的糖果，半分钟后按了铃。大约三分之一的孩子成功延迟了自己对糖果的欲望，他们等到研究人员回来兑现了奖励，中间差不多有15分钟的时间。

这个实验的最初目的是研究为什么有些人可以“延迟满足”，而有些人却只能向诱惑投降的心理过程。然而，米歇尔在偶然与同样参加上述实验的三个女儿谈到她们幼儿园伙伴们的近况时，他发现这些少年的学习成绩与他们小时候“延迟满足”的能力存在着某种联系。

从1981年开始，米歇尔逐一联系现今已是高中生的实验参加者，给他们的

父母、老师发去调查问卷，针对这些孩子的学习成绩、处理问题的能力以及与同学的关系等方面提问。米歇尔在分析这些问卷的结果时发现，当年马上按铃的孩子无论在家里还是在学校，都更容易出现行为上的问题，学习成绩分数也较低。他们通常难以面对压力、注意力不集中而且很难维持与他人的友谊。而那些可以等上15分钟再吃糖果的孩子在综合SAT（学习能力倾向测验）中成绩比那些马上吃糖果的孩子平均高出210分。在继续追踪到他们35岁以后，表明当年不能等待的人成年后有更高的体重指数并更容易有吸毒方面的问题。

美国畅销书《少有人走的路——心智成熟的旅程》（作者：M·斯科特·派克）描述那些自律的人，就是能够管得住自己的人，他们愿意延迟满足，所以他们离心智成熟更近一步。

其实自律的本质，就是延迟满足。

当一个人具备延迟满足的能力的时候，会导致他的选择大不相同，能够延迟满足的人往往眼光看得更长远，做出更有前瞻性的决策。

解读延迟满足效应

延迟满足效应，就是通过提升自己的忍耐力，延迟满足自己的心理需求或生理需求，从而达成一种更佳的最终结果，它是一个人坚强意志的体现。

延迟满足的对立面，就是即时满足。延迟满足可以成就一个人，而即时满足却可能会毁掉一个人。顾名思义，即时满足，就是追求马上满足自己的欲望，即时满足自我的心理需求和生理需求。

下面，我从十个方面，跟大家解读“延迟满足效应”对人们成长的实质影响力。

1.职业规划。

虽然职业并无尊卑，但我还是要强调一下，能够延迟满足的人，**能够做更大的事情，获得更高的收入，因为他们愿意忍耐，愿意为了取得结果付出更大**

的代价。

例如：保安、司机、清洁工、文员、电话接线生，他们的工作几乎不会遇到拒绝，年复一年，日复一日，工作看起来非常稳定。

只追求每个月固定的薪水，而忽略了自己的成长，这就是即时满足。

行行出状元，最关键的是你的职业有没有持续的可成长性，这是一个需要你考虑的重要因素。

刚毕业的前几年，在你面前有两份工作：一份每月有固定收入，但几乎学不到太多东西，还有失业的风险。另一份每月收入并不固定，但你能持续成长，学到越来越多的真功夫。你会选择哪一份工作呢？

2.工作表现。

工作绩效KPI指标是关键行为决定的，关键行为往往是最有挑战的行为。人们容易选择逃避，大多数人喜欢先做简单的工作，复杂的工作能够往后拖一拖就拖一拖，只有愿意延迟满足的人才愿意先做最辛苦而又最有价值的工作。

对于保险销售而言，关键行为就是有效拜访客户。有的伙伴选择坐在办公室吹空调，做办公室主任；有的伙伴选择大量学习，做保险研究生；有的伙伴选择与同事做朋友，做心理咨询师，这些都是逃避“拜访客户”这一关键行为的具体表现。

职场上都存在着大量“看起来很忙”的人，他们做着低生产力甚至无生产力的事情。而作为保险公司的外勤，每天拜访的客户的数量（简称访量）无疑是KPI中最重要的一个指标。

不同行业的工作表现的重要指标也是不一样的。

3.孩子的成长。

有一次我们夫妇出席一个晚宴，一个桌子4个家庭都带着孩子去了。有一个母亲看到她的儿子特别喜欢吃其中的一盘蒸虾，她竟然把这个盘子直接挪到孩子的面前，浑然不顾及其他家长和孩子的感受，后来她的儿子几乎是一个人把那盘虾吃完了。

这显然是纵容孩童即时满足的行为，如果一直这样娇宠孩子，孩子长大了将是何其自私？

孩子的求学阶段，刷屏、看视频、打游戏、看电视剧、网络聊天……这些东西特别容易吸引孩子的注意力，如果上瘾就更危险。中国的考试制度固然有瑕疵，容易培养高分低能的人，常常遭人诟病。然而，不可否认的是，那些获取高分者，何尝不是一些具备较强的延迟满足能力的孩子呢？

看孩子能不能延迟满足，就看他是愿意先娱乐再学习还是先学习再娱乐。

4.饮食与运动习惯。

直到医生发出最后通牒的那一刻，我们才愿意改变自己的饮食习惯。

肺癌患者直到医生告知罹患癌症才愿意放弃抽烟，肝癌患者直到医生告知罹患癌症才愿意放弃饮酒。

我不是医生，但我知道健康与心态、饮食、睡眠、运动等很多因素有关，食物添加剂、环境污染、酗酒等导致了很多现代病的产生。而暴饮暴食的滞后影响效应是肯定有的。就像我们去看医生。不同的医生对患者的饮食建议都大同小异：多喝水，多吃蔬菜和水果等清淡食物；少吃辛辣、油腻食物，少吃海鲜……然而，不到万不得已，又有多少人会愿意主动放弃自己的“口欲之欢”呢？

另外，**我们明明知道生命在于运动，但真正的坚持运动者并不多。**因为当身体没有出现异常状况的时候，大多数人往往毫不在乎。

不运动或者少运动，这都是健康的大敌。大多数人直到收到了医生的严重警告，才会重视自己的运动习惯，因为无论是工作上，还是家庭中，太多事情放不下，貌似人人都有一堆做不完的事情。

所以，**我们要防患于未然，治未病，千万不要因为事业而透支自己的身体。**能够坚持运动的人，也是善于延迟满足的表现。

5.性格与脾气。

有人讲话太直接，喜欢大吼大叫、指责与咒骂，给脸色人家看，任凭自己的脾气爆发，包括对孩子也又打又骂……这都是不能延迟满足的表现，却美其名曰：“我的个性就是这么耿直！”

而事实上，我们很多时候觉得当下非发脾气不可的事情，过了一段时间，就会觉得没有发脾气的必要。这是什么原理？

当时很生气，不发泄出来很难受，而时间是治好这些“激烈情绪”的良药。很多人就是因为一失言而成千古恨。

当你冲动起来的时候，选择沉默，或短暂离开，一个小时之后再处理，或许是一个十分明智的做法。

6.消费与储蓄。

为什么有很多月光一族？最主要的原因是日常消费占了太大的比例。

同样两个每月赚2万元的家庭，五年过去了，其中一个家庭已经在郊外供了一套房子，而另一个家庭却依然是月光一族，没有什么积蓄。很明显，前者是延迟满足，后者是即时满足。

能够存到钱是理财规划的第一步，那么，下面哪个公式可以存到理财的第一桶金呢？

收入-储蓄=开支，还是收入-开支=储蓄，哪个容易存到钱呢？显然是第一个公式，量入为出。每个月先把要存的钱先存下来，再去开销，就更容易存到钱。如果每个月等把钱花完了，再存钱，往往容易花光。

其实有三种方式可以把每月的收入从银行里划扣走：**按揭还款、保费支出、基金定投。**年轻的时候，用这种方法才能存到钱啊。

适度地遏制消费欲望，是可以存到钱的第一步，也是理财的基础。

7.投资回报率。

很多人热衷于追求金融工具的当年利益，即当年投资回报率。**可当你只追**

求当年收益率的时候，你往往会忽略长远的复利累积效应。

银保监会主席郭树清曾说过："在打击非法集资过程中，要努力通过多种方式让人民群众认识到，高收益意味着高风险，收益率超过6%的就要打问号，超过8%的就很危险，10%以上就要准备损失全部本金。"

事实上，如果每年4%左右的投资回报率，假以时日，这样产生复利的原子弹效应，也是很可观的。

对于家庭理财规划而言，有些客户特别喜欢在银行买短期收益的金融理财产品，每年4%~5%的投资收益率貌似很吸引人，但如果投放比例太高就不是那么合理了。

因为客户会失去另外两个机会：第一个就是失去算总账的机会。人生的"老病伤死"一定会在不同的时期出现，一旦发生"老病伤死"这些大事，自己的财富就会大大缩水；第二个就是失去了复利的机会。因为你拥有短期理财产品，一旦银行进入降息周期，或者零利息，很难再买到恒定收益的金融理财工具了。即使锁定在2%~4.5%，从中长期来看，收益也是很大的。

放长线才能钓到大鱼，看眼前只能啃到一小截甘蔗。

8.保险就是延迟满足。

《我不是药神》正在热播的第三天，我收到一个大学校友的电话，向我咨询他做了脑肿瘤切除手术的女儿还能否买保险?

答案是否定的。这对于业内人士来说，是常识，而对于保险业之外的朋友来说，不一定很清楚。

其实在五年前，我给他的女儿做了明确的保险建议书，还多次跟进，他当时不以为然，没有买。按照我五年前所做的保障方案，他女儿在患病后除了可以一次性获赔20万元之外，每年可以报销10万元费用，含所有的进口药、非社保药、自费药。

我没有资格抱怨他当初为何不跟我买保险，我唯一要检讨的是我当初在保险推介这一块为何没有取得他的信任。

人们把不买保险的钱，无非是储蓄起来，或者花掉，或者去投资。

而保险不像储蓄一样，可以看到明确的数字，且随时可以支取；不像消费掉一样，自己享受了，例如买车、旅游等等；不像投资一样，还有高的投资回报率的想象空间……

保险是隐性的需求、长远的需求，总是觉得不那么急迫，“享用”保险的理赔金、生存年金、年金、满期金或分红，简直是延迟满足效应的最佳体现。

9.领导力的培养。

各行各业，大家很清楚做领导是最辛苦、最麻烦且责任最大的，所以很多人不愿意做单位的领导和干部。

而领导，往往也是最大的受益者。无论是在经济上，还是在社会地位上，都可以最大限度地发挥自己的价值，同时也可以帮助到更多的人，从而实现自己的成就感。

愿意选择做领导的人，其实就是愿意延迟满足的人。“明知山有虎，偏向虎山行。”因为你要做更多有前瞻性的决定，做一些大多数人都不愿意做的事情。

只要坚持刻意培养自己的领导力，至少你会成为一个心智成熟的人，至于能不能最终做成领导，那就顺其自然了。

10.经营家庭。

人的幸福感可以来自事业，也可以来自家庭，或两者兼而有之。

而用心经营家庭，就是一种延迟满足效应，它不像经营事业那么能快速带来回报。无论是夫妻关系还是亲子关系的经营，并不像升职、加薪、做生意那样来得直接，而往往会最终影响我们的幸福感。

有一句话说，**任何事业的成功都无法弥补家庭经营的失败。**

很多人以为获得了财富，改善了家庭的经济品质之后，家庭就一定会更加幸福。事实并不是如此，家庭的幸福程度并不跟家庭财富的增长程度成正比。我看到了很多小日子过得很温馨甜蜜的小康之家，也见识到很多腰缠万贯却每天生活在争吵或冷战之中的夫妻。

结语

“人生得意须尽欢，莫使金樽空对月”便是典型的即时满足的享乐主义，何尝又不是一种美好、一种境界？短期收益和长期收益看似矛盾的，但又不完全矛盾，他们之间的关系一定要拿捏好。

人的本性是希望自己即时满足，而又要不断战胜自己的这个弱点，在大部分的事情上做到延迟满足，这样无非是为了给自己未来一系列更好的、更持续的即时满足。

我倡导大家注重长期收益，并不是鼓励大家放弃短期收益，而是要追求适当的平衡和比例，不能矫枉过正、片面理解。

以上就是我结合我们现实的日常生活与工作中的十个方面，对“延迟满足效应”的应用性解读，希望对所有读者能有所启发和帮助。

夏笛心语

一味地追求看得见的短期收益，会忽略一些不容易看得见的长期收益的机会。人生，其实就是在即时满足与延迟满足中取得平衡的一个过程。

二、没有人是一定要跟你买保险的

一个突然的电话

有一个周末的晚餐，我吃到一半，突然接到一个很久没见面的年轻人刘六（化名）打来的电话。

原来他刚到一个新的银行上班，做信用卡、贷款等业务，请我关照他，让我帮他在我的保险团队中推广他的业务。

我说我们团队中很多人已经有信用卡了，而且我已有三张信用卡。

他继续说，请我一定要帮这个忙。他的意思是我要在我的团队中推广他的信用卡，应该以身作则，在他那里先开一张信用卡。

我和他是怎么认识的

大约八年前，他在一个QQ群中加我为好友，当时他大学还没有毕业，才20岁的样子。我曾经带他参加过我们公司的一场事业说明会，那时双方都觉得时机不成熟，没有合作。

作为一个学生，他能够这么主动，我很欣赏。而且，在做义工时，他在某个慈善组织认识了很多“成功人士”。

他把一家大公司的董事长的手机号码给了我，我并没有去拜访那位老板，但后来加为QQ好友了，这事我告诉了他。

在他看来，这是他对我的一个大大的“恩惠”。

一晃八年过去了，他经历了很多。毕业之后还去部队服过兵役，然后或创业，或打工……他一直在“换、换、换”。总之，我对他的印象还不错，在我心中，他一直是一个上进的青年。

他来找我应聘保险工作

2018年8月份，我接到他的电话，说想来做保险。有人主动来做保险，我当然开心。而且现在的他28岁，是干事的年纪了，应该有经验、有资源，何况他还是一个那么主动积极的人。我们在公司完成了第一次面谈，时间关系，谈得不是很细。

为了深入了解他，某个周末的中午，我邀请他吃午餐。

谈到了最近几次求职面试的经历，都是他主动去找老板，这些老板都给了他机会，谈得也很好。结果在最后的一刻，别人就是不通知他去上班，至少有三次这样的经历。

他透露出对这些老板的抱怨，意思就是，老板们没有慧眼识英雄，错失了他这样好的人才。

当他说这种话的时候，我已经感觉不对劲了，他的这些表现及我对他的推测，已不符合我选人的“标准”。

饭吃完了，在谈到我们公司面试细节的时候，我说我们公司需要他提供过往一年的收入证明（银行流水）。

他几乎要跳起来了，说我们公司对他不够尊重，凭什么怀疑他？保险，又不是要去抢着做的工作，其他保险公司也在跟他谈，为什么我们对他提出这种要求？他一副百思不得其解、脸红脖子粗的表情，我印象非常深刻。

我当时愣住了，我从来没有遇到过这样的面试者。

他的这种表现，让我非常吃惊，倒不是因为他当场不给我面子，吃惊的是他对提供收入证明竟然如此反感。

我还是很有耐心地跟他解释：这是公司的一种流程，是对每一个求职者的要求，没有任何面试者可以豁免这一要求，而且友邦执行这种制度已经十几年了，又不是针对他一个人。但他依然气呼呼的样子，已经无法愉快地聊下去了。

他当场明确表示，要他提供收入证明，他就不做保险。

当时的场面是不是很尴尬？我能批评他吗？我能教育他吗？我只能沉默，我说那今天就这样吧！然后目送他远走，祝福他。

没有人是一定要关照你的

就是这样的一位年轻人，我当初没有拉黑他已经够客气了。

现在他又在电话中一直强调在新的单位，需要朋友帮忙，我要关照他这个小兄弟。我说不好意思，我的晚饭才吃了一半，我现在要去吃晚饭呢。

结果我马上收到他的一条微信。

他要求我忙完了马上给他打电话，还用一个大大的感叹号结束，同时发了他有大量微信群的截图给我，意思是他有很多资源。

这就是我和他交往的整个过程。我并不是不愿意提携年轻人，也不是不愿意给他机会，我自己也是一路被很多长辈、贵人提携才有今天的一点小小成绩。

但我要告诉一些年轻人：**人生不是一场交易，友情更不是一场交易。在商言商，在情言情，在专业言专业。**

这个世界上没有人一定要跟你买东西的，也没有人一定要来帮你的，即使是你曾经帮助过的那个人。

如果我是他，正确的打开方式应该是什么呢？

如果他以交朋友的心态和姿态来与我打交道，我不会拒绝他。例如过来坐坐、聊聊天，或者直接问我是否愿意多开一张信用卡。即使我拒绝了，他也愿意与我保持友好的沟通与关系，那才是正确的打开方式。

大家见了面之后，也许就有机会呢。可能我再开一张卡也无妨，或者我让他在我团队当中走动走动，如果他是个受人欢迎的人，或许也有一些没有开办信用卡的伙伴，会在他那里办卡。可惜他没有选择这种方式。

不要绑架你与客户的情感

不知你从我和这个小伙子的交往中悟出了什么？我很多时候会对保险新人“语重心长”地提一些建议。

做保险不要有狩猎的心态，而要有耕耘的心态。所谓狩猎就是打一枪换一个地方，客户对保险没兴趣你就对客户没兴趣。所谓耕耘，春种秋收，持续跟进，无论客户是否对保险感兴趣，你一直珍惜与维护跟客户原本的感情。

新人刚入行时一定会遇到一种现象，就是：我们关系这么好，保险这么好，我也讲得这么好，你也有能力买，而且你没有买任何保险，可你为何就是不买呢？

对于心理不够强大的新手，这类打击甚至是致命的。看着别人做得那么风光，自己一跳进来，却发现根本不是那么回事。

即使是保险业的内勤高管或讲师，曾经教别人如何卖保险的教练们，做了外勤之后，如果过不了心态关，一样做不好保险。

还是那句话：保险销售的高难度不是因为找不到客户，不是因为不懂与客户建立信任，不是因为不会需求分析，不是因为不会讲解险种条款。保险销售的高难度在于能否以“平常心”始终如一地保持有效的客户拜访。

请记住：无论你曾经与客户关系如何，无论你曾经如何帮过客户，无论你认为客户是多么多么需要保险，没有人是一定要跟你买保险的。

我入行之前，有四位朋友亲口答应过会成为我的第一个客户，但是直到今天都还不是我的客户。（但愿今后还有机会）

我也曾经帮过一些人，甚至有些帮的忙还算大的，但到今天，连谈保险的机会都没有。

“好朋友”找其他公司的同行买保险，或者找同一个公司其他的同事买保险的案例，都会常常发生。

针对以上这些状况，我们都要有一颗“平常心”。只问耕耘不问收获，真不是一个口号，而是时刻提醒自己要有这个心态。

卖保险，请不要绑架你与客户的情感，挖掘客户需求，引导客户的需求，才是正道。

所谓情感……只是你多了一个让客户与你聊天的机会而已，客户与你良好的“关系”不是“客户一定要买保险”的充分条件，而是一个必要条件。千万不要把必要条件误读为充分条件。

何况仅仅因为“人情”而购买的保单常常会有一些隐患。

纯粹的人情保单容易有两大隐患：

第一种可能是容易断保。因为客户的保险观念不够好，第一年应付你，第二年或许就不想再应付你了。

第二种可能是会成为你和他之间最后的一张保单。对方已还了你的人情，也许今后不会再加保与转介绍。

我佩服那些一入行就有这种悟性、这种高度的业务高手。我就不是，我是一路跌跌撞撞、头破血流走过来的。正因为我曾经犯过很多这样的错误，所以今天，我才有这样的感悟。

夏笛心语

都说做保险很难，难是难在心态，而不是技术，也不是工作强度。把心态这一关过了，保险销售就没有你想象的那么难啦！

三、良好的心态来自正确的认知

为什么他们老说我心态好

我刚做保险的前两年，有一位个人业绩和团队发展都比我做得好的同事经常对我说：夏笛，你的心态真好！

我有一个VIP客户也曾对我说：夏笛，你不是一个很聪明的人，但你的心态很不错。

为什么总有人说我的心态好呢？

“心态好”与个人业绩和团队规模的表现并没有直接的对应关系，但多少与工作表现、言行举止有关系，否则，为何我明明各项数据表现一般，他们却说我心态很好呢？

一位西方名人说过：“当心你的思想，它们会成为你的语言；当心你的语言，它们会成为你的行动；当心你的行动，它们会成为你的习惯；当心你的习惯，它们会成为你的性格；当心你的性格，它会成为你的命运。”

如果在一个保险营销员嘴里，几乎听不到他对行业、公司、同事的抱怨，这就是心态好的一种表现。

保险营销的难，体现在哪里

为何保险营销心态这么重要？那是因为做保险很难。

都说保险不是“人”做的，是“人才”做的，“剩”者为王，**只有信念感很强的人才能做下去，才能做得好。**

无论你走个人业务路线，还是走团队发展路线，本质上都是一个要频繁与人打交道的工作。

正因为如此，保险营销充斥着挫败感：来自客户的拒绝，准增员的拒绝，朋友的误解，团队伙伴的不理解……

不妨看一看以下这些场景：

你跟进了一个很久的朋友，反复和你探讨保险方案，双方见面见了不下十次，最后他还是决定不买。你怎么看？

你的大学同学，还是你曾经借给他钱的同学，没有在你这里买保险，却在你公司的另外一个同事那里买了，因为是他的老婆说了算。你怎么看？

你的保险客户，多年朋友，找你了解保险行业的前景后，最后决定在另外一家公司加盟做保险。或者跟你公司的另外同事去做保险了。你怎么看？

你的客户，爽快的签单了，结果就是不存钱。他又不告诉你什么原因？你怎么看？

成交十几万保费的客户，在送保单的时候，你尽心尽责的解释，提到了十天的保单犹豫期。他知道后，果断退保。你怎么看？

一个客户好不容易主动找你购买年缴近百万保费的保险，结果一体检，没有通过，直接延期。你怎么看？

已经决定找你签单的客户，因为同业答应给他回扣，最后没有在你这里购买。你怎么看？

自从你做了保险之后，你的某些好朋友都不愿意见你。你怎么看？

在一些社交场合，当你说你是做保险的，对方马上沉默，或者用另外一种眼神看你。你怎么看？

你掏心掏肺，培养组员，你在他身上付出实在太多太多，不仅是客户资源，陪同作业，还手把手教他，最后他还是离开这个行业。你怎么看？

……

以上种种，是保险营销员遇到的常态，不再逐一列表，而现实往往更残酷。

其实，一念之间决定了天堂和地狱的区别。想不通，这个行业就非常困难；想得通，这个行业就没有困难。

只要没有得失之心，你就没有什么伤心的感觉。

面对来自不管是熟人、还是陌生人不同形式的“拒绝或刁难”，都要学会

放下。

对那些人，你还要保持友好的互动，因为做保险就是广结善缘。一定不要有任何怀恨之心或者抱怨之心。泰山不择微壤故成其大，江海不拒细流故成其深。

保险营销与修心

你面对的每一个困难，都在告诉你，如何改进？克服了这些困难，走过这道坎，你就进入另外一个境界。

在保险行业，如果你的内心不够强大，你可以找到一千个伤心的理由；如果你内心足够强大，你的能量可以源源不断，每天归零，每天重新出发。

面对困难的心态，决定了一个人一生的成就。无论你是否做保险，你都会遇到人生困难和挑战。生活的强者都是属于那些敢于直面困难、挑战困难的人。知难而退，不断退缩，你只能成为生活的旁观者。

心大一点为“态”，一切存乎于心。这就是“修心”。

心态问题解决了，就等于解决了保险营销中的一大半问题。一个人在保险行业做不下去，或者在保险行业一直没有起色，几乎都与心态有关，而与技能技巧关系并不是特别大。

那什么叫心态呢？所谓心态，就是对事情的一些看法。心态好，就是不跟自己过不去，也不跟别人过不去。把时间、精力和情感，放在有价值的事情上，去创造美好的结果。成功等于潜能减去干扰。心态好的人，受干扰最小，当然就更容易成功。

做销售就是做人，而做人，无非就是修身养性，讲求个人的品德与修为。

决定良好心态的四个认知

从事保险营销，要想心态好，需要正确回答以下四个问题，故良好的心态来自正确的认知。

第一个问题：你打算在保险行业做多久？

你是想试一试呢？还是想把保险营销当作终身事业呢？这是基础的定位问题。回答了这个问题之后，你就会更加明白如何处理与公司的关系，与客户的关系，与同事的关系。

当你只有短期的想法的时候，你是很难把保险做好的。做保险不可能赚快钱，不适合抱着打一枪换一个地方的打猎心态。

一旦你把保险营销当作长期的事业，有了这个出发点，你对待公司、客户、组员的态度就不同了，做法也会因此而不同。

第二个问题：你与保险公司是什么关系？

保险营销员制度并非雇佣制，保险营销员自行购买社会保险，也没有固定的底薪，所有的收入都与绩效挂钩，所以有人认为保险营销员不应该与保险公司的关系太紧密。

这种想法太理性，甚至会有一种炒更或兼职心态，但这样很难有大的成绩。其实，当你对所在的保险公司越专注、关系越紧密的时候，你的绩效往往会越出色。

我们与保险公司的关系很像“事业婚姻”。有些保险营销人员容易抱怨自己所在的公司，其实基本法、产品、管理制度，都是随着市场变化而变化的，不要因为这些因素而想不开，或者离开。你可以从自己的一亩三分地开始，在公司的大框架下打造自己风格的团队。

忠于这段“事业婚姻”关系，公司的问题就是你的问题，公司的荣誉就是你的荣誉，公司的进步就是你的进步，最终你一定是赢家。

第三个问题：你与客户是什么关系？

无论是大客户，还是小客户，要尽量一视同仁。客户有任何咨询，都要有足够的耐心回复。即使是孤儿单客户，我们也要保持耐心和尊重。从小客户或孤儿单客户中开发出大保单的案例屡见不鲜。

与客户要常来常往，无论是电话沟通，是微信沟通，还是面对面沟通，要

保持联络，而不是签完单一拍屁股就走人，再也不联系客户了。哪怕在我这里只是买了一张三百元钱意外险的客户，我都会每年寄几次心意小礼物给他，这样表示我把客户放在我的心中。

其中面对面效果是最好的，还可以举办不同的答谢活动或者讲座，邀请不同类型的客户参加，针对不同的客户提供不同的服务。

我们与客户的关系，有点像亲戚关系，因为有一份保单的牵引，无论亲疏，至少还在联系；不像其他的某些朋友，一旦失去联系，有可能老死不相往来。

第四个问题：你与团队伙伴是什么关系？

有点类似家人的关系。

为何说客户是亲戚，而团队伙伴是家人呢？因为亲戚是偶尔见面，而家人是常常见面，甚至朝夕相处。

我们与同事相处的时间，可能还超过与我们的家人相处的时间，同事们待在一起的时间真的比较长，例如各类会议（特别是早会）、培训学习、团建活动、旅游等等。

在保险公司中，同事关系也分很多种，其中有两种关系非常重要：一个是把你引荐给保险公司的伙伴（你的直属主管或引荐人），第二个是你引荐给保险公司的伙伴（你直接招募的伙伴）。

相爱容易相处难。有些主管和自己的组员，度过了蜜月期（最早的六个月）之后，不一定能够保持良好的关系。在保险公司，没有谁比你的直属主管更希望你的成长和进步（极少数例外）。绝大多数主管，不管从心态上，还是从行动上，都会支持自己的组员。

我刚做保险主管，只带领十来个人的时候，也有很多的困惑与迷茫。后来我钻研了实用心理学：NLP神经语言学，其中12条假设前提，对我影响很大，为我人际关系的处理提供了很多的理论支持，几乎成为我人际关系的指南。有关这NLP的12条假设前提，大家可以购买这样的书籍学习。

对于以上四个问题的回答，决定了我们如何看待自己与保险事业的关系，与保险公司的关系，与客户的关系，与团队伙伴的关系。把这些关系想清楚了，认知正确了，心态自然就好了。

为什么还是有人会离开

这几年保险营销员的生存状态好了很多，即使如此，也有伙伴会离开我们这个行业。他们为什么离开呢？我分析大概是以下几个原因：

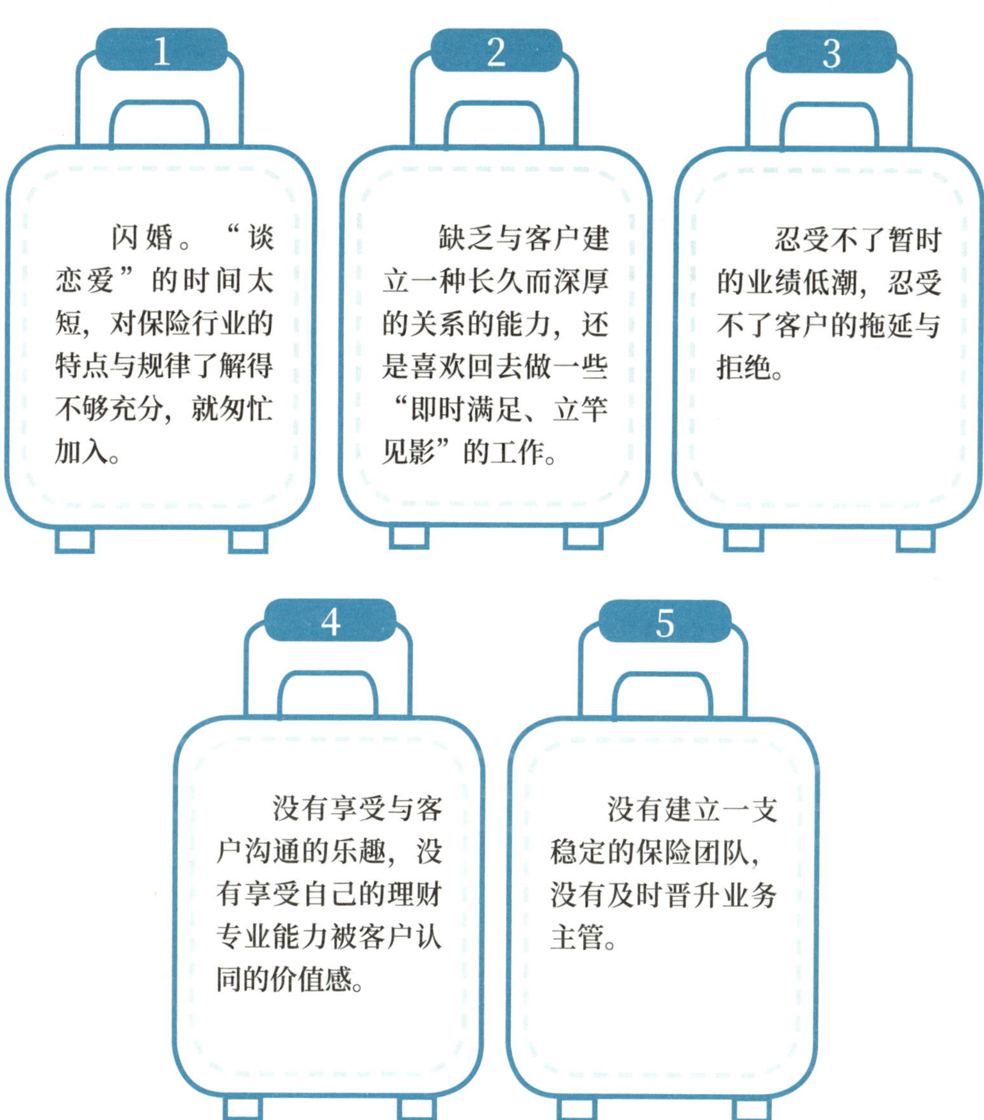

提前了解保险营销的特性，认识我们保险营销的难度，正确认知以上四个重要关系，相对来说，离开保险行业的可能性就会小很多。

夏笛心语

当你凝望深渊时，深渊也在凝望你；当你对世界微笑，世界也会对你微笑。良好的心态，来自于正确的认知。

四、人们为什么会讨厌“成功学”和“心灵鸡汤”

心灵鸡汤泛滥成灾

“为人处世：信任、真诚、正直、善良，永远不过期！一个真诚的人，走到哪里都会有人喜欢。因为他说话认真，做事用心，为人诚恳。人这一生：好名声，是用有情有义赚来的；好感情，是用实心实意换来的；好人品，是用一辈子去打造的！做人，一定要以真诚为先；心灵，一定要以善良为本。早安！”

这是我在朋友圈读到的一段“心灵鸡汤”。

“一个人的努力是加法，一个群体的努力是乘法。真正激励一个人前进的并不是那些所谓的励志语录和心灵鸡汤，而是身边志同道合、积极上进，充满正能量的同行人。”

读到这一句，其实也是“心灵鸡汤”，虽然看起来有一点反心灵鸡汤的味道。

我前不久在朋友圈转发了这样的一段“心灵鸡汤”，引起了很多人的共鸣：

高度不一样，胸怀和格局不一样。从20楼往下看，全是美景；从2楼往下看，满目疮痍。人若没有高度，看到的都是问题；人若没有格局，心中都是鸡毛蒜皮。从自己身上找问题，一想就通了；从别人身上找理由，一想就疯了……

现代最伟大的物理学家之一、20世纪享有国际盛誉的伟人之一、宇宙学家霍金先生于2018年3月14日不幸离世。他在科学领域的研究成果及卓越贡献大多数老百姓不明觉厉（不明白你在说什么，但觉得很厉害的样子），而他留下的人性的光辉和精神的力量，深深地留在人们心中。他的名言广泛传播，例如：

无论生命遇到多大困难，都不要让自己怨恨。这是非常重要的，因为你不能嘲笑自己和人生。

记住，你要仰望星空，不要低头看脚下；生活如何艰难，请保持一颗好奇心；你总会找到自己的路和属于你的成功。

类似这样的语句、感悟、段子和图片，每天在微信朋友圈传播，特别是每天早晨。我本人也是传播者之一。

人们在自己的微信朋友圈，在自己的地盘，提醒自己警示自己，无可厚非，谁的地盘谁做主。选择不看、屏蔽和忽略，这也都是微友的权利。

谈到我对“心灵鸡汤”的热爱，要追溯到学生时代，我忘了是初中还是高中的时候，我随身带着一个小小的笔记本，抄录一些简短的励志语言，这就属于最原始、最早期的“心灵鸡汤”，那时叫名人名言。例如：

我要扼住命运的咽喉，决不向命运低头（贝多芬）。

走自己的路让别人说去吧（但丁）。

地上本来没有路，走的人多了，也就成了路。（鲁迅）。

“心灵鸡汤”的真相

我做保险第三年时，专门设计了一本很特别的私人名片，彩色印刷，里面有近20页，约莫标准的名片那么大小，其实是一个小本本。还专门找了一个我从事印刷设计的大学校友帮我配图、排版，我用心收集了60句励志的话语，标题是“成功快乐60句”，编辑成册。

例如：一个人的快乐不是因为拥有的多，而是因为计较的少；只为成功找方法，不为失败找借口；勉强成习惯，习惯成自然，自然成性格，性格成命运，等等。

这本名片的封面有我的相片、手机号码与地址，名片的倒数几页有我的从业理念，公司介绍。

我印刷了5000本，逢人便发，由于这个本本很特别，所以很多人对我印象深刻，后来也因此成为我的保险客户，甚至团队伙伴。名片虽小，功力却大。

它是人与人交往第一印象的一部分，很多人很喜欢我的那个名片小本本，多年以后还跟我提起，说一直保留着我的小名片本。

在微博时代、微信时代，这种所谓的特别名片几乎没有什么价值了，因为这种心灵鸡汤的段子到处都是。

在短信与飞信时代，我经常群发一些鸡汤短信给一些我认识的朋友，也因为这种方式，我和很多朋友维持着关系。

有一次，我参加了一个大型讲座，一位老朋友林总一把抓住我：夏笛，我的手机一直保留着你发给我的一条短信。他真的把手机掏出来，翻出一条短信出来说：你看，你的这一条短信一直激励着我。

有人说这些心灵鸡汤是“正确的废话”。因为听多了，听腻了，就成为废话了，我觉得也有道理。其实，心灵鸡汤或者任何一段名人名言，都是苍白的，都是片面的，都是从一个角度去描述观点而已。既然是观点，就有角度，角度不同，下的结论也不同。只要你去深究与剖析，很多不同的观点都是自相矛盾的，或者说有缺陷的，有漏洞的。

认识了这个真相，我们就不要太较真。所有的辩论大赛，都是在玩文字游戏，但在玩这种文字游戏的过程中，的确可以增加智慧，提高认知，而没有绝对的正方和反方。

近几年，很多人开始公开反对成功学和心灵鸡汤。例如吴伯凡老师，还有樊登老师，还有很多其他名人，他们都很讨厌成功学和心灵鸡汤。很多人提到成功学或者心灵鸡汤，都是一副不屑的样子，甚至把这些东西看成过街老鼠。名人也好，普通人也好，都有这种倾向。

反对“成功学与心灵鸡汤”的人自己正在践行之

其实我认为“反对成功学和心灵鸡汤”是一个伪命题。

人们讲话或者写文章，难免会冒出一些金句，即一些闪闪发光的语言。管理学大师、思想家、哲学家、文学家、科学家、社会名人、体育健将、影视明星、成功企业家、政要……那些金字塔顶端上的人，总有自己的一些理论和观点，打动人心，启迪人生。

这些语句本身并不是那么很让人讨厌，很多宗教经典著作里面大多包含着所谓的心灵鸡汤、醒世警言，那是人类智慧的结晶，甚至是指导人们行事为人的准则。例如我们老祖宗的《论语》《大学》《中庸》《易经》等等，这些书籍存在大量的哲理短语。

关于成功学与心灵鸡汤，你会发现以下的现象：

那些自称讨厌成功学和心灵鸡汤的人，自己的嘴巴里动不动也冒出一些成功学和心灵鸡汤的段子，总有一些所谓人生的总结与感悟。这就是一个很滑稽的事情，你自认为自己总结的不是心灵鸡汤，其实在别人眼中就是心灵鸡汤！

无论是马云、李嘉诚，还是比尔·盖茨、巴菲特，只要从他们嘴里讲出来的一些段子，就不会有太多人讨厌，就觉得不怎么鸡汤，这又是何原理呢？你观察你们公司的老板，或者领导，在大小的会议上嘴巴里多多少少会冒出些“鸡汤”。无鸡汤，不领导。

很多无名的段子手，会制造出一些普罗大众很喜欢的心灵鸡汤，冠以名人的名字到处被传播，是否是那些名人讲的，也无从考证。就像前不久在微信朋友圈被恶搞的，很多心灵鸡汤都冠以“鲁迅说”，让人啼笑皆非！

“成功没有秘诀，我只是和1200人讲了我的项目，有900人说NO，300人加入，其中85人在做。而这85人里有35个全力以赴，我把其中11人成就为亿万富翁！——比尔·盖茨”

这是比尔·盖茨的名人名言吗？哈哈，无从考证。

人们讨厌的究竟是什么

第一个讨厌的是：假大空。

全是理论，没有干货来支撑，没有事例来支撑。一个人跟你讲话，如果全是大道理，叫你要努力呀，要有目标啊，要怎么怎么了，你也会听得很烦。因为他没有共情能力，没有同情心。真诚才是最大的武器。除了神之外，人都是有情绪的，都有个性的一面，而不是千人一面。

第二个讨厌的是：频率。

就是每次都讲、每天都讲、逢人就讲，再好的东西用得多了，也会不值钱了。除了成功学和心灵鸡汤，没有任何有人味的话、温暖的话语。如果一个人的微信朋友圈除了鸡汤之外，还是鸡汤，很多人都会看腻，喝汤喝多了也会倒胃口的！

第三讨厌的是：传播成功学和心灵鸡汤的那个人。

有些人自己做得乱七八糟，讲起道理来却是头头是道，言行不一。例如，我就很讨厌某些成功学的大师，因为他们讲的一套做的又是一套，在网络上也有很多人对他们有负面的评价。我认为他们讲的“道理与口号”都挺好的，问题就是他们的为人。他们的为人与他们讲的道理严重分裂，这样的人，如何可以得到人们发自内心的尊重？那些口号，再怎么完美，一旦讲出这些口号的人的人格都遭人否定，那一定会被人们扔进历史的垃圾堆里去。所以，这些话，是不是谁讲的并不重要，重要的是讲这些话的是什么样的人。

第四个讨厌的是：深藏在自己身上的那个“小我”。

人无完人，每个人心里面都藏着某些灰暗的一面、退缩的一面、消极的一面，不是每个人都愿意面对自己的负能量的一面的。当一个人不愿意改善自己的负能量的时候，就会对正能量的东西也心生讨厌，甚至逃避。

所有好的文艺作品，例如小说、电影、戏剧……其实都是通过喜闻乐见的艺术形式，来演绎类似鸡汤的人生哲理：真诚、爱、坚持、责任、荣誉、忠贞等等。连《人民日报》的公共号这两年也会刊登大量的鸡汤文章了，而且有越来越多的趋势。

无论人们多么讨厌心灵鸡汤和成功学，人性中那些真、善、美，那些光辉的一面，人类的智慧结晶，永远值得被传播。因为人是软弱的，人们需要提醒、警示、教导、激励和鼓舞。

只要人类存在，这些东西（这些东西叫什么名字并不重要）都会存在。人们反不反对只是一个伪命题，人们反对的只是“标签”，事实永远存在于那里，无论你是什么态度。好的东西，一定会被传播。

夏笛心语

苍白的语言偶尔也是强大的，它除了可以为这个现实的世界增加一些乐趣，有时也会震撼人心。

五、保险是你一辈子要做的工作吗

初始之心

看看新婚典礼的这段经典之问：

牧师问新娘："你是否愿意这个男子成为你的丈夫，与他缔结婚约？无论疾病还是健康，或任何其他理由，都爱他，照顾他，尊重他，接纳他，永远对他忠贞不渝，直至生命尽头？"

牧师问新郎："你是否愿意这个女子成为你的妻子，与她缔结婚约？无论疾病还是健康，或任何其他理由，都爱她，照顾她，尊重她，接纳她，永远对她忠贞不渝，直至生命尽头？"

现代社会，虽然离婚率越来越高，但我们不能否认走进新婚殿堂里的年轻夫妇结婚时庄严宣誓时的忠诚之心。我相信绝大多数新婚夫妇在结婚的时候，并没有计划什么时候离婚。在结婚的那一刻，新娘新郎的初心如同全体亲友的祝福："白头偕老，百年好合。"

婚约是神圣的，而工作合约一般不会像婚约那样庄严、那么神圣。对大部分人而言，工作只是谋生的工具而已，在商言商，在职言职。凭着本分、职业道德及敬业精神，把工作做好，对所在的单位负责、对所在的岗位负责，就已经很棒了。愿意做就继续做，不愿意做就按照合约辞职，工作合约并不是与公司签订的卖身契。

但保险代理不是一份简单的工作，它是一种特殊的"工作"。

因为保险营销员与保险公司并不是雇佣关系，而是"合伙关系"，代理人与保险公司之间的关系更像"工作婚姻"，一旦选择，不要轻言"离婚"。如果你跳槽，我们就失去"客户群"，如果你作为主管而跳槽，更会失去你的

“伙伴群”，客户与伙伴才是我们的“根”，任何保险公司都只是一个载体和平台，我们所有的收入基数都来自客户的保费以及旗下伙伴的业绩。

传统的销售工作，从业务员升到经理、再升到总监，人往高处走，是再正常不过的事情了。而保险代理工作则不同，在保险外勤队伍，只要在同业之间跳过三次槽的人，就会逐渐失去老客户的信任，很难继续做保险代理人，除非转行。

保险客户和团队伙伴，类似保险代理人与保险公司这段“工作婚姻”的“孩子”，需要我们服务与呵护一辈子。一旦“离婚”，最难以割舍的就是“孩子”。

当然，连我都不敢拍胸口保证：一辈子做保险，一辈子在友邦。但是从过往20年直到今天，我的确从来没有动过跳槽的心。未来，我期望做一辈子保险，做一辈子友邦。如同对婚姻，我们充满美好的期望是必需的，这也是幸福感的基础。

什么叫信念？中国的文字很神奇。所谓信，人言也，就是对自己说的话；所谓念，今天的心也。每天在心中对自己所说的话，就是信念。

信念，就是你所相信的东西。只有你的内心知道你相信什么，只有你自己知道，外人不得而知。

因为不经意的一句话 客户跟我买了保险

1999年4月份，有一天我去区庄的东山广场做陌生拜访。这是一栋高档写字楼，我拜访了物业管理部的一位黄先生。我和他聊天的时候，另外一位过来办事的小伙子，竟然主动跟我要了名片，我也礼貌地跟他要了手机号码。这个小伙子叫陈海峰（化名），比我大两三岁的样子，很帅气的一位广州本地人。

第二天中午，我接到他的电话：“夏先生，我想了解一下保险，你可以过来跟我聊一聊吗？”

怎么有这么好的事？第二天我就过去了，很顺利，他同意我帮他和他的女朋友做一套保险计划，一共近2万元保费。

临走前，我问他：陈先生，您为什么在我这里买保险呢？他说：那天我去找东山广场物业管理部黄先生办事的时候，你说你会把保险做一辈子。我从来没有听说保险代理人会把保险做一辈子的，是这句话打动了我。

我完全不记得我讲过这句话。**说者无心，听者有意，发自内心的语言最打动人。**

前不久，我的一位老友梁芳畅先生在我的公众号文章下留言：我在2003年认识夏笛，当时他在友邦工作了5年，他说：他一辈子就专心做这个工作了，这是一句平淡而有力量的话。

后来，我跟他私聊时，我问他："我是什么时候说过这句话的？"

原来，我和他一起在莲花山参加一个关于婚姻关系培训课程，课程开始有一个环节：互相介绍。我在互相介绍时说的这句话，竟然被他记住。

相信自己从事的事业越来越好、相信自己的家庭越来越幸福、相信自己的孩子能够成才成器，这都是一种信念。

请相信"相信的力量"。

做一个有信念感的人

正确看待自己的职业，非常重要。保险不适合浅尝辄止，真的需要你对自己有明确的职业规划。

如同律师、医生一样，大部分律师，不会今天做这个贸易，明天做那个餐饮；大部分医生，不会今天做做证券，明天做做会计。这些职业需要大量的专业知识和不断实践，才能成就一个基本合格的专业人士。

一个好的保险营销员一定是一个信念感很强的人。

这是一个很出名的关于信念的故事：

患者琼西得了重病，医生告诉她将不久于人世。当时正值深秋，院子里的

常青藤开始落叶。琼西确信，当最后一片叶子落下，自己就该去了。可奇怪的是，那一片叶子竟怎么也不肯落下，琼西因此受到鼓舞，坚定了要活下去的信念。在医生的帮助下，琼西最终战胜了病魔，恢复了健康。

我观察各行各业的佼佼者，甚至把孩子教育得很出色的父母们，都是信念感很强的人。毋庸讳言，我的团队也流失了不少伙伴，什么样的原因都有，但有一个重要的原因就是信念感不够，坚持力不够。

只有信念感强的代理人才能度过保险事业必然的低潮期，才不会在短期的挫败中迷失自己、忘掉初衷，才不会朝秦暮楚，才能够在困难的时候依然选择坚守，而不是转行、兼职或跳槽同业。

信念感不是智商、不是情商、不是财商、不是美商，也不是逆商，而是一种心想事成的能力。是不达目的绝不罢休，是坚持到底绝不放弃，是相信别人可以我也可以，是勇往直前绝不退缩。

夏笛心语

保险工作要做好，需要强烈的信念感！

六、为何说在销售行业中，保险营销员的十年留存率是最高的

业务员留存率哪个行业最高

这要看在哪个时间段！

某公司的业务员留存率=某公司某时期在职业务员数÷同期期初业务员总数×100%。

其实很多职业做一辈子并不是什么稀奇事，例如医生、教师、律师、企业主，而做销售做一辈子就比较稀奇了。

你有没有见过销售房子、销售汽车、销售课程、销售药品，从20岁销售到60岁的业务员？很少见吧。

而我多次去美国时，发现了其他国家很多从20多岁卖保险卖到80多岁的保险营销员。

保险业务员究竟和其他行业业务员有何不同，可以吸引这么多人做十年、二十年、三十年，甚至一辈子呢？在友邦，在我的团队，从业保险业务十年以上的伙伴大有人在，你想过这其中有什么奥秘没有？

很多人说保险业务员收入不稳定、工作不稳定，而恰恰相反，我倒看到很多非保险行业的业务员收入不稳定、工作不稳定。无论是外资、国营，还是上市、民营等不同性质公司的业务人员，他们很少能做十年以上的。要么公司都不在了，要么整个部门不在了，要么整个业务部门的业务人员都换光了。

三五年之内，非保险行业的业务员留存率可能比保险行业的业务员的留存率高，但十年、二十年呢？我手绘了一个留存率示意图，比较容易说明问题。

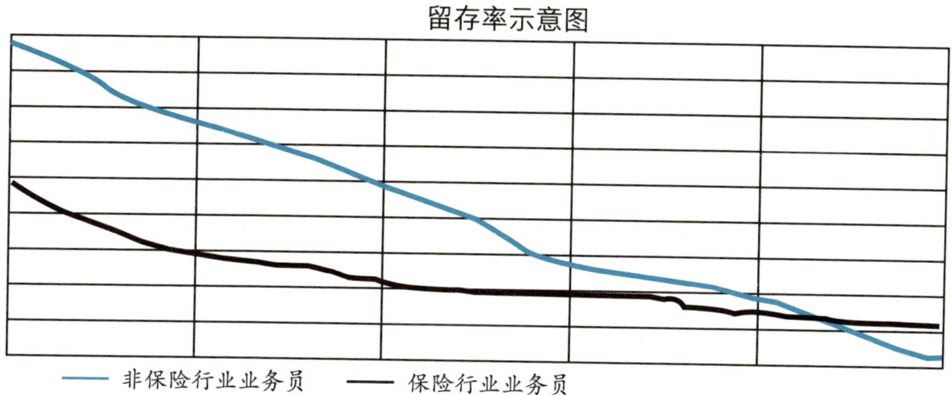

我估计非保险行业的业务人员十年留存率不到2%，而保险行业的业务员过往的十年留存率可能在12%左右，相差6倍多，未来则可能达到20%左右，在不断递增。很多行业的业务员都是在吃青春饭，过了45岁，就不愿意在市场第一线继续跑业务啦。以上留存率数据纯属我个人经验推测，仅供参考！

如果你已毕业十五年以上，你不妨看看周围的销售职业人士，是否如此？

保险营销员长期留存率偏高的原因

因为有稳定的收入，才有稳定的留存。

毋庸讳言，很多保险营销员挺不过前1~3年最辛苦的隧道期。一旦做了一年以上，特别是晋升了主管之后，收入稳定的感觉会迅速提高。

我记得我从业第13个月时，即使还没有递交一张新保单，我就能预估得到我当月的保底收入，因为有了续保保费嘛！续期收入是指客户第二年续交保费为我们带来的佣金收入，从业年限越长，积累的客户越多，续期收入就越高。

团队管理津贴也提高了我收入的稳定感。我是1999年12月1日晋升业务主任的，相当于入行一年半就晋升主管了。我在晋升主管之后有七八个伙伴，每个月总有几个人的业绩还不错。

有了或高或低的续保佣金，有了或高或低的团队管理津贴，再加上或高或低的新保单带来的首年佣金，三个不稳定部分，加在一起，收入就变得反而很稳定了。而且多劳多得，收入与我的勤劳与付出成正比，还有不断递增趋势。

新保单生意，老客户续保，团队管理津贴，是支撑我们保险营销员“稳定收入”的三大支柱。

以服务代替推销，保险越来越轻松

一想到推销，一想到“卖”，就想到了一个字：累。既然累，就干不久，这就是非保险行业的销售人员从业很难超过10年的原因。打鸡血也好，喝鸡汤也好，从人性的角度来说，每个业务员都希望自己所从事的工作越来越轻松。

告诉你一个秘密：**卖保险卖了三年之后，就不用再以推销的方式卖保险了。**

此话怎解？

保险行业的第一桶金，不是你赚了多少钱，而是你积累了100个（家庭）客户，就是到年底寄信给客户的时候，你至少可以寄出100封信。

拥有这第一桶金（100个家庭客户）之后，你的工作就是以服务代替推销，我称之为**“客户100定律”**。你的主要工作就是把这些老客户服务好，让他们不断跟你加保和为你转介绍。同时这100个家庭客户，本身也会有很多变化，例如结婚生子、生二胎三胎、升职加薪、换工作、开公司做投资赚大钱、负债增加、买房买车……各种情况都会发生，这些都是客户加保的契机。

你听说过“250定律”吗？

世界上最伟大的推销员——美国的乔·吉拉德，为了推销汽车，到处发名片，但是，这种推销的效果不是很好。有一次，吉拉德去参加一个葬礼，照例向所有人发了自己的名片，大约发了250张。回到家里，他躺在沙发上闭目养神，忽然灵光一闪，想起自己以前曾参加过的几个葬礼，每次发出的名片数量竟然惊人的相似，都有250张左右。吉拉德由此得出结论：一般情况下，一个人一生中真正有影响的交往人数大约是250人，这就是著名的**“250定律”**。

每个客户背后都有250个值得他交往的朋友，他们都是你潜在的客户。

“客户100定律”+“250定律”，混合使用，威力无比。

坚持做三年保险，积累100个（家庭）客户之后，深挖每个客户背后的250个朋友，保险自然越做越轻松！

卖保险的过程是快乐的

虽然社会上有一些人，对保险营销员有偏见，但凡是做出投保决定的客户，基本上对这个保险营销员是足够信任的。如果咨询与购买过程不愉快，体验不好，客户是不会做出购买决定的。

我们卖保险，不存在进货与运输问题，也不存在库存与搬运问题。在自己喜欢的时间，找自己喜欢找的人，在自己喜欢的地方，用自己喜欢的方式，喝茶、吃饭与聊天，洽谈保险、销售保险。

用正确的方式销售保险，一开始就要把事情做对，靠诚信与专业打动客户，不要承诺保险产品本身以外的利益，这样我们就会更自在、更轻松，保险事业才会做得更长久。

《保险法》第131条有以下规定，保险从业人员在办理保险业务活动中不得有以下行为：给予或者承诺给予投保人、被保人或者受益人保险合同约定以外的利益。这是属于重大违规行为，营销员如果有这样的行为，会被解除代理合同并纳入行业黑名单。

签单前后赠送礼物，很容易被客户认为是买了保单才得到的礼物。礼物赠送应该仅限于正当合理的人际交往，千万不可用于促使保单成交。例如，逢年过节可以赠送礼物表达美好的祝福，但礼物的价值不要太高。

卖保险，其实不用像传统生意那样需要应酬，不需要台底交易，也没有应收账款之类，更没有偷税漏税的机会。我当初做传统业务做得不是很得心应手，而做保险后，做得顺风顺水，说明保险行业的销售模式很符合我的性格。

我的团队有一位曾在外资公司的高级销售经理彭志龙先生，他三年前加盟我们团队，据他说也有这个原因，就是保险销售没有那么多应酬，也没有那么多出差，简简单单、干干净净。

日久见人心，随着时间的推移，客户对我们越来越信任，也对我们越来越尊重。我们很享受销售的过程，而不是为了赚钱而委曲求全，所以保险营销员就有可能做一辈子，或者至少很多人打算做一辈子。

卖保险不仅仅可以赚到钱，一定还有比赚到钱更有价值的东西

成功的保险营销员收入不菲，但保险行业毕竟不是一个能很快赚大钱的地方。除了收入之外，一定还有更吸引保险营销员的地方。

1.时间相对自由。

做保险，晚上不用加班，周末也是半工作状态，工作天即使我们有很多的会议、培训或拜访，也没有什么事务是要求我们“一定”和“马上”要做的。即使是办理理赔手续，也没有办理“住院手续”一样那么急啊。

我和很多朋友在聊天的时候，我经常把我的手机拿出来给朋友看：你看，我跟你聊了两个小时，没见一个电话找我吧！当然这与我请了几位助理有关，各司其职，一切事务都可以在规划中有条不紊地进行。

2.可以兼顾家庭。

赚钱不是生活的全部，这个世界也不是每一个人都要指望自己做一番大事业，一定要像马云、王健林一样。无论是女性伙伴，还是男性伙伴，能够有充裕的时间照顾家人、照顾孩子，把小日子过得殷实，是很多同仁愿意长期从事保险行业的一个重要原因。

3.人际关系简单。

在这里，所有的晋升机会与奖金的获得，不是靠与领导的关系，而是靠自

己的努力，按照公司的《基本法》，公开，公平，公正。在很多非保险公司，或保险公司的内勤，职位数量是有限的。例如总监、经理、讲师、业务员，都有编制名额限制。而保险公司的外勤队伍——保险营销员，职位数量是无限的，无论是基层，还是高层，公司没有规定你只能招募多少人，也没有规定你只能培育几个主管，任何一个职位，都没有编制名额限制。正因为如此，同事之间不存在钩心斗角、互相排挤之类的事情发生。

4.可以帮到人。

很多人功成名就后，就想到做慈善。而保险销售人员，从做保险的第一天开始就是在做慈善，特别在客户拿到理赔款的那一刻，我们会深刻地体会到这一点。我们为社会创造了很多的绿色GDP。多少家庭因为突然降临的意外或疾病而花光所有的积蓄甚至破产，甚至需要依靠社会救助。例如微信朋友圈的"轻松筹"的主角们，如果早点拥有充足的商业保险，何至如此？或许是他们经济能力不够，或许是因为他们保险意识不够，或者他们没有遇到合适的保险营销员。

多卖一份保险，就是多做一份慈善，这就是保险营销员的使命所在。

5.做保险不会枯燥。

保险公司会推出不同的业绩竞赛，不同的活动组织，不同的旅游高峰会，不同的会议安排，不同的培训学习，生活与工作特别充实。我们每天可以见不同的客户与朋友，见多识广，生活工作化，工作生活化，活到老，学到老，生活丰富多彩，工作多劳多得。如果有机会出席公司的国内外高峰会，与自己去旅游感受完全不同，除了完全免费之外，吃住行都是最高规格的，关键是不用自己操心行程，可以尽量放松自己，放飞心情。

6.做保险没有职业天花板。

经理、高级经理，总监、高级总监，没有人规定你只能做到哪一级，你永远有很大的发展空间。而且，在保险行业，你无论从什么时候开始努力都来得及，所以很多结婚的女性伙伴生二胎生三胎，也不影响她们的职业生涯，没有哪位领导认为你有一段时间工作表现不够好，就提出辞退你，只要你能通过公司考核，保住工号，你总有机会翻身。人人有机会，而且机会在任何时候都是均等的，与你的年资、职业、性别、年龄无关，在保险行业，老树发新芽的事情经常发生。

以上就是我对保险营销员为何长期留存率偏高的分析，纯属个人的经验之谈。如果有这样的市场调查机构，我真希望他们能够提供一份销售行业的业务员留存率分析报表，来佐证我分析的合理性。

夏笛心语

如果你对保险行业感兴趣，你既要去请教那些离开保险行业的业务员，还更应该请教那些坚守在保险行业的业务员。兼听则明，这样才能了解真相。

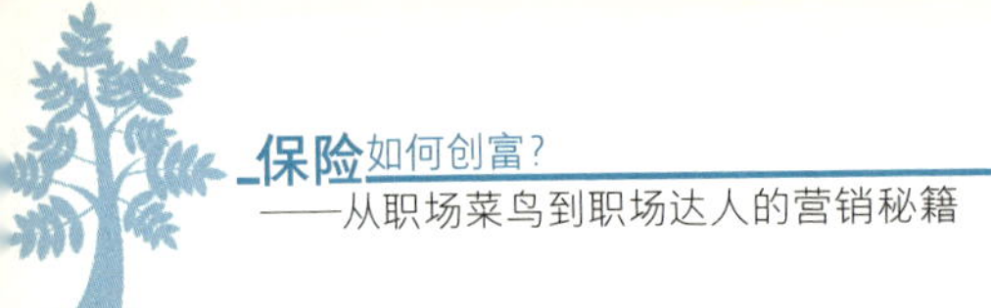

七、做团队能让人快速成长

“成长”是一个热门词，各行各业都在谈成长，各个家庭、各个团队都在谈成长。

读书看报?看视频听音频?向同行学习，交朋友?回学校再进修?参加各类培训班?到处旅游?这些也可以让人“成长”，但是，什么才是最好的成长呢?

最好的成长我认为是从独善其身到惠己及人，因为你的成长让你的家庭、团队、社会都更好才是真的好。

没有什么比带领团队更有挑战、更能让人快速成长。

而对于从事保险营销的伙伴，就需要打造一支保险团队。只要招募一个人，你就算有团队了。

作为一个在广州的外地人，我22岁来到广州，26岁加盟友邦，从陌生拜访做起，组建了一支200多人的保险团队。我只是保险行业千千万万的主管中普通的一员，在这个过程，我最大的收获就是我的“成长”，而不是我的“财富”。

一个人走，可以走得快；两个人结伴，相互扶持更稳；一群人走，就可以走得更远。

只有先改变自己的态度，才能改变人生的高度，才能展现职业高度与宽度。

从一个小主管成为一个大主管的过程，就是最好的成长过程，甚至是最好的“修行”过程。

带领团队很磨炼人

众所周知，保险公司有两条发展路线可以选择。一条路线就是专注个人业绩，另一条路线就是打造团队。

显然，第二条道路更能磨炼人。做个人业绩，你面对的只是客户，这个客户不买，你可以换一个客户。而做团队，你面对的是你的团队伙伴，你不可能随便换伙伴。

保险营销主管，有很强的独特性。虽说你有职位，是所谓的主任、经理或者总监，但你几乎没有任何权利。团队组员的收入不是你决定的，而是靠他们个人绩效获得收入，团队领导能做的就是用自己的经验对他们进行辅导和培训。这就增加了团队管理的难度。

做主管首先要面临心态上的挑战。例如，你会遇到团队伙伴的质疑，有些伙伴的负面情绪，有些伙伴喜欢批判，有些伙伴对团队活动不配合甚至跟团队对着干……

一样的培训教材和方法对有些伙伴作用很大，有些伙伴却不能即刻出绩效。有些团队领导就会想："吃力不讨好，我对你们这么付出，怎么得不到你们的理解和认可？还不如直接去做个人业绩算了。"

做主管多少会受一些委屈，只有沉得住气，才能抬得起头。一个装不下委屈的心胸，也就盛不住快乐和幸福。

人须在事上磨，方能立得住，方能静亦定，艰苦困难，正是对心性最佳的磨炼。

如何才能做一个好主管

那么，如何才能做一个好主管呢？我认为做好下面的八点，就能做一位合格的主管。

1.你有强烈的利他思维。

你要协助他们在保险行业生存、发展，直至取得成功。你有一种责任感、一颗父母心。所谓父母心，就是说你希望你的下属伙伴越来越好。只想利己不想利他的主管，带不大团队。

2.你要以身作则。

你让他们做得到的，你自己首先要做到，这样你就会更加有信服力。你的个人业绩要好，你的专业知识能够教他们，你能让他们看到榜样的力量，自律才能服众。

3.你要有方向感。

协助伙伴设置他们的目标，你要不断提醒他们，愿景是什么？如果你自己对自己的职业都没有规划，你如何教他们做规划？如果你自己都不想再晋升一级，你如何让他们继续晋升？无论是为你自己还是为你的下属伙伴，都要做明确的晋升规划。

4.你要为团队创造一个很好的氛围。

让伙伴们开心工作，创造一个快乐的、宽松的、和谐的工作氛围，是一个好的保险团队的基本条件，正向才有凝聚力。

5.你要有平衡能力。

当你只有一位伙伴的时候，你的心思可以放在他一个人身上；当你有了第二位、第三位、第四位伙伴的时候；你就一定要有一种平衡能力，需要平均分配注意力了。不能用一时的成绩论英雄，也不能用一时的状态论英雄，而要用发展的眼光看待每一位伙伴，重视每一位伙伴。

6.你要打造一个系统。

当团队有了十个人以上的时候，你的团队就开始要有规矩，要创造合作机制。系统包括培训系统、活动系统、激励系统、会议系统、督导系统、荣誉系统等。领导者的主要任务是打造系统，让系统产生业绩。

7.要和核心班子“达成共识”。

很多事情不是你一个人说了算，更不是你的一言堂，而是和大家有商有量，要善于授权，善于用人。这样才能调动大家的积极性。

8.要培养干部。

干部就像一个团队的柱子，柱子越粗、柱子越高、柱子越多，你的团队就会越来越大，越来越健康、越来越牢固。团队经营管理委员会（功能小组）就是培养干部的地方。

管理保险团队不是靠权力，不是靠金钱，不是靠策略，而是靠爱、靠付出、靠人格魅力、靠智慧，这就是保险业团队管理的最大特点。

主管八“戒”

这八个方面一定要注意，与大家共勉，引以为戒。

1.戒“骄傲”。

一个有才、有结果的人，骄傲心是随时会冒出来的，所以任何时候都要警醒自己“骄傲使人落后，谦虚使人进步”，天外有天，人外有人，骄傲是停滞的开始。

2.戒“多疑”。

永远相信人性中积极的一面，无论你曾经受了多大的伤害。这股相信的力

量，会为你们凝聚越来越多的能量，甚至越来越多的人气。对行业，对公司，对内勤，对自己的主管及伙伴，都应少一点怀疑，多一点信任。

3.戒“无同理心”。

当你的伙伴遇到身体不适或家事不顺时，请首先关注他的身体与家事，让下属觉得你是一个有血有肉的人，而不是只懂谈工作。当伙伴业绩低迷的时候，要多多安慰和帮助，而不是责备，因为对方比你更着急。

4.戒“分别心”。

作为主管，下属伙伴业绩有高有低，表现有好有坏，奖优罚劣，在所难免（在保险公司，很少采用罚的措施）。当然，我们在绩效上，奖励优秀的人，但言语上，却不要误伤那些“绩效暂时不好的人”，这些人同样需要你的关注与鼓励。

5.戒“无宽容心”。

如果一个领导者缺少以宽容心来对待下属或伙伴，在最重要的时刻，没有陪伴，没有给予支持的力量，那么将造成团队缺少凝聚力。只有稳抓伙伴的心，才能安定众人之心。

6.戒“无进取心”。

一个主管，就是一个团队的领头羊。领头羊都不思进取，小富即安，将很难带领一支优秀的团队。作为主管，就要带领团队从一个胜利走向另一个胜利。

7.戒“无舍得心”。

选择做主管这条路，就要学会舍得，舍得投入你的时间、金钱与情感。例如舍得自己的展业时间，辅导与训练组员；舍得投入一部分资金表达心意，用来激励伙伴，创造一个良好的氛围。

8.戒“无恒心”。

做主管比单纯做个人业务，会遇到更多更大的困难，但是乐在其中，此时正是修行时。人越多，问题也越多，主管就是在不断解决问题中成长的。只要有恒心，铁杵磨成针。

学做好主管，增员要四有

要想做一个好主管，一定要从优质招募开始，也就是要招募几个与你志同道合的工作伙伴。

要做一个好主管，增员要做到四有：

1.要有心。

你要问自己：“我为什么要做主管”？

仅仅是因为主管收入高吗？

我认为，比收入高的更重要的原因是：你想成为一个怎样的人？

是否能够成为一个影响别人的人，一个可以帮到别人的人，一个愿意与别人分享经验的人。

当你定位自己是这样的人的时候，你才能够真正做一个好主管。

2.要有型。

广州话就是“有型有款”，有那个样子。

要成为主管，就要有主管的样子；要成为优秀的主管，就要有优秀主管的样子。

先活出那个样子来，结果就自然来了，这是我发现在保险行业取得成功的重要秘密。

首先，你的外在观感要有。没有人有义务通过你邋遢的外表看到你内在的涵养。当你以商务形象衣着得体示人，别人记住的是你的气质；当你着装随便，别人记住的是你不成功的形象，所以你的形象价值百万。

其次，你的言谈举止，要有自信。想象一下成功人士走路、说话的神态，可以试着先从模仿开始，刚开始肯定有些不自然，慢慢你就会越来越从容。

公开场合很少听到成功人士有抱怨和是非，学习他们讲话，多鼓励人，多谈希望，多谈别人的优点，多谈公司和团队的好处。

3.要有行。

行是什么？就是行动。

团队要发展，要有增员的渠道，而渠道从何而来，最好从市场上来。增员不是一个独立的环节，是客户销售流程中的最后一个环节，保险业务人员的主要工作依然是销售，你在销售的最后一个环节要讲你团队的愿景和团队发展的需要，请求客户引荐人才。养成这个习惯，你的增员就会源源不断。

在保险行业有这样的一句话：优秀的增员来自优秀的销售，销售依然是增员的基础。所以做主管不能守株待兔，一样要深入市场一线。谈完保单谈增员，寿险事业更安全。

4.要有言。

有言就是要有语言表达能力，俗称“话术”。

“有言”最重要的就是要学会提问，引发准增员的思考，找到对方的需求点。

每一个人对现状都有不满的地方，关键你能否找到？例如，他嫌时间不够自由，嫌收入不够高，或他的事业已经到了天花板……招募切忌一味地谈保险行业的好处，而不去花时间了解对方。

我们要把增员话术放在心上、挂在嘴上。

有一句很有威力的招募问句：客户先生，您打算一辈子从事你这个行业吗？您打算让您的孩子也从事您这个行业吗？这一句话可以敲醒很多人，引发准增员的思考。

当然招募还要学会面谈，谈公司、谈行业、谈保险法、谈保险职业、谈你所在的团队、谈你自己的经历和未来的远景。

在我们这个行业，建议大家不要单靠“经济利益”一个方面去吸引人，这样只会吸引一些急功近利的人。

营造团队文化 保险基业长青

什么是文化呢?

我认为，文化是团体领导的性格在团队中的一种延伸，表现为团队中大多数人为人处世的一种风格，形成团队的一种气质，一种氛围，最终形成一种“团体性格”，我称之为“文化”。

个人性格决定个人命运，团队性格（文化）决定团队命运。

超越家族的团队文化

如果，要让我用几个词来总结我的团队文化，我认为是:

1. 尊重的文化。

尊重每一个人的价值观，尊重代表让一个人的价值最大化发挥。因为来到保险公司，本来每个人都是平等的，都是成年人，你没有为他们发工资，都是老板，尊重也是合作的前提，这样才能海纳百川，不拘一格降人才。

2. 平衡的文化。

我认为个人的收入和荣誉无法替代一个人内心的幸福感，所以我并不鼓励透支个人的身体、透支家庭的幸福，去追求所谓的成就感。

3.合作的文化。

没有合作，只能是团伙，称不上团队。人在一起是团伙，心在一起才是团队。只有合作，才能干大事；只有合作，才能发挥一个团队的潜力。否则，就是内耗和支离破碎，单打独斗永远干不了大事。

4.创新的文化。

我是一个喜欢折腾的人。因循守旧，会让我感到窒息。未来保险行业会面对很多渠道、产品、工具的创新。我们一定要适应这种变化，要不断创新，去迎接这种变化。

团队文化，决定了一个团队的凝聚力和战斗力，团队文化也决定了一个团队的系统的运作效率。未来团队的竞争，就是文化的竞争，就是人才的竞争。

夏笛心语

书上得来终觉浅，绝知此事要躬行。只有你身处于团队领导的职位，你才能具有团队领导的思维。领导力不是一种权利，而是一种承诺，是一种成长。

享受生活　努力工作　平衡人生

——夏笛先生访谈录

从毕业到步入社会，我们一直在追逐，想拥有成功的理想生活，但往往未尽如人意。也许你初出茅庐，也许你还没找到自己的擅长领域，也许你奋斗多年依然迷茫在找方向……

而你今天看到的这个人，可能为你在迈向梦想的道路上提供指导与帮助。

他，拥有一支逾200人的保险精英团队，并处于高速发展中，每年业绩稳步递增。

他，国家高级理财规划师，坚持在个人公众号发表原创保险文章，吸引了大量粉丝……

他，便是友邦保险广东分公司业务总监，从事保险行业二十余年的夏笛先生。

人人都说保险难做，他却如鱼得水，做得风生水起，对未来信心百倍，壮志满怀。

到底是什么与众不同的成长历程，造就了今日的他？带着对夏笛先生的几分好奇和欣赏，我们约见并采访了他。

初秋的阳光透过落地窗跳跃着收获的气息，古色古香的茶几上有一壶刚刚沏好的红茶，坐在我们对面的，是一位有着温厚笑容的湖北汉子——他就是夏笛。

在他的脸上，看不到保险行业常见的眉飞色舞，睿智的眼神透着坚定，亲切温和的话语更有一种让人平静的力量。我们放下了所有顾虑，开始了我们的访谈。

（一）生命不息，奋斗不止

Q：“您最初的奋斗目标是什么？是否有过调整与变化？”

夏笛：“我小时候生活在湖北的农村，日常除了学习还要面对各种繁重的农活，插秧放牛割谷我都做过，而我的亲戚们大都生活在武汉，生活相对比较优越。

每次进城走亲戚，我的心路也跟着起伏。巨大的落差使我在心里埋下了一定要“跳农门”的强烈意愿，也逐渐形成了我的个人奋斗意识，并最终凭着自己的刻苦努力，考取了武汉测绘科技大学（现归属于武汉大学）。

毕业之后，受大环境的影响，我对创业赚钱产生了狂热的兴趣，我当年的偶像是史玉柱，我当年的奋斗目标是创建一家世界500强企业。所以，我来到了广州。

22岁到26岁，是我折腾的几年，也是我最初的梦想逐渐破碎、不断走向现实的几年。

当我26岁进入友邦后，受其企业文化影响，我开始慢慢调整自己的人生目标，最终得以进入目前这种理想状态。我没有说一定要做多大的伟业，但希望一步一个脚印，脚踏实地，每年挑战一个小高度。

这种现状虽然跟最初的梦想有着一定的差距，但这既不是对梦想的放弃，也不是对现实的妥协，而是结合自己的经历不断地调整自己的目标，在这个过程中我变得越来越务实，越来越接地气。

虽然曾经的梦想已变成酒后的笑谈，但幸运的是，我的理想主义情怀与激情依旧在；通过打造自己的事业王国惠及他人的初心依旧在。”

（二）成功的前提是持续的努力与付出

Q：“您觉得一个人的成功，有哪些决定性的因素？”

夏笛略微思考了一会，才缓缓道来，跟我们平时见到的台上那些振臂高呼“成功学”的大师迥然不同。

夏笛：“我本人谈不上成功，但我这么多年来的确结交了很多从平凡到优秀的朋友。

从事保险业的原因，我从观察者的角度，或远或近地“追踪了”很多人士，发现了以下几点。

成功有很多必然或者偶然的因素，但其中一个非常重要的因素就是——终身学习。

读一个好的大学固然重要，而我始终坚信社会才是最好的大学。放进历史的长河来看，能够坚持不懈的奋斗，才是人生最有实力的“文凭”。

不管你天资是否聪颖，你一定要相信自己会变得越来越好。

这个就是要通过不断地学习来实现，比如看书、参加培训、与人沟通、向高人讨教、远行……生命不息，进步不止。

第二个重要的因素就是：专注。

毕业迄今24年，我发现企业主也好，职业经理人也好，专业人士也好，只要是专注于某一领域的人，都不会太差。

相反，那些频繁变换职业的人，都混得一般不会很好，因为他们错失了职业复利。所谓职业复利，就是因为时间的积累，而导致职业红利的集中爆发式增长。

三十而立，三十岁之前把自己的职业方向定好位，三十岁之后就可以铆足劲打拼。行行出状元，无论是事业小成，还是有所大成，至少不会一事无成。

至于很多人看中的成功路上的“贵人”和“运气”，我认为它们不一定是自己取得成功的决定性因素。

自己心中有信念，相信自己会改变，从不放弃学习，才有机会获得“贵人”的注意以及扶持。

如果你不走出去学习，如果你没有奋发图强的状态，就算“贵人”从你身边走过，也发现不了你，更不会帮到你。

Q：“你愿意成为别人的贵人吗？”

夏笛非常笃定地回答：“非常愿意。我会像我的保险师傅雷永愉女士当初指引我自己时一样，发掘新人、提携后进。”

（三）陪伴，是对家人最好的馈赠

Q：“您目前最大的幸福感来源于哪里？”

夏笛：“我最大的幸福感，来源于稳定的事业以及幸福的家庭，我的事业相对比较平稳，同时还有很大的成长空间，我的努力从来没有放缓过，更没有停止。

幸福家庭是指我与太太的相互扶持，与两个女儿的共同成长，还有我们的父母都健在。

长期受友邦文化的熏陶，我并不是一个为了事业而牺牲生活的人，我不做工作狂。

在保险生涯，我办理了很多理赔，看到过很多悲喜人生，所以我们人寿保险从业人员对生命生活的态度更加豁达，“活着”比什么都重要，我比较主张保持生活平衡的前提下，不停止对事业的继续追求。

我也从不赞成家庭中，对于孩子的教育，父亲当甩手掌柜。孩子出生后，到参加各种培训班、比赛、表演，开家长会，接送孩子，我一般都尽量参与，因为我们的事业相对自由与机动，我没有做缺席的父亲。”

（四）工作人脉与生活人脉可以分开经营吗

Q：“在我们的日常社交中，我们往往会不自觉地把工作人脉与生活朋友圈分成两个不同的部分，区别对待。您认同这种做法吗？”

夏笛：“我不太认同这样区分。在我看来，经营工作人脉就是经营生活朋友圈，这是行业性质决定的，保险生活化、生活保险化。

与人交往切忌急功近利、目的性太强，应该以一种平和的、交朋友的心态对待每一个人、每一个对象。不要以社会地位、文化高低、经济收入去衡量你的朋友或者客户。

别人能成为你的客户是一种缘分，我们一辈子认识不了多少人，我到现在从业20余年服务的家庭也没有超过300个。所以我特别珍惜每一段缘分。”

Q：“有人说，一味地付出很容易让自己受到伤害。对此，您是怎么看的？”

夏笛：“不要因为害怕受伤而吝啬付出。

我们所受到的伤害跟我们的付出没有必然的关系。生活中本来就有形形色色的人，从概率上说，不管我们是否付出，都会受伤，只不过曾经付出过的话会加深受伤感。想通了，就明白每一段经历都是一笔财富。

跟有可能受到的伤害相比，我情愿承担付出的风险，用持续不断的付出来累积自己的朋友，心怀天下，广结善缘。

（五）生而平凡，不代表甘于平凡

Q：对于团队的管理，您有什么见解呢？

夏笛：“我把每一位伙伴当老板看，我坚信只有用尊重的方式，才能培养出独立而自重的人。

我的团队更像一个企业家商会，每一位伙伴都是企业家，大家在一起更多的是一种互相依赖，互相合作。

我坚持以下几点：

第一点：我相信每个人都是可以改变的，不管他现在是多么的平凡，通过学习他都能有所突破。

这不是喊几句口号就可以的，而是需要长时间的积累，三五年甚至十多年。我这里有很多从事保险十年以上的伙伴，现在年收入达几十万甚至上百万，他们实现了人生的蜕变。

第二点：尊重每一个人，人性化管理。

我尊重自己团队的每一个成员，我尊重他们，他们才会尊重自己，才会更加自信。

第三点：在接触了很多不同层次的人之后，我发现不管是企业主、还是基层的职员，每个人都需要成长，需要不停地学习。所以，我不断打造超越家族成为一个真正的学习型组织，我们团队有很好的学习氛围。

人最怕自以为是、拒绝成长。

第四点：我们提出一个口号：超越家族，我们的第二个家。

除了最亲密的配偶、父母、孩子，同事之间相处时间很长，甚至超过了与其他亲戚的亲密程度，同事之间即使不是朝夕相处，也几乎是“每朝相处”，因为保险公司有开早会的习惯。

当然，做保险，难免会遇到一些拒绝与挫折，同事之间更需要抱团取暖，彼此温暖，只有保险营销人员最懂得保险营销人员。

Q：“您觉得天赋和努力，哪个更重要？”

夏笛：“天赋很重要，但不是每个人都有天赋。比如我就不是那种天才型的销售高手，我犯了很多天才型销售高手不会犯的错误。

我生而平凡，但又不甘于平凡。

我撰写的《保险如何创富——从职场菜鸟到职场达人的营销秘籍》这本书，主要就是写给那些和我一样生而平凡的新人，尤其是那些不太自信的职场菜鸟看的。

天生资质优异的顶尖销售高手不一定可以复制，但是我的这种慢慢成长与蜕变的方式是可以复制的。

（六）团队传家宝

Q：“听说您的团队有几大传家宝，能否公开一下您的传家宝？”

夏笛：“其实保险行业没有秘密，我这传家宝也没有什么特别的，一个保险营销员如果追求成功，主要是要养成五个好习惯：

1.每天三访：谈完保障再谈增员；

2.每天早会：开完早会再见客户；

3.每天计划：做好客户拜访记录；

4.盒装时间：固定时间固定事情；

5.付费学习：开阔视野提升格局。

（七）夯实系统，基业长青

夏笛是超越家族的创始人，是这个保险团队的总规划师。

这个团队走向哪里，靠他在友邦保险这个大框架下去打造一个独特的团队文化，他的团队秉承“生命影响生命，超越成就超越”的理念，所带领的超越家族的核心价值观是“始终把对人的尊重放在第一位”。

超越家族的团队规模不亚于一家中小型企业，运营模式既像一家总商会，也像一家公司，部门之间需要分工合作，很多活动、学习都需要系统化的完成。

保险行业的优点是没有什么人事斗争，他说自己的团队伙伴人品普遍比较好，比较朴实，因此团队也比较稳定。夏笛相信他们有后劲，能厚积薄发。

夏笛先生对于他的团队文化一直津津乐道，很少有人跳槽到同业，即使是

在行业或公司遇到困境的时候。谈到对于未来的设想时，夏笛的眼神变得更加闪亮起来：

“希望在优质的人才招募和培育上有所突破，招募更多的年轻人进入我们的团队。”

“希望稳打稳扎，在现有基础上持续努力，做到每年都有突破。”

“我的团队使命感一直就在那里，希望能打造一个世界级的保险明星团队。未来保险业还是看中国的，广州又是一个国际化大都市，我们孵化出更多的保险明星后，超越家族自然就成了一个世界级的明星团队。”

“在我人生的这个阶段，我希望自己做到这些：忘掉年龄，忘掉财富，忘掉地位。”

结语

刚来广州的头几年，夏笛经历了不少兜转坎坷，担任过港资企业的管理层，也曾经和朋友共同创业，但都未能长久。

到他26岁那年，很多同龄人已经在职场崭露头角，有的已经有了一定积蓄，有的已经成为了中坚力量，而他却处于工作的低谷期和内心的迷茫期。

直到遇到友邦，他才慢慢地走出了这种迷茫，才找到人生的奋斗方向，并脚踏实地，从基层做起，重新定位自己的人生目标。而进入友邦至今二十余年，夏笛先生之所以能成为保险行业的佼佼者、同仁眼中的睿智主管、太太眼中的温情丈夫、孩子眼中的模范老爸……既是因为他性格中的坚韧不屈，亦是因为他为人处世的低调平和，以及友邦带给他对生活的全新领悟——平衡人生。

夏笛的微信朋友圈内容丰富多彩，有恬淡幸福的生活记录，也有专业的文章分享，还有很多正能量的信息传递……却比较少见到他对保险产品的植入与推销。

你看到的，是一个对生活充满热情、对他人充满关爱的邻家大哥哥。

而为了更好地实现互帮互助，感染和影响更多的人，夏笛加入了国际商业引荐平台——BNI荔湾区分会。他非常喜欢BNI“付出者收获”的理念，这也是他以往的一贯作风，认为它很契合自己的价值观——在以往的人生中，夏笛都是发自内心地先去帮助别人，帮朋友和客户穿针引线，最后皆大欢喜。

同样，因为秉承利他思想，夏笛写了这本书。里面的文章，既没有炫目的标题，也没有浮夸的字眼，朴实的文字记录的是他多年的实战经验与心得。他希望，这本书能够帮助更多的年轻人走出迷茫，打开思维困局，发现不一样的精彩人生。

曹贻淳　赖西凤

（2018年12月11日发表在《增城那些儿》公众号，略有删减。）

感谢清单

感谢我在友邦的历任与现任内勤领导们，他们是友邦品牌坚定的守护者，是他们的专业精神让我更专注我的事业，身为友邦的一分子，我倍感骄傲。

感谢我的师傅雷永愉执行业务总监，人称雷妈，她的大爱与付出一直激励着我。

感谢帮我写序的赵守兵老师，赵老师是畅销书《解密友邦》的作者，知名的保险历史文化研究学者，最近又推出《百年友邦》新书，感谢他对友邦及本人的认同。

感谢帮我写推荐语的众多老师、前辈与领导们：张晓宇、容永祺、刘彦斌、陈亦纯、王辰、林海川、申曙光、郑荣禄、黄启团等（排名不分先后），他们在百忙之中推荐敝人拙作，我万分荣幸。

感谢我小学语文老师——我的父亲，他是我儿童时代的语文启蒙老师，感谢我的初中语文老师龚文锋，以及高中语文老师钱秋元，还有我大学时代的校报编辑丁春玲老师，我那么一点儿的写作基础，完全得益于他们，得益于我的学生时代。因为有这些老师们，让我这个纯工科大学毕业生，码出了几十万字。

感谢我团队的每一位伙伴（无论是否在职），感谢和我谈过保险的每一位客户（无论是否在我这里购买过保险的），因为他们，赋予了我在保险行业存在的意义。

感谢我团队中以张旭敏、邓雪玲、蔡伟豪、黎林芳、黄晓婷、黄惠梅等伙伴为代表的全体主管，以及团队秘书饶晓贤、金炜、彭婉华等人，他们精诚合作，相亲相爱，视超越家族为第二个家。因为他们，构建了我的保险团队大厦的根基，未来20年，让我们一路超越。

感谢所有关注我的亲戚、朋友、前辈、老师、同事、同学们对我的默默关注、支持与祝福……

感谢黄山老师提供出口成章的语音写作技术，我这本书有一半的文字采用语音写作的方式，大大提高了我的写作效率，同样感谢我个人公众号的文字编辑曹贻淳老师的勤勉付出。

感谢广东经济出版社社长李鹏先生，责任编辑韩文君老师、谢慧文老师，正是他们的协助，我的这本书才得以顺利如期出版，与他们合作是一件很愉快的事情。

最后特别要感谢我的太太赵红艳女士，她是我每篇文章的第一位读者及第一个文字编辑。我每写完一篇文章，都会交给她修改与补充，大大提高了我这些文章的通顺性。娶到这么全能的太太，是我这辈子最大的福分，我们情投意合，志趣相投，两人的默契程度超出了我刚结婚时的期待，她对家庭的付出，对两个女儿的引领，让我可以安心工作，安心写书。

感谢读到这里的每一位读者，谢谢你们！

我的邮箱：xia_di@aia.gz.com.cn

微信公众号：心灵加油站夏笛

欢迎交流。